신세기 랩소디

신세기 랩소디

정운영 교수가 바라본
전환기 사회에 대한 비판적 에세이

산처럼

책을 펴내면서

달력의 세기와 역사의 세기는 서로 다른 모양인가? 영국의 사학자 에릭 홉스봄은 20세기의 시작을 1914년으로 꼽았다. 그러나 21세기의 시작은 그렇게 늦출 필요가 없을지 모른다. 그 출발을 2001년 9월 11일부터 세는 평론가가 여럿이기 때문이다. 전쟁과 테러가 세기의 개막이라는 메시지가 다분히 우울하기는 하지만, 나는 어떤 더 '끔찍한' 사태의 돌발로 후세의 사학자들이 금세기의 출발을 고쳐 잡기를 꿈에도 바라지 않는다. 테러든 테러와의 전쟁이든 그것을 둘러싼 추악한 계산들을 한 방에 날려버릴 어떤 시원한 낭보도 당분간 기대하기 어려운 것이 현실이다. 나아지기는커녕 더 나빠지지만 않아도 다행이라는 씁쓸한 감상으로 새 세기의 벽두를 맞아야 하는 현실이 여간 억울하지 않다.

"우리가 어떤 종류의 세계에 살고 있으며, 미국이 그런 세계를 만들기 위해 무슨 짓을 했는지 아는 일이 어느 때보다 중요하다." 미국의 물리학자 라훌 마하잔(Rahul Mahajan)은 그의 저서 『신 십자군』(*New Crusade*)에서 이렇게 썼다. 우리가 사는 세계가 대체 어떤 종류의 세계냐는 물음은 나도 쉼 없이 던졌었다. 여러 각도에서 여러 가지 탐색이 가능할 터이나 이 세계가 우리의 삶에 별로 호의적이지 않으며, 새 세기 들어 더욱더 탐탁하지 않게 되어가는 느낌이다. 그리고 자신의 입맛에 맞춰 그런 세계를 만들어내려고 강대국이 벌이는 짓들이 아주 언짢은 것도 사실이다. 이런 현실로부터의 탈출 모의는 나의 분수를 넘어서는 것이지만, 이 세계가 제대로 돌아가고 있지 않다는 소리만은 확실히 전하고 싶다.

그러나 밖의 책임이 아닌 것도 있으니, 이를테면 이런 일들이다. 아침 출근길 라디오 방송에 혀를 차다가 그만 앞차를 받을 뻔한 적이 있다. 자녀 교육에 무엇이 문제냐는 앵커의 질문에 초등학교 4학년 아들이 "산수는 잘하는데 영어가 시원찮아 걱정"이라는 어머니의 대답 때문이었다. 기막히고 속 터지는 일이 어디 그것뿐이랴. 대통령이 노벨 평화상을 받은 나라에서 그 자녀들이 영어(囹圄)의 몸이라는 현실이 어떻게 믿어지는가? 남북 화해에 쬐는 '햇볕'조차 퍼주기 공방에서 뒷거래 소문까지 크게 얼룩지고 있다. 대권 싸움에서 떨어질 고물을 향해 당을 바꾸고 쪼개고 부수고 합치는 철새 정객들의 작태에는 정말 새들이 화낼 판이다. 나라 경제를 온통 고스톱 판으로 만들고 외세에 갖다 바친 개혁 타령도 이제 신물이 난다. 아니할 말로 사회가 망하더라도 그것만은 망하지 않거나 가장 나중에 망하리라고 믿고 기댈 데가 어디 하나라도 있는가?

너무 비관적이라고? 그럴지 모른다. 낙관주의와 비관주의를 놓고 경제학계의 위대한 스승 케인스는 장밋빛 장래보다는 잿빛 장래에 대한 전망이 한층 현실적이라고 설파한 적이 있다. 떼돈이 굴러올 테니 투자하라는 조언보다 손해가 예상되니 신중하라는 충고가 훨씬 잘 먹힌다는 말씀인데, 자본가의 이런 소극적 태도가 자본주의 불황의 한 요인이란다. 글쎄 잘못된다고 했는데도 잘되는 점괘는 즉시 잊어버리지만, 잘된다고 했는데 잘못되면 그 죄를 쉽게 잊지 않는다. 이런 점에서는 나도 케인스

문하생이 될 만하다. 그러니까 내가 되뇌는 잿빛 이야기는 남들과 별로 다를 것이 없지만, 이 책의 몇 안 되는 장밋빛 이야기는 나름대로 꽤나 열심히 고른 것이다.

나는 결코 비관론 중독자가 아니며, 비관주의를 즐기는 마조히스트(masochist)도 아니다. 차라리 기록자의 본분에 충실하고 싶을 뿐이다. 사관(史官)이라면 지나치고 기자 정도가 좋다. 이런 고백을 하려니 다소 쑥스런 기분이 드는데, 나도 한때는 무엇이든 저지르고 싶었고 그 기록과 평가는 다른 이의 몫이라는 한참 건방진 생각에 빠진 적이 있었다. 이제 기자의 자리를 탐하는 것을 보니 제법 철이 든 셈인가? 그러나 돌이켜보라. 이 책이 씌어진 1999년 중반부터 2002년 오늘까지 우리 사회에 무슨 그리 신나는 일이 있었는지를. 아마도 첫손에 꼽힐 월드컵 축구 열기조차 대선 정치판 계산에 시드는 느낌이고, 아시안 게임에서 우리의 금메달이 일본보다 두 배나 많다고 뻐길 때 저들은 노벨상을 두 개나 받았다. 물론 축구는 축구대로, 메달은 메달대로 중요하다. 그러나 나와 같은 구시대 안목으로는 축구와 메달한테 처지는 정치와 노벨상 분야의 후진성을 먼저 걱정하지 않을 수가 없다.

올더스 헉슬리의 1932년 작 『멋진 신세계』(Brave New World)는 20세기 문명을 더할 나위 없이 통렬히 고발한 소설이다. 대학 시절에 읽은 번역판 제목은 『용감한 신세계』였다. 과학 기술 진보에 못지 않게 이윤 추구 위주의 경제에 대해서도 준엄하게 경고하는 이 책의 70년 전 선견지명에 여전히 나는 머리를 조아린다. 멋지든 용감하든 그것이 반어적 야유임이 분명한데, 지금도 나는 '멋진'이라는 날씬한 번역보다 '용감한'이라는 투박한 번역을 지지한다. 언감생심 어디다 갖다 대랴만 나는 이 책의 제목을 '용감한 신세기'로 붙이고 싶었다. 그러나 그렇게 우중충한

(?) 제호로는 책이 팔리지 않는다는(!) 편집자의 이의 제기에 애초의 생각을 꺾었다. '미친 신세기' 따위의 내 본심을 발설했던들 출판사가 졸도했으리라.

지난번 수상집 제목이 『세기말의 질주』였으니, '신세기'가 뒤따르는 것은 순서상 그럴듯하다. 그러나 세기초를 물들인 국내외의 온갖 광기(狂氣)를 바라보자면 '랩소디'조차 과분한 느낌이다. 다소라도 덜 남루한 문화 현상에 대한 글들을 책의 앞 부분에 올리고, 유치하다는 손가락질을 마다 않고 시구를 자주 인용한 것도 랩소디의 긴장감을 줄이기 위한 배려의 소산이다. 나는 최희준과 케니 로저스의 노래를 좋아한다. 마음을 사로잡는 은근한 호소력 때문이기도 하지만, 같이 늙어가는 동시대인이란 의식도 한몫을 하고 있다. 이러저러한 인연으로 내 글과 책의 독자가 된 분들도 예외가 아닐 듯하다. 가수의 노래처럼 기쁨을 선사하지는 못하지만, 같은 시대를 같이 살아간다는 인연만은 소중히 간직할 생각이다.

2002년 10월 20일

修經書齋에서

鄭雲暎

차례 신세기 랩소디

책을 펴내면서   5

제1부 ▪ 문화라는 이름의 전차 정류장

가을의 미망   17

차라리 팔매 맞는 정부를   23

최후 심판도, 유토피아도   28

봄의 비밀, 봄의 소리   33

나는 제사가 좋다   39

이단의 투사 캘리니코스   43

반세기 전의 우화   50

그의 '심증' 인터뷰   53

애국 독본에 취해서   56

사제와 농부   59

말띠 장땡 끗발로 새해를   62

나무의 고집   67

축구는 축구로   70

제2부 ▪ 개혁 구호로 지샌 국민 경제

　　힘도 꾀도 없이 카메라에만　77
　　고래들이여 허영심을 간직하라　82
　　벤처 대신 굴뚝을　87
　　개혁은 개혁답게　91
　　누가 에비를 두려워하랴　95
　　꼭대기도 밑바닥도　98
　　하나라도 확실하게　102
　　새해 선물　105
　　'수출만이 살길' 언제까지　108
　　정부의 착시 교정을　111
　　맬서스의 유령　114
　　상식과 몰상식　117
　　뒤집힌 비웃장을　120

제3부 ▪ 이 불결한 정치 기록들

　　후흑 변주곡　127
　　검들의 전쟁　132
　　순수한 분노를　136
　　사하라의 모래처럼　139
　　착한 후보, 악한 후보, 추한 후보　144
　　낙엽은 춘풍에도 진다　149
　　장관의 기를 살려주자　153

장기판의 졸도 아니고   156

이 썰렁한 코미디   160

국민 퀴즈 경시 대회   163

이렇게 '쉬운' 개혁인데   166

자유롭게 사는 길   170

딱한 사연   173

제4부 ▪ 고래의 세계, 새우의 세계

유식도 우환인가   179

제3이 아닌 것을   183

아셈의 두 행사   187

아시아여 단결하라   190

화약 냄새 유감   193

거품에서 현실로   196

부시-블레어 탱고만은   199

정말 자신 있는가   202

15년 소원은 풀었으나   205

연횡보다 합종이   208

그들이 던지는 숙제   211

악연에서 선연으로   214

달러와 주먹   218

제5부 ▪ 시장 원리 빠진 시장 경제

너무 비싼 수업료　223

미친 듯이, 더욱더 미친 듯이　228

세계는 좁고 돈줄은 적다　232

바로만 걷는다면　236

참 이를 어째야 쓸꼬　239

그렇게 혼이 나고도　242

굴뚝과 수출　247

자본의 유전자 확인　250

머리와 가슴 사이에　254

돈보다 물건이 앞서야　257

원생한국 일투주식　260

해외 매각 광상곡　263

천당과 이자 사이에　266

제6부 ▪ 눈물과 계산의 민족 변증법

복제에서 변이로　273

천려일득의 수확마저　276

이 황홀한 모순의 아침에　281

사람의 화해, 돈의 화해　285

오디세이 2000　290

옥에 티가 아니기를　293

경제 미사일 방위　296

합의 불가를 합의   299

공산명월과 흑싸리 껍질   302

평화 사업의 경제적 귀결   305

다시 종말에서 평화로   308

그가 말하지 않은 것   312

가격의 정치적 효과   315

제7부 ▪ 터널 속의 사회 자화상

차라리 수치스런 사연들   321

숨길 것과 드러낼 것   324

객고에도 차별이   330

뭉치면 죽고, 헤쳐야 산다   333

고관의 소질   336

우리를 두렵게 하는 것들   340

애덤 스미스의 오해   344

그 나른한 환각의 유혹   347

95등도 과분하거늘   350

나의 소원 따위가   353

때로는 '보수'도 괜찮다   356

악도 아니고 악마도 아닌   359

부릴 때와 대들 때   362

출전   365

제1부

문화라는
이름의
전차 정류장

가을의 미망

경도(經度)는 여자만의 전유물이 아니다. 남자도 하혈을 한다. 빈도와 주기가 일정하지 않기에 통증은 한층 더 격렬하기 십상이다. 내 경우 그것은 9월에 찾아온다. 여름이 맹위를 거둘 무렵 나는 부지런히 가을을 준비하며, 가을이 다시 겨울에 차례를 물려줄 때 그 통증을 잊는다. 마흔이 넘어서면서 이 경험은 어김없이 되풀이된다. 나의 가을 준비는 봄에 씨앗 뿌리고 여름의 인고를 거쳐 풍성한 소출을 기다리는 농부의 가을걷이 같이 거룩한 것이 아니다. 누구한테도 알린 적이 없는 유치 만발의 자축 행사여서 마땅히 가을의 풍요를 차지할 주인들한테는 죄스럽기까지 하다.

나의 비밀 제의(祭儀)는 「9월이 오면」 노래로 시작된다. 보비 데어린이 작곡하고 그의 악단이 연주하는 경쾌한 리듬으로 이 영화의 주제곡으로 쓰였다. 9월 첫날 센스 만점의 어느 프로듀서가 이 곡을 틀어주기라도 한다면 나는 코스모스 길섶의 팔푼이처럼 하루 종일 히죽거린다. 시는 김광균이 적당하다.

슬픈 都市엔 日沒이 오고
時計店 지붕 위에 靑銅 비둘기
바람이 부는 날은 구구 울었다.

이날은 양귀비도 귀찮고, 혼자 마시는 쌉싸래한 칵테일이 좋다. 그리고 보잘것없는 내 인생의 초라한 수확을 밤새워 뒤적인다. 누구의 솜씨인지 모르겠으나 나는 신세기통신(017) 광고의 세미클래식 복고 취미를 아주 반가워한다. 한적한 들녘에 연기 뿜는 기차를 얻어 타고, 볏짚 자리의 배낭객 청년이 비둘기를 날려보내는 그 넉넉한 고독과 자유 말이다. 아득한 회상의 샘에서 내게도 길어 올릴 청춘이 있었지. 그 방랑이 그리운 것이다.

헐어진 風車 위엔
흘러가는 落葉이 날카로운 餘흡을 굴리고
지롤의 凋落한 驛路에 서서
나는
유리빛 黃昏을 향하여 모자를 벗고.

굳이 알프스 산자락의 티롤 역참이 아니면 어떤가? 어차피 인생은 유리빛 황혼을 향해 달려가는 기차인 것을. 가난과 분노로 비수처럼 창백했던 내 젊은 시절 조용히 『와사등』을 들려준 숙녀도 이제 할머니 대기발령쯤 받았을까?

그리고 아마도 실화일 이병주의 단편 하나가 떠오른다. 「아무도 모르는 가을」. 10대 소녀의 수채화처럼 상쾌하지는 않아도 일몰의 초조에 떠밀리는 내 연배라면 언제 읽어도 가슴 시린 소품이다. 나환자 치료에 일생을 바치려고 동경여의전(東京女醫專)에 입학한 만석꾼의 고명딸 윤효숙과 그녀 집의 경제적 도움으로 고등문관시험을 준비하는 8촌 오빠 윤효준이 주연이며, 르네 클레르 감독의 「파리제」(巴里祭)가 상영되는 1930년대의 화려한 도쿄가 무대이다. 오빠의 간곡한 소개와 주선에도 불구하고 한사코 이성 교제를 거절하는 동생은 문득 바쿠닌 사상에 심취한다. 나환자 봉사를 다짐한 여의전 학생이 폭탄 테러조차 마다 않는 무정부주의(anarchism) 운동에 물든 것이다. 러시아 공작의 아들 크로포트킨이 아나키즘에 집착한 적은 있지만, 조선 지주의 딸이 아나키스트로 변신한 사건은 내게 적잖이 충격이었다. 머리에 순종을 이고 살던 어머니 세대에 벌써 이런 반란이 있었다니! 동생의 장래를 걱정하는 오빠의 설득에 그녀는 "왜 내가 무정부주의자가 되려는지 오빠는 정말 모르겠느냐"면서 미친 듯이 대들었다.

나의 무식을 드러내는 고백이거니와 이 소설에서 나는 베라 피그네르(Vera Figner) 이름을 처음 들었다. 그녀의 수기 『러시아의 밤』이 바로 윤효숙을 아나키스트로 감화시킨 책이었다. 소설을 끝내고 나는 이 소설 속의 책을 서둘러 찾았다. 차르 치하 러시아 혁명가들의 행로대로 처음 나로드니키(narodnik) 운동에 몰두했던 베라는 점차 과격해져 마침내 알렉산더 2세 암살에 가담한다. 뒷날 그녀는 "우리의 모든 과거, 모든 미래가 이 일요일에 달려 있다. 6번의 암살 시도, 21명의 동지 처형, 우리는 이 모든 과거를 잊고 싶었다. 그리고 밝고 넓은 미래를 갖고 싶었다"는 회고로 거사 당일의 심정을 밝혔다. 거사가 실패로 돌아간 뒤 러시아의 바스티유라는 쉴리셀부르그 요새의 독방에 갇혀서는 "삶의 시계가 멈춘 때"라고 썼다. 1904년 쉰 둘의 나이로 감옥에서 나오면서 그녀는 20년 만에 다시 대하는 호수와 태양과 증기선과 아지랭이 마을이 "모두 아름다웠다. 나는 아름다움을 바라보았지만 아름다움으로 느끼지는 못했다……스스로도 놀랄 만큼 냉정하게 바라만 보았다"라는 말로 삶의 시계를 다시 돌린다. 여기서 수기는 끝난다. 스승과 제자가—베라와 효숙이—부유한 가문, 의학 전공, 용모까지 비슷했다는 작가의 설명이 아니더라도 "의학은 러시아 사회의 상처만 치료할 뿐 병의 근원은 제거할 수 없다"는 러시아 혁명 투사의 신조가 우리 여의전 학도의 변신과 무관할 수는 없을 터였다.

고등문관시험에 합격한 효준은 해방 후 변호사로 개업했으나, 효숙은 여전히 좌익 운동에 몰두한다. 다시 말리는 그에게 전과 같이 그녀는 "오빠는 내가 좌익 운동에 뛰어든 까닭을 정녕 모르겠느냐"고 울먹이며 대든다. 그 뒤 "자살 같기도 한" 심증만 남긴 채 효숙은 죽는다. 그 기구한 운명과 생전의 은혜를 잊지 않고 효준은 "세상에 악이 있다는 것을 모르고 청결하게 살다 간 처녀" 동생의 묘비를 세우고 무덤을 돌보았다. 그리고 세월이 흘러 효준도 죽었다. 그런데 유언으로 남긴 장지는 선영이 아니었다. 소설가의 예감대로 동생의 무덤이 멀지 않은 곳이었고, 생전에 가꾼 나무숲 사이로 그녀의 묘비를 마주보는 자리였다. 무덤으로 이룬 아버지와 고모의 사랑. 자녀들조차 모르는 '가을의 전설'이었다. 베라는 여느 소녀처럼 자신이 암살하려는 황제와 결혼하는 꿈을 꾸었고, 효숙은 오빠가 결혼한 뒤 사흘 만에 목숨을 끊었다. 황제는 철부지 소녀의 꿈을 알 리 없었지만, 오빠는 인습에 괴로워하며 동생의 사랑을 피했다. 그 인습 타파의 출구로 그녀는 아나키를 빌렸던 것이리라. "나는 아무도 모르는, 그리고 아무도 모를 가을 속에 앉아 조용히 눈물을 흘렸다"는 작가의 독백으로 소설은 끝이 난다.

그래 확실히 하자. 목숨을 걸고 나라를 구하려던 러시아 혁명가의 정열과, 생명을 버리면서 지순으로 오빠를 사랑한 조선 의학도의 고뇌를 같은 저울에 다는 것은 옳지 않다. 또 그들이 꿈꾸던 아나키스트의 세상이 압제와 인습의 족쇄를 풀어준다는 약속도 없다. 그럼에도 이 광대 무변 우주에서 수유의 시간을 빌릴 뿐인 우리네 삶에 혁명의 무게가 사랑의 무게보다 반드시 더 무거울 이유는 없지 않은가? 이념이고 제도고 나발이고 말짱 엿이나 먹으라는 장자(莊子)의 반동이 그래서 통쾌하다. 이런 망념이 멋대로 출몰하기에 가을은 어느 계절보다 심란하다. 실로 그 이념이니 제도니 하는 환상들이 우리의 삶과 사랑에 제법 근사한 세계를 선물한 적이 별로 없다. 정의와 평화보다는 압제와 수탈이 본령이었다. 그래서 혁명이 필요한 것이다. 이번에는 장자한테 엿을 먹이고, 바쿠닌과 마르크스를 부를 차례인가? 빌어먹을! 이런 가당찮은 방황과 혼란으로 나의 가을 하혈은 통증이 한결 심하다. 그래 박인환의 시구처럼 가을은 인생이 통속함을 가르치는 최고의 교사이다.

人生은 외롭지도 않고
거저 雜誌의 表紙처럼 通俗하거늘
한탄할 그 무엇이 무서워서 우리는 떠나는 것일까.

1900년대 마지막으로 보내는 가을에 대한 소감? 원고를 청한 편집자의 객기도 턱없지만, 이 가을의 변덕만으로도 이리 부대끼는 판에 내가 무슨 수로 '세기의 가을'에 소회를 밝힌단 말인가? 사람을 잘못 짚어도 한참 잘못 짚었다. 『중세의 가을』이란 명저에서 요한 후이징가(Johan Huizinga)는 "세계가 지금보다 5세기 가량 더 젊었을 때 삶에 일어난 많은 일들은 현재와 전혀 다른 모습과 형태를 띠고 있었다"라고 썼다. 그의 통찰대로 "악마가 어둠의 날개로 세상을 암흑으로 뒤덮어서" 그런지는 알 수 없어도 "15세기의 영혼들이 여전히 비관적이고 우울하게 살아갔다"는 그의 연민은 오늘 다시 들어도 별로 어색하지 않다. 그는 구원의 손길을 르네상스 해방에서 찾는다. 말만 들어도 신물이 나는 세계화, 금융자본, 신자유주의 암흑에 허덕이는 세기말(世紀末)의 절망적인 영혼들한테 구원의 르네상스는 과연 어디 있는가? 이제 정말 지쳤다. 오늘만이라도 이 미친 언사들을 잊게 해다오. 그리고 1000년 전의 시인 오마르 카이얌(Omar Khayyam)을 불러라.

닭이 울면 주막 앞의 사람들은 외친다
문을 열어라
머무를 시간은 짧고
한번 가면 두 번 다시 못 오는 길.

왠지 가을에는 페르시아 풍의 이런 관능과 허무가 아쉽다. 인생의 석양에 쫓기는 한 사내의 이 부끄러운 사치를 부디 용서하라.

• 1999년 10월

차라리 팔매 맞는 정부를

　거지가 돈을 모으면 깡통에 멕기(ぬっき) 칠을 한다. 해직 기자 한 분의 익살인데 사리가 제법 그럴듯하다. 거지의 전공은 동냥이다. 그래서 돈이 생겨도 깡통을 버리는 대신 깡통에 금박 입힐 생각만 하는 것이다. 추석 연휴의 짧은 여행에서 나도 나의 깡통을 열심히 챙겼는데, 한 예로 브뤼셀 책방의 신간 서적 코너에서 엠마뉘엘 토드(Emmanuel Todd)의 『경제적 환상』(*Illusion Economique*)을 집어 든 일이 그러하다. 베스트 셀러 개념이 우리처럼 야단스럽지는 않지만 그래도 진열대에 쌓인 품이 제법 잘 팔리는 모양이고, 더구나 8월에 나온 것이어서 아주 '따끈따끈한' 느낌마저 들었다.

　우선 '발전 사회들의 침체에 관한 에세이'라는 부제가 수상하다. 저자는 성장률 저하, 빈곤과 불평등 심화, 통화 제도 불안 등으로 나타나는 서구 사회의 위기가 겉으로는 경제적 위기로 보이지만, 실제로는 한층 더 근본적인 '문명의 위기'라고 진단한다. 특히 경제에 대해 그는 18세기 영국의 고전파 경제학자 애덤 스미스가 추상적 모형을 상정해서 이론적으로 설명한 강단적(講壇的) 경제와, 19세기 독일의 역사학파 경제학자

프리드리히 리스트가 사회의 제반 여건을 고려하여 현실적으로 접근한 실용적(實用的) 경제로 구분한다. 그리고 오늘의 세계 경제를 바로 보기 위해서는 단연 리스트의 방식을 취해야 한다는 주장으로 세계화 교도들이 신주로 모시는 스미스 경제학에 반기를 든다. 일례로 그가 걱정하는 자유 교역의 '유토피아'를 보자. 원천적으로 자유 교역이 가능하지 않은 각국 경제의 현실을 무시한 채 오직 자유 교역의 척도로 통제할 때 파탄은 불가피하며, 단 하나의 기준만을 강요하는 이런 유일 사고는 결국 영의 사고(pensée zéro)로 전락하고 만다. 이렇게 특정 도그마로 세계 경제를 재단하려는 강대국의 '세계화 작전'이 실은 하나의 환상에 불과하다는 저자의 소신은 분명 세계 자본주의에 대한 불충이다.

이러한 관점에서 저자는 개인의 가치 실현이 우선하는 앵글로색슨 자본주의와, 패거리(souche)의 연고 의식이 강조되는 게르만-니폰 자본주의를 구별한다. 패거리—혹은 공동체—자본주의는 세계화론자와 신자유주의자들이 줄곧 정실 자본주의(crony capitalism)라고 조롱하는 대상이기도 하다. 그러나 그것이 풍토와 문화의 차이일 뿐이라면서 저자는 버는 것보다 쓰는 것이 더 많은 미국 경제를 먹여 살리는 것이 과연 누구냐고 묻는다. 미국의 과잉 소비를 사실상 지탱해주는 독일과 일본 경제의 기능을 그는 "매미가 노래를 계속하는 데에 필요한 물건들을—자동차, 텔레비전, 마이크로 컴퓨터를—제공하는" 개미의 역할에 비유한다. 반면 매미가 만들어내는 "팝 뮤직은 앵글로색슨 세계의 주요 수출품의 하나로서 초자유주의적(ultralibéral) 이데올로기 상품이라"고 빈정댄다.

세계 경제가 노래만 부르며 지낼 수 있다면 무엇이 걱정이랴? 문제는 오히려 '개미'의 대열에도 못 드는 숱한 저개발 사회의 현실이지만, 유감스럽게도 토드의 책은 이것까지 거론하지는 않는다. 무엇보다 프랑스의 국익을 염려하면서 그는 섣불리 세계화 장단에 춤출 것이 아니라 스스로 갈 길을 찾으라고 권고한다. 단기적으로는 비관적일지 몰라도 장기적으로 보면 지배 이데올로기 전복, 초자유주의 헤게모니 제어, 케인스의 수요 관리 및 리스트의 보호 무역적 조절 등 매미의 탈선에 대안 마련이 충분히 가능하다는 것이다. 여기 결정적으로 중요한 것이 국가 권위의 회복이다. 세계화 만수 무강의 축가가 울려 퍼지는 시대에 국가 재림의 설교라니! 이렇게 되면 세계화에 대한 불충을 넘어 반역이 된다.

런던에서도 깡통에 멕기 입히는 짓거리를 벌였는데, 이번 대상은 데이비드 스미스(David Smith)의 『유럽은 작동할 것인가』(Will Europe Work?)라는 책이었다. 제목보다는 오히려 '독일의 실업은 1930년대 이래 최고이고 영국은 지난 18년 동안 최저인데, 왜 그런가'라는 한참 길다란 부제가 눈길을 끄는 이 책은 유럽연합(EU)의 실업 문제가 핵심 주제이다. 저자에 따르면 노조를 파괴한 영국의 '대처 혁명'은 낮은 실업률과 높은 소득 불평등을 낳았지만, 노사 협력에 의거한 독일과 프랑스의 '라인랜드 모형'은 너그러운 사회 보장과 높은 실업을 가져왔다. 그런데 경제통화동맹(EMU) 성공은 유럽연합 생사의 모험이고, 이 모험의 성패를 좌우할 아킬레스 힘줄이 국제통화기금의 지적대로 노동 시장의 유연성 여부라는 것이다.

이런 문제 의식에서 저자는 주 35시간 노동을 채택한 프랑스 사회당 조스팽 총리의 정책은 시장의 유연성을 해치는 잘못된 정책이라고 비판한다. 은퇴 연령을 60세로 낮추려는 독일 사민당 슈뢰더 총리의 발상 역시 사람의 수명이 점차 늘어나는 시대에 권할 일이 아니라고 충고한다. 수명이 늘어나는 시대에 일터에서 일찍 '내쫓는' 처사는 과연 권장할 일인지 묻고 싶지만, 입이 없는 책에다 물을 수는 없는 노릇이다. 저자의 지론은 뻔하다. 유럽연합이 현재의 방침대로 라인랜드 모형을 앞세우면 경제통화동맹은 죽지만, 반대로 앵글로색슨 모형을 받아들이면 동맹이 산다는 것이다.

노동 시장의 경직성 매듭을 푸는 방법으로 자본 이동이 있다. 그러나 스미스는 엉뚱하게 바나나 타령을 늘어놓는다. "유럽연합 중심국의 싱싱한(hot) 바나나가 실제로 그렇게 싱싱한지도 의문이려니와, 다른 데서 싱싱한 호박이 되기 위해 중심부 경계를 벗어날지도 의문"이라는 야유로 이 해법에 회의를 표한다. 중심부 자본이 바나나를 호박으로 만들 생각은 없을 터이므로, 즉 위험이 따르는 주변부로 나가서도 계속 싱싱한 바나나로 남으려면 주변국이 중심국과의 엄청난 '임금 격차'를 받아들여야 한다. 이것은 유럽연합이라는 하나의 공동체 정신에 반하는 짓이다. 결국 주변국에의 막대한 재정 지원이 필요하고, 이를 위해서는 중심국에서의 중과세가 불가피하다. 중심국 납세자들이 이 부담을 수락할 리 없으므로, 주변부에서 저임금-저실업이냐 고임금-고실업이냐의 난제는 해소되지 않고 경제통화동맹의 장래는 실패할 운명에 처했다는 것이 저자의 전망 겸 결론이다. 세계화에 대한 철저한 신뢰와 유럽화에 대한 그의 불신은 결국 유럽을 버리고(?) 미국에 붙은(!) 영국의 선택에 보내는 자부와 격려의 표현일지 모른다.

프랑스 저술가의 경계든 영국 언론인의 자신감이든 그 책들의 내용은 그리 중요하지 않다. 문제는 오히려 '국가 이익'을 생각하는 그들의 자세이다. 독일 사민당 슈뢰더 정부가 지방 선거에서 계속 참패한다는 뉴스의 소용돌이 속에 '계급 전쟁은 끝났다'는 영국 노동당 블레어 총리의 호기로운 발언이 『더 타임스』의 1면 머리를 장식하던 날 나는 어느 유학생에게 이 기사의 내막을 물었다. 그의 대답인즉 "한마디로 쇼지요. 제3의 길이 독일에서 연방 깨지니까 빈곤층에 복지 예산 몇 푼 더 주고 할 일 다했다는 제스처"라는 것이었다. 사실이 그렇다면 블레어의 대응은 교활할지언정 결코 정직하지 않은 셈이다.

슈뢰더의 공약이 엉성해서 유권자가 등을 돌리고, 그의 정책이 엉망이어서 독일 경제가 죽을 쑤겠는가? 패거리 자본주의든 라인랜드 모형이든 이왕의 방식대로 살아간다면 별 문제가 없을 터였다. 문제는 세계화와 경쟁력 선동이었다. 노동 시장 유연성이란 명분 아래 무자비한 해고로 경쟁력을 높인 외국 상품과 맞서려니 어쩔 수 없이 복지 지출을 줄여야 했고, 그러다 보니 스스로 표를 깎은 것이리라. 지금 비록 팔매를 맞지만 세계화 노도 속에 사람을 자르는 대신 복지를 손대려던 그 '우직한' 고뇌의 흔적이 어떤 세계화 찬가보다 정직하게 다가왔다. 우리 정부한테는 그런 고뇌를 기대할 수 없을까?

•1999년 11월

최후 심판도, 유토피아도

　1999년 12월 31일이 지나면 2000년 1월 1일이 온다. 그 간격은 하루에 불과하지만, 거기 적어도 네 개의 분기점이 합류되어 있다. 새 1년, 새 10년, 새 100년, 새 1000년이 그것이다. 그날 숫자 네 자리가 모두 바뀐다. 60억 살이 넘었다는 지구의 눈으로 보자면, 연(year)이니 십년(decade)이니 세기(century)니 천년(millenium)이니 따위를 나누고 붙이는 인간의 소꿉장난이 얼마나 우습겠는가? 그러나 70평생 사람의 형편에서 생각하면 그렇게 웃을 일도 아니다. 윤회니 부활이니 하는 '발명 특허품' 역시 그 소꿉장난의 연장 아니겠는가?

　새해는 흔하고, 새 십년도 드물지 않다. 그렇다면 화제는 단연 세기와 천년의 전환일 것이다. 새해는 지구의 공전 주기에 따른 물리적 구분의 결과이다. 그러므로 농경 문명 이후의 거의 모든 사회에 새해와 설날이 있었다. 반면 세기니 천년이니의 구분은 우선 수리적이다. 그리고 다분히 기독교적 유산이다. 서기 2000년은 예수 탄생 2000년이지만 회교력으로는 1378년이고, 불기(佛紀)로는 2565년이며, 힌두교의 칼리유가(kaliyuga) 말세 개념으로는 5200년이 넘는다. 그러니 이슬람 세계나 불교

국가나 힌두 사회에서 새 천년을 축하할 마음은 있어도 '흥분할' 이유는 없을 것이다. 그럼에도 기독교 문물이 세계를 주름잡으면서 세기와 천년은 소란 한 가운데 근엄한 행사로 자리잡았다. 내 생일보다 더 야단스러운 '남의 생일' 크리스마스가 우선 그렇지 않은가?

우주물리학의 계산이 정확하다면 450억 년 뒤에 태양이 소멸한다. 요행히 그때까지 지구가 버티더라도, 우리 후손들은 어둠과 추위를 피해 다른 은하계로 이주를 서둘러야 한다. 영겁과 영생은 너무 멀고, 수유의 시간을 쪼개서 소꿉을 사는 것이 우리네 인생이다. 팔자 편한 나라에서 태어난 사람들은 일생에 70번쯤 새해를 맞고, 7번쯤 새 십년을 보낸다. 하늘의 섭리로 세기 초반 출생을 피하면 대개 세기의 전환을 보게 되고, 특히 10세기 후반부에 태어난 사람들은 1000년 전에 벌써 새 천년의 희귀한 행사를 치렀다. 20세기의 우리는 이제 두 번째로 그 희귀한 기회와 체험을 기다리고 있다.

그런데 여기 문제가 생겼다. 그것도 숫자의 질서를 따지는 아주 좀스런 문제이다. 돌 전 아기의 나이를 물으면 서양의 부모는 대부분 몇 달이라고 정확히 달수를 밝힌다. 그러나 우리는 한 살부터 시작한다. 태어나 한 달이 지나도 한 살이고, 열 한 달이 지나도 한 살이다. 그래서 '만 몇 살' 따위의 번거로운 설명이 따르는 것이다. 그런데 세기 계산에서는 양인(洋人)들이 실수를 저질렀다. 일례로 2000년의 '주민 등록' 시비가 그러하다. 1, 2, 3……식으로 1부터 세면 2000년은 20세기에 속한다. 반면에 0, 1, 2……식으로 0부터 세면 21세기에 속해야 한다. 0이란 개념은 8세기 인도와 아랍의 발명품이란다. 이 0의 부재로 서양의 책력은 1부터 시작했고, 그래서 각종 혼란이 야기되었다. 스티븐 굴드(Stephen Gould)의 연구에 따르면 20세기 시작이 1900년이냐 1901년이냐를 놓고 치열한 논쟁이 일어났었다. 민중은 1900년을 바라고 성직자와 지식인 계층은 1901년을 내세웠는데 왕실이나 정부는 후자 편을 들었다. 당시로는 사뭇 장엄했을 20세기는 그래서 1901년에 시작되었다.

그 논란을 매듭 짓는 숙제는 여지껏 미루어졌다. 똑같은 일이 또다시 벌어지기 때문이다. 내일을 한시라도 앞당기려는 조급증에다 약삭빠른 상혼까지 겹쳐 사회의 분위기는 이 세기를 1999년으로 끝내려고 안달이다. 이럴 경우 1901년에 출발한 20세기는 99년으로 줄어들지만, 그래도 좋다는 데야 누가 말릴 것인가? 세계 각국의 분위기 역시 2001년보다는 2000년이 한층 더 요란할 것으로 보인다. 그러나 정부는 새 세기의 공식 출발을 2001년으로 발표했다. 그리고 섭섭지 않게(?) 2000년은 '새 천년'으로 부르기 했다. 천년은 새것인데, 세기는 헌것으로 어중간의 절충이다. 20세기는 끝났으나 21세기는 열리기 전인 세간기(世間期), 이렇게 20세기도 아니고 21세기도 아니라는 비공식과 공식의 담합으로 세기의 덤이(!) 생긴 것이다. 그렇다면 올해는 공짜로 살게 되는 셈이다. 어허, 이렇게 좋을 수가!

2000년은 1999년에 뒤따르는 수리 질서의 결과일 뿐이지만, 우리가 기념한다면 얼마든지 축제가 된다. 지상에는 현재 60억의 인구가 살고 있다. 호모 사피엔스 출현까지 30만 년을 거슬러 올라가면 수백 억의 인류가 이 지구에 살다가 묻혔을 것이다. 산 자든 죽은 자든 그들 모두 '행복하게' 살기를 바랐고, 그래서 행복의 조건을 열심히 생각했을 터이다. 그 점에서는 네로도 히틀러도 예외가 아니었으리라. 그러나 행복의 조건으로 마련한 합의는 의외로 몇 개 되지 않는다. 예컨대 수도사의 행복은 청빈이겠으나, 시정의 우리는 풍요를 원한다. 이렇게 이것 빼고 저것 빼고 나면 자유·평등·정의 등 초등학교 교과서에 나오는 소수의 덕목이 남을 뿐이다.

억압 부재로서의 자유, 그 자유의 실현에 누가 이의를 제기하랴. 그러나 세기말 신자유주의의 발호는 우리 삶에 대단한 불안과 공포를 던지고 있다. 방종의 견제 장치로서 평등도 그렇다. 세기말을 고비로 왕창 무너진 '역사적 사회주의' 국가들을 두고 지금 "평등 좋아하네" 창가가 한창이다. 자유나 평등에 비해 정의는 보관 상태가 가장 낫지만, 그 내용은 크게 변했다. 자유의 과잉과 평등의 결핍을 진단하는 의사의 청진기쯤에 해당할지 모르겠다. 그래도 어렵다면 곁길로 새자. 국제통화기금 관리 2년째를 맞아 어느 신문사가 행한 여론 조사에 따르면 생활이 전과 비슷하거나 더 어려워졌다는 대답이 95%이고, 다소 나아졌다는 응답이 4.9%였다. 그러면 나머지 0.1%는? 물론 크게 좋아졌다는 대답이었다. 나는 그 0.1%의 부류가 무슨 나쁜 짓을 했다고는 생각하지 않는다. 고금리로 한몫 챙겼든 증시에서 떼돈을 벌었든, 그것이 어느 개인을 탓할 일은 아니기 때문이다. 더욱이 모두가 어렵다고 아우성인데 그나마 좋아진 사람들이 있다니 오히려 다행 아니냐는 실없는 생각마저 든다.

그렇다면 그 0.1%의 자유를 방조하는 사회의 풍토와 질서가 문제이다. 이 판에 어디 평등이 끼여들 자리가 있으랴만, 그래도 거기 따르는 결속의 와해는 깊이 헤아려야 한다. 다시 한번 그렇다면 정의는 그 0.1%의 자유를 '규제하는' 힘으로 발동되어야 한다. 개방과 세계화와 시장 경제는 결코 장땡이 아니다. 그 규제가 말처럼 쉽지는 않겠으나, 다행히 우리는 민주주의라는 절차가 있다. 법의 이름으로 그 규제를 향한 힘의 행사가 가능하다. 선거는 쓰기에 따라 제법 효과를 거둘 수 있는 장치이다. 정권과 정치권의 이해에 따라 제도가 어떻게 바뀌든 유권자의 이해는 변하지 않는다. 지역이니 '개혁'이니 나발이니 모두 버리고 오는 4월 총선거 하나만 정의로운 손으로 치러도 우리는 성공적으로 2000년에 골인하게 된다.

2000년 축하 메시지로 '정의 사회'라는 신물 나는 구호를 꺼냈다. 그리고 기껏 선거 잘하자는 얘기로 빠졌다. 스스로 생각해도 쩨쩨하기 짝이 없다. 그러나 자유의 방종을 누르고 평등의 여지를 넓히지 않는다면, 그래서 정의를 세우지 않는다면 우리한테 희망이 없다. 이제 우리는 세 번째 천년을 맞는다. 999년에서 1000년 진입은 1999년에서 2000년 진입과 숫자의 자릿수부터 달랐다. 소란으로 말하면 그때가 훨씬 심했어야 한다. 조르주 뒤비(Georges Duby)의 관찰로는 첫 번째 천년을 보내면서 당시 사람들은 최후 심판의 공포와 유토피아 도래의 희망을 동시에 지녔었다. 두 번째 천년을 보내는 우리한테 최후 심판도 유토피아도 문제가 아니라면 최소한 정의라도(?/!) 지키자.

•2000년 1월

봄의 비밀, 봄의 소리

봄은 염치없는 계절이다. 혹독한 추위 속에 씨앗과 뿌리를 건사해온 겨울의 기나긴 산고를 잊고 새로 돋는 움과 싹의 축하를 가로채기 때문이다. 그래서 우리는 엘리어트를 찾게 된다.

4월은 가장 잔인한 달
죽은 땅에서도 라일락이 자라고
추억과 정염이 뒤섞여
잠든 뿌리가 봄비로 깨어난다.
겨울이 차라리 따스했거니
대지를 망각의 눈으로 덮고
메마른 뿌리로 작은 목숨을 이어줬으니.

1960년대를 학창에서 보낸 우리 세대 대부분은 이 잔인한 4월의 변증법을 무던히도 좋아했었다. 우리의 봄은 4월이었고, 그해 4월은 그대로 혁명이었다. 이듬해 5월 군홧발의 무참한 반동으로 혁명이 스러지면서 마침내 우리는 겨울이 차라리 따스하다는 의미를 깨닫고, 너나없이 메마른 뿌리로 목숨을 이어가고 또 이어주는 잔인한 지혜를 배우기 시작했다. 그리고 또 40년을 보내면서 잠든 뿌리가 봄비로 깨어나기를 기다린 것이다.

2000년대 최초의 봄을 맞이하는 내 심정은 어쩐지 편치 못하다. 아니 허탈하다고 해야 정직할 것 같다. 분명 내 회상의 정원에 라일락은 다시 피겠지만, 지금 그 꽃과 향기를 완상할 정열도 없고 여유도 없다. 그것은 욕심만큼 경제가 성장하지 않고, 정치가 개혁되지 않은 현실에 대한 불만 때문만은 아니다. 국제통화기금 탁치의 수모가 가시지 않고, 무참한 반동의 주역과 그 추종자들이 여전히 무대에 남아 있는 것은 사실이지만 그것이 전부는 아니다. 그런 일이야 한미한 일개 서생이 감당할 짐이 애초에 아니지 않은가? 차라리 봄과 라일락 얘기를 함께 나누고 싶은 젊은 세대한테 나름대로 느끼는 '엉뚱한' 좌절감이 그 진짜 이유일 것이다.

그래 당신들, 토익 공부와 컴퓨터 게임에 밤을 지새우고 증권 투자와 국가 고시에 목을 매는 젊은 당신들한테 한마디하겠다. 토익과 인터넷이 오늘을 살아가는 중요한 무기라는 사실을 누가 모르겠는가? 그러나 이 마누엘 칸트 옹의 엄한 논법을 빌리면 무기는 수단이지 목적이 아니다. 목적이 수단을 통제하지 못할 때 횡행하는 혼란은 세계화 탈선에서 유전공학의 섬뜩한 미래까지 실로 허다하다. 증권 투자와 국가 고시의 필요를 난들 우습게 여기지 않는다. 그러나 그것이 돈과 권력으로 치닫는 불길이 되고, 그래서 거기 불나방처럼 대드는 실수만은 어떻게든 피하라고 인생의 봄을 누리는 젊은 벗들한테 간곡히 전하고 싶다.

물론 당신들의 항변을 충분히 예상한다. 사람을 토익 점수로 계산하는 시대를 누가 만들고, 책과 숲의 산책 대신 사이버 월드에 골몰하지 않으면 대열에서 낙오하는 세태를 누가 만들었으며, 증권 투기로 떼돈을 벌지 못하면 불출이 되는 세상을 누가 만들고, 뻑적지근한 권력으로 무장해야만 등신 취급당하지 않는 사회를 도대체 누가 만들었느냐는 그 절절한 항변을! 그래 옳다. 구구절절 옳은 말이다. 그러나 역사는 그런 '원죄'에 대한 시비 판정을 기다릴 만큼 한가하지 않다. 어떤 의미로 역사가 그런 영구 미제 현실의 연속이라면, 젊은 여러분의 과제는 자명하다. 그처럼 막가는 역사에 항거할 권리를 회수하고, 그 권리를 행사하는 것이다. 젊음의 특권이란 이름으로 여러분의 저돌이 용납되는 것은 바로 그런 기대 때문이다.

저항은 봄의 화제로 온당하지 않다. 그러나 봄의 몰염치를 탓하면서도 봄을 계절의 여왕으로 섬기는 까닭은 생명을 잉태하는 잔인함 때문일지 모른다. 시험 전날 밤새워 읽은 『데미안』의 한 구절처럼 알이 생명으로 깨는 데는 껍질이 깨지는 고통이 앞서야 한다. 달리 보자면 그것은 껍질을 깨뜨리고 나오려는 알의 모진 투쟁이기도 하다. 그런 점에서 모든 잉태는 필경 살모(殺母)의 잔인한 파괴를 수반한다. 어허, 생의 도약(élan vital)을 노래할 이 찬란한 봄의 축전에 이처럼 어처구니없는 배은을 들추는 나도 참 한심한 녀석이다.

자연의 이런 이치는 우리 경험에서도 낯설지 않다. 생명의 질서 못지 않은 사회의 구박으로 이제 '퇴출' 위기에 몰렸지만 왕년의 우리 세대는 독일 탄광에서, 베트남 정글에서, 중동 사막에서 목숨을 걸고 달러를 벌어들였었다. 유례없는 장시간 노동과 극도로 열악한 근로 조건 아래 위암 사망률 세계 1위, 폐암 사망률 세계 2위, 40대 사망률 세계 1위, 산재 사망률 세계 3위의 처절한 기록을 세우며 100달러 소득을 30년 만에 1만 달러로 끌어올렸다. 이제 망각의 눈에 덮여버렸지만 바로 그 살신의 과실을 따는 당신들이 인터넷을 모른다고, 영어 회화가 서투르다고, 그리고 또 '늙은 피'라고 우리를 비웃으면 안 된다. 작은 목숨을 이어준 메마른 뿌리의 고투를 쉽게 잊겠다면, 당신들이 가꿀 목숨들과 그 뿌리의 정성도 뒷날 쉽게 잊을 수 있기 때문이다.

역사가 할퀸 사람의 잔인한 운명은 1200년 전 두보(杜甫)가 읊은 봄의 소회 「춘망」(春望)이 빼어난 절구로 화답한다. 나라가 어지러우니 봄의 전령 꽃과 새소리마저 괴롭다는 탄식이다.

나라는 망했으나 산하는 여전하고
도성에 봄이 오니 초목이 우거졌네
세월을 슬퍼하여 꽃에 눈물 뿌리고
이별이 한스러워 새소리에 놀란다.
國破山河在(국파산하재)
城春草木深(성춘초목심)
感時花濺淚(감시화천루)
限別鳥驚心(한별조경심).

이런 우수의 색조는 "오랑캐 땅에는 꽃도 없으니 봄이 와도 봄이 아니라"(胡地無花 春來不似春)는 전한(前漢) 시대 비련의 여인 왕소군의 한탄이 훨씬 앞선다. 나라가 망했든 나라를 떠났든 봉건 왕조 시인의 이런 우국 설교가 인터넷 시대의 젊은 당신에게 필시 흘러간 유행가 가사쯤으로 들리리라. 그럼에도 젊은 한때 그 숱한 소주병을 비우며 그 숱한 밤을 불면으로 지새운 우리는 오늘 민족이니 국가니 하는 치열한 화두들을 말짱 귀신 씨 나락 까먹는 소리로 바꿔버린 세계화의 중독을 진정 걱정하지 않을 수가 없다. 우리 사회에 가장 먼저 수입할(!) 것이 '운동권'이라는 캠퍼스 일각의 자조가 내게만 시대의 비수로 꽂히는 것일까? 가벼운 것이 장땡인 포스트모던 유행 앞에 이 따위 철지난 담론들은 기껏해야 삼겹살 안주감이겠지만 그래도 나는 김수영이 남긴 자유와 고독의 절규를 읊조릴 테다. 어차피 이 넋두리는 시대를 착각한 한 경제학도의 공염불일 것이므로……

　　푸른 하늘을 制壓하는
　　노고지리가 自由로웠다고
　　부러워하던
　　어느 詩人의 말은 修正되어야 한다
　　자유를 위해서
　　飛翔하여 본 일이 있는
　　사람이면 알지
　　노고지리가
　　무엇을 보고
　　노래하는가를
　　어째서 自由에는
　　피의 냄새가 섞여 있는가를
　　革命은
　　왜 고독한 것인가를
　　革命은
　　왜 고독해야 하는 것인가를.

자유를 위한 비상과 혁명의 고독을 차마 시인의 노래로만 끝낼 것인가? 화려한 축제에 가린 잔인한 잉태의 역설, 그것이야말로 봄이 간직한 비밀이다. 우리 거기서 봄의 소리 듣자. 잠든 뿌리가 봄비로 깨어나는 소리를.

• 2000년 3월

나는 제사가 좋다

흉노족 침공에 쫓긴 게르만의 민족대이동은 서력 476년 서로마 제국 정복으로 2세기에 걸친 도도한 대장정을 마무리한다. 특히 반달족의 로마 점령에 절치부심의 수모를 느낀 당시의 지배층이 이교도 야만인에 무릎 꿇은 패배의 분풀이로 포학과 경멸의 뜻을 담은 반달리즘(vandalism)이란 말을 지어냈다면 나의 괜한 억측일까? 그만 하자. 어쭙잖게 서양의 고대사를 들추려는 것이 아니니. 오늘은 우리의 민족대이동을 이야기하고 싶다.

당국의 추산으로는 이번 추석에 2600만 명이 움직일 것이라고 한다. 나라를 빼앗겨 국경을 넘는 변방 유민의 대열도 아니고, 일과 밥을 찾아 애니깽 농장으로 떠나는 식민지 노예선도 아니다. 누가 꾀지 않는데도, 누가 시키지 않는데도 이렇듯 스스럼없이 이뤄지는 민족 이동의 굉장한 행렬을 나는 무연히 바라볼 수가 없다. 행여 어느 독재자가 시켰다면 분노한 백성들의 폭동이 뒤따를 것이다. 그러나 여기는 '엑소더스'의 핍박도 없고, 반달리즘 따위의 약탈도 없다. 세계가 고향이라는 세계화 외침이 거셀수록 귀향의 대열이 점점 더 길어지는 현실은 정녕 세계화 시대의 역설이다. 하이마트로제(Heimatlose), 고향 잃은 떠돌이를 그렇게 부르던가? 추석을 빌려서나마 그 수구초심(首丘初心)의 원망을 되살리려는 몸짓을 나는 여간 반갑게 생각하지 않는다.

1960년대 우리가 모신 국시의 하나가 '근대화'였고, 그 깃발의 호소력은 오늘의 세계화 합창 못지 않았다. 농업 노동력을 대거 도시로 유인하는 공업화 과정에서 농촌 탈출(rural exodus)은 거역하기 힘든 시대의 명령이었으며, 그 아프고 쓰린 상처의 흔적으로 우리는 여전히 '달동네'를 기억한다. 세계 최장의 노동 시간과 세계 수위의 산업 재해를 밑천으로 그 혹독한 굶주림의 공포에서 벗어나면서, 우리는 이 메마른 도시의 삶을 다시 생각하게 되었다. 육중한 철근 콘크리트 문명의 속박과 그 황폐한 '인심'으로부터 벗어나려는 도시 탈출(urban exodus)의 꿈은 저마다 하루에도 몇 번씩 꾸겠지만, 그 해방이 어디 말처럼 쉬운 일인가? 중당(中唐)의 시인 장적(張籍)은 1200년 전에 벌써 이렇게 읊었다.

　낙양성에 가을 바람 부는 것을 보고
　집에 편지를 쓰려니 마음이 무겁네
　급한 마음에 할말을 잊었을까 두려워
　파발 떠나기 전에 다시 봉투를 열어보네
　洛陽城裏見秋風(낙양성리견추풍)
　欲作家書意萬重(욕작가서의만중)
　復恐恩恩設不盡(복공총총설부진)
　行人臨發又開封(행인임발우개봉)

서둘러 자동차 연료통을 채우고 고속도로 체증을 걱정하는 현대의 도

회인에게 '임발우개봉' 따위의 애잔한 소회는 그야말로 계수나무 금도 끼만큼이나 하품 나는 '시절 첨지' 얘기로 들릴 터이다. 그러나 어쩌랴. 고향을 찾는 우리 마음에 그런 겸손과 정성이 깃들이지 않는다면, 귀향은 도시에서의 출세를 뽐내려는 또 하나의 허영인 것을. 고향을 찾기 전에 가장 먼저 버릴 것이 바로 이 허영이다.

추석의 계절적 의미는 단연 결실이고 그에 대한 감사이다. 그러나 거기 사람의 도리를 보태야만 이 축제의 내용이 한결 충실하게 되리라. 나를 낳고 길러준 땅으로 돌아가는 것은 결국 어미의 넉넉한 품에 안기는 것이다. 추석 대이동은 이런 귀거래(歸去來) 본능에 대한 내밀한 사죄이고 그 보상의 표현일지 모른다. 그게 비록 선조에 대한 성묘와 제사를 앞세워 후손들이 먹고 떠들며 즐기는 잔치 판일지라도, 그 의뭉스런 계책이 밉지 않은 이유가 여기 있다. 꿈에서조차 만난 적이 없는 몇 대조 할머니와 할아버지께 드리는 제사에 무슨 효심이 그리 우러나랴? 그러나 그렇지가 않다. 조상이 소집한 자손들의 주주 총회, 죽은 이를 빙자한 산 사람들의 '그룹 미팅'이 바로 제사이기에 우리는 그런 계기와 절차를 마련해준 선인들의 지혜에 감사해야 한다. 그래, 제사는 선인들에 대한 도리이면서 우리끼리의 정리인 것이다.

꽃 한 다발, 찬송가 한 번으로 끝내는 서양식 제사를 나는 굳이 탓할 생각이 없다. 단지 처삼촌 뫼의 벌초 같은 '무늬만' 성묘를 앞당겨 끝내고 추석 연휴에 질탕한 여행을 계획하는 약삭빠른 세태도 못마땅하지만, 제사 대행 회사에 '통과급' 메뉴로—효성도 비용이 문제이다—2인분 부모 제사를 주문하는 코미디 프로의 익살에는 더없이 씁쓸한 기분이 스친다. 제상 차리는 집의 부담과 차리는 사람의 수고를 난들 모르지 않으나, 그 야단법석의 소란이야말로 우리네 사람 사는 정이고 투정 아닌가?

받을 날이 멀지 않은(?) 녀석의 노망으로 여기겠지만, 글쎄 그래도 나는 제사가 좋다.

•2000년 9월 8일

■ 후기 ■

이 글에 펀치가 날아들었다. 「나도 제사가 좋다」는 제목으로 작가 공지영 선생이 9월 18일자 『중앙일보』에 쓴 옴니버스 칼럼인데, 제사야 나쁠 것이 없지만 그 준비에 드는 여자의 수고를 생각해봤느냐는 반론이었다. 그 글에는 "명절을 앞두고 있는 내 또래의 친구들도 그 칼럼을 흥미 있게 읽은 모양이었다. 그들의 말은 한결같았다. 더도 아니고 딱 두 번만 3박 4일을 부엌에서 보낸다면 그런 글을 쓰지 못할 것이라고 말이다. 왜 두 번인지에 대한 한 친구의 설명이 재미있었는데, 처음에는 이럴 수 있구나 하는 심정으로, 두 번째는 처음에 겪은 일을 또 되풀이해야 한다는 공포를 맛보기 위해서라는 것이었다"라는 구절도 있었다. 부엌에서 3박 4일을 보낸 적은 없지만, 사정은 대강 짐작할 것 같다. 졸지에 나는 남성 위주의 '폭군'이 된 셈이지만, 남자와 여자의 지배/피지배 관계가 별 의미가 없는—그 경쟁과 대립의 고비를 넘긴—내 연배한테는 참 미안한 말이지만 제사의 수고보다 제사라는 행사 자체가 한층 가깝게 느껴지는 것은 어쩔 수 없는 일이다.

이단의 투사 캘리니코스

적(敵)의 적은 동지라는 통념이 맞는다면 자본주의 제도와 처절하게 싸우는 '그들'에게 사회주의는 동지(同志)라야 옳다. 그러나 소련의 현실 사회주의 체제를 불구대천의 원수로 여김으로써 적의 적조차 적으로 돌렸다. 서구의 사회민주주의 또한 예외가 아니어서 전술적 제휴 따위의 고려조차 없이 단숨에 적의 편으로 몰아붙였다. 트로츠키주의자가 바로 그들이다. 사부 트로츠키(Lev Trotsky)가 망명지 멕시코에서 스탈린의 첩 자한테 살해되고 그의 지지자들 역시 강제수용소에서 대거 희생당했으니, 그들의 투쟁이 그만큼 고독하고 집요한 것도 무리가 아니다.

확실히 트로츠키주의는 20세기를 횡행한 거대한 이단(異端)이다. 그리고 거기 따르는 온갖 수모와 고통을 감내했다. 누구보다 치열하게 이념의 깃발을 세우고 누구보다 강고하게 투쟁의 날을 벼렸음에도, 그들은 정치적으로 주변 세력의 신세를 면하지 못했으며 지적으로도 요주의 위험 사상으로 대접받기 십상이었다. 트로츠키주의자 가운데 교수가 드문 것은 강단보다 현장을 앞세우는 그들의 명예로운 전통 때문일지 모른다. 알렉스 캘리니코스(Alex Callinicos)는 영국 요크 대학의 정치학 교수로서

이 불문율을 어겼으나, 사회주의노동자당(SWP)의 투사로서 국제사회주의(IS) 운동을 이끄는 '이론적 실천'의 명예를 지키고 있다.

국제사회주의 그룹이 살생부를 만든다면 제거 대상 제1호로 단연 스탈린과 스탈린주의를 올릴 것이다. 이미 죽은 스탈린이야 어쩔 수 없겠으나, 스탈린주의가 망친 소련은 어서 무너져야 했다. 이들의 눈에 소련은 전혀 사회주의 체제가 아니며, 하다못해 "타락하고 왜곡된 형태의 사회주의조차 아닌 그야말로 사회주의의 부정이기" 때문이었다. 법적으로는 생산수단을 국가가 소유하고 계획 경제가 시장을 대신하지만, 실질적인 '노동자 통제'가 가능하지 않은 소련 사회는 기껏해야 관료가 주도하는 자본주의에 불과하다. 국제사회주의 이론의 대부 토니 클리프(Tony Cliff)는 이를 '국가자본주의'라고 불렀다.

사회주의를 배반한 국가자본주의로의 전락, 그것은 캘리니코스와 그의 동료들이 소련과 동구의 현실 사회주의를 대하는 기본 관점이다. 따라서 이 체제의 붕괴는 혁명의 탈선에 대한 '역사의 복수'가 된다. 한마디로 올 것이 온 것이다. 그리고 그것은 "사회주의자들에게 위험과 희망의 기회를 동시에 선사한다." 무엇보다도 스탈린주의의 악몽을 떨어내고 현실 사회주의라는 오물을 치워버린 것은 명백히 희망이다. 반면에 이로써 모든 사회주의적 대안과 전망이 끝장났다고 생각한다면 이만저만 위험이 아니다. 그들이 갈고 닦은 진짜 사회주의, 즉 '혁명적 사회주의'를 건설할 길이 열리기 때문이다. 역사의 복수(復讐)는 결코 '역사의 종언'이 아니며, 오히려 새로 펼칠 역사에 대한 예고이다.

스탈린주의 몰락으로 복수 하나는 끝이 났다. 그러나 자본주의 타도와 사회주의 혁명을 통한 트로츠키주의의 승리라는 또 다른 복수는 여전히 길이 멀다. 캘리니코스는 국제사회주의 그룹의 던컨 핼러스(Duncan

Hallas), 크리스 하먼(Chris Harman), 존 몰리뉴(John Molyneux) 등과 협력하여 이 승리의 필연성에 실천적 논리를 제공하려고 한다. 그 교본은 마르크스주의 고전에다 트로츠키의 방법론을 합친 것이다. 일례로 "시장은 착취를 낳고, 시장은 무정부적이며, 시장은 인간을 억압한다"는 이들의 자본주의 고발은 별로 새로울 것이 없다. 그리고 그 출구로 타진한 세 개의 가능성으로서 첫째 현상 그대로의 방임이냐, 둘째 인간의 얼굴을 한 시장으로의 개량이냐, 셋째 민주적 통제로의 대체냐는 질문도 낯설지 않다. 착취를 근절하고, 무정부성을 극복하고, 환경을 규제할 새로운 사회의 혁명적 건설이라는 그들의 대답 또한 오래 전에 준비된 것이다.

언젠가는 완수할 전면적 사회 혁명과는 별개로 트로츠키주의자에게는 당장 현실 사회주의 붕괴에 뒤따른 '자본주의 만만세'의 착각을 바로잡는 일이 시급하다. 각종 종말론 시리즈에서 세계화 찬가까지 지구를 평정한 듯한 신자유주의의 오만과 횡포에 맞서 이들이 장만할 투쟁 메뉴는 날로 늘어나고 있다. 포스트모더니즘 비판은 그 전형적인 사례가 될 만한데, 캘리니코스는 1968년 혁명의 실패에서 이 유행의 기원을 찾는다. 모든 저항에 대한 미련을 버린 채 1980년대 후반 안정된 중년에 들어선 이들 68세대에게 과거의 망각과 부정은—그러니까 변절은—거의 유일한 선택이었다. 정치에 대한 환멸과 소비적 삶으로의 도피라는 기묘한 이중주가 포스트모더니즘의 묵시론적 음조로 이어졌는데, 그 해독은 이루 다 헤아릴 수가 없다. 그래 "세계를 변혁하기 위해 당신들이 할 수 있는 것은 아무것도 없다는 말을 들려주는 것보다 더 확실하게" 혁명의 전망을 깔아뭉개는 일이 또 어디 있겠는가?

문제는 혁명적 사회주의가 아니라 그것의 혁명적 실천일 터이다. 집필 순서로 보아 비교적 초기에 속하는 『마르크시즘의 미래는 있는가』라는 다분히 도전적 저작의 결론에서 캘리니코스는 "사회주의 지식인들과 전투적 노동자 계급이 마치 통신이 두절된 채 고립된 두 척의 배처럼 나란히 표류하는" 안타까운 상황을 개탄했다. 그렇다면 두 배의 통신을 이어주는 일이 무엇보다 시급한데, 그 수리 작업은 단연 전위 당의 몫이다. 즉 이론을 계급 투쟁에 접합시키고, 전면적 혁명 전략의 일환으로 일상적 투쟁에 헌신하는 이중의 과제가 그것이다. 본인은 펄쩍 뛰겠지만 전자에서는 루이 알튀세르(Louis Althusser)의 레토릭이 강하게 느껴지고, 후자에서는 안토니오 그람시(Antonio Gramsci)의 충고가 진하게 풍기는데, 양자는 각기 마르크스주의의 구조주의적(構造主義的) 해석과 인본주의적(人本主義的) 해석을 대표하는 인물들이다.

최근의 저서 『사회 이론』에서 캘리니코스는 '니체의 복수'를 추가했다. 주체의 파산을 선고하려는 현대—특히 프랑스 구조주의—철학이 세계를 역사 의식 대신 권력 의지로 해체한 니체의 야유에 합류한 것은 일견 당연한 귀결이었다. 그러나 그런 식의 복수여서는 안 된다. 역사적 유물론의 구조(structure)와 계급 투쟁의 주체(subject)를 연결하는 고리가 바로 '자기 결정'이라면, 상황 자체를 변화시켜 혁명의 조건을 마련하는 구조와 주체의 변증법이야말로 변혁의 최고 문법이기 때문이다. 지난 세기가 트로츠키주의자에게 수난과 모멸의 시대였다면, 새 세기의 희망을 설계할 적임자로 캘리니코스를 지목해도 괜찮을지 모르겠다. 한국의 노동 운동을 훈수하기 위해 그는 1997년 '학생들' 초청으로 한국을 방문했었다.

트로츠키주의 역사로 시야를 넓혀보자. 트로츠키주의자 셋이 모이면 네 개의 분파가 생긴다는 말이 있다. 그것이 내부 절충을 거절하는 고집의 결과거나, 외부 오염을 차단하려는 결벽성의 산물이라면 별로 불쾌하지 않을 터이다. 트로츠키주의자의 혈관에는 비운의 사부가 남긴 유훈이 연면히 흐르고 있다. 예컨대 '일국사회주의' 수립 대신 세계 자본주의에 전면 투쟁을 강조하고, 단계별 혁명 대신 민주주의적 과제와 사회주의적 과제를 동시에 수행하려는 연속혁명(permanent revolution) 이론이 그러하다. 개별 국가 대신에 세계 체제를 분석 단위로 채택하는 이매뉴얼 월러스틴(Immanuel Wallerstein)이나, 지배 요소와 피지배 요소의 '불균등 결합 발전'을 주변부 상황에 원용하는 종속 이론가들은 다소간 트로츠키주의적 관점을 공유하는 셈이다. 세계화가 현대 세계의 '정언 명령'으로 군림할수록 이런 반대 명제의 예지는 한층 더 부각될 것이다.

국제사회주의 그룹과 제4 인터내셔널(FI) 그룹은 트로츠키주의의 양대 산맥이다. 그런데 이들 사이가 상당히 불편하다. 레닌이 창설한 제3 인터내셔널, 즉 코민테른(Kommintern)이 소련의 일국사회주의를 방어하는 스탈린의 충복으로 돌변하자 트로츠키는 1938년 파리에서 새로운 인터내셔널을 창건했다. 이 제4 인터내셔널 통합사무국(USFI)의 실질적 책임자로서 트로츠키주의 이론과 투쟁 노선을 설파한 인물이 1995년에 타계한 에르네스트 만델(Ernest Mandel)이었다. 그는 세계 트로츠키주의 운동의 적자(嫡子)를 자임했을 뿐만 아니라 마르크스주의 이론의 대가로 통했다. 1976년 펭귄출판사가 야심적으로 펴낸『자본론』개역판에 난다 긴다하는 대가들을 물리치고 그「서문」을 집필하는 영광을 차지하는가 하면, 레닌의『제국주의론』이후 자본주의의 변모를『후기 자본주의』라는 자신의 저서에 독창적으로 정리하기도 했다. 혹시 그는 마르크스와 레닌 다음 자리에 트로츠키를 앉히고,『자본론』과『제국주의론』뒤에 자신의 저서가 따르기를 바랐을지 모르겠다.

국제사회주의 운동 역시 그 모태는 제4 인터내셔널의 영국 지부이고,

분열의 발단은 이 기구에 대한 승인 거부였다. 반대파는 비록 트로츠키가 창설했지만 제4 인터내셔널은 자본주의의 파국이 임박했다는 성급한 정세 판단에 의해 '위로부터' 급조된 국제 지도부인데, 이제 그 판단이 틀렸으니 기구도 해체해야 한다는 주장을 폈다. 사부의 지침을 거역한 또 다른 사례로는 소련 사회에 대한 정체성 시비가 있다. 트로츠키는 스탈린 치하의 소련이 관료적으로 타락했지만 그래도 '노동자 국가'라고 규정했다. 만델은 이 관점을 고수했으나, 클리프는 노동자가 통제하지 않는 노동자 국가가 어떻게 가능하느냐고 반문하면서 이를 국가자본주의로 대체했다. 그의 주장에 따르면 중국이나 쿠바도 예외 없이 국가자본주의 체제이다. 한국전쟁에 대해서도 이들은 입장 차이가 컸는데, 제4 인터내셔널은 이것을 미국 제국주의에 맞선 '민족해방투쟁'으로 보고 북한과 중국을 지지했으나, 국제사회주의는 미국과 소련의 대리 전쟁일 뿐이라는 관점에서 그런 지지를 비판했다.

트로츠키주의의 정통성을 지킨다는 점에서 만델은 분명히 한발 앞서 있다. 반면 클리프의 '발전적' 해석은 때때로 트로츠키 이론의 핵심까지 흔드는 것이 사실이다. 후자를 편드는 캘리니코스의 변호에 따르면 "진정한 트로츠키주의자는 트로츠키 사상의 혁명적 본질, 즉 노동자 계급의 자기 해방 사상을 보존하기 위해 정통 트로츠키주의의 도그마를 거부하는 사람이다." 그렇다면 그 진정한 트로츠키주의와 정통적 트로츠키주의를 구분하는 척도는 무엇인가? 제4 인터내셔널은 과연 노동자 계급의 자기 해방을 거부하는가? 타락한 노동자 국가는 도그마이고, 국가자본주의는 트로츠키 사상의 본질인가? 만국의 트로츠키주의자들이 단결해도 시원찮은 판에 이런 논쟁이 우파 관전자들에게는 몸살나게 재미있고, 좌파 관전자들에게는 지루하고 따분하게 들리는 것이 사실이다. 만델 타계에 즈음해서 유럽의 좌파들이 엄숙히 조의를 표하는 가운데 국제사회주의를 대표한 몰리뉴의 조사는 "그래도 당신과 우리는 다르다"를 되뇌고 있었다. 세 명이 모여서 하나의 '분파'로 뭉칠 때 트로츠키와 트로츠키주의자의 비원은 실천을 향해 한발 성큼 다가설 텐데……

●2001년 1월 11일

반세기 전의 우화

"이제 나는 52년에 걸친 군인 생활을 마치려고 합니다. 내가 육군에 입대한 것은 20세기가 시작되기 전이었습니다. 그 당시 나는 소년 시절의 모든 꿈과 희망을 충족시킬 수 있었습니다. 내가 웨스트포인트 광장에서 선서를 마친 이래 세계에는 수많은 변동이 일어났으며, 나의 희망과 꿈도 사라진 지 오래입니다. 그러나 나는 당시 군대에서 유행하던 노래의 후렴을 아직도 기억하고 있습니다. 그 후렴의 자랑스런 구절은 다음과 같습니다. 노병은 죽지 않고, 다만 사라질 뿐이다."(『맥아더 회고록』, 일신서적, 1993, 하권, 281쪽).

1951년 4월 20일, 그러니까 반세기 전 오늘 더글러스 맥아더(Douglas MacArthur) 장군은 미국 양원 합동 회의에서 이런 연설로 작별을 고했다. 이달 11일 해리 트루먼 대통령은 유엔군 사령관 겸 미군 8군 사령관 맥아더를 전격적으로 해임했었다. 명분은 '항명'이었다. 전쟁에는 승리 외에 다른 대안이 없다고 굳게 믿는 군인 맥아더는 중공(中共) 연안 봉쇄, 산업 시설 폭격, 자유중국(臺灣) 군대의 한반도 투입 및 중국 본토 상륙 등 적극적인 공격을 건의하고 있었다. 그러나 정치인 트루먼에게 그것은 곧 중국 본토로의 확전과 소련 참전으로 이어질 또 하나의 세계 대전을 의미했다. 미국한테 아시아는 결코 유럽의 변방이 아니라는 맥아더의 지론과 달리, 트루먼 행정부에게 유럽의 전략적 지위는 아시아보다 앞섰고, 아시아에서도 한국보다는 일본 방위가 한결 중요한 과제였다. 이해 9월 샌프란시스코 강화 조약으로 미국과 일본은 새 시대 개막을 다짐했지만, 이 자리에 노병(老兵) 맥아더는 끝내 초대되지 않았다.

이왕의 경력과 명성으로 보아 전격 해임도 억울했지만, 맥아더로서는 그 절차가 한층 더 모욕적이었다. 사전에 어떤 진상 조사나 소명 절차도 없이 라디오 뉴스로 해임 사실을 알았기 때문이다. 그는 "사무실의 사환이나 청소부나 하급 직원일지라도 이처럼 예절을 무시한 방법으로 해고되지는 않았을 것"이라고 분노를 터뜨렸다. 맥아더는 육군사관학교 수석 졸업생이었고, 트루먼은 20세기 미국 대통령으로는 유일하게 대학 교육을 받지 못했다. 맥아더가 생각하는 해임 사유는 군사적인 실수나 정치적인 견해 대립이 아니었다. 오히려 야당과 짜고 무슨 비열한 음모를 꾸미는 것으로 대통령이 오해한 듯하다면서, 자신이 공화당을 지지하기는 해도 "그것은 어디까지나 링컨을 존경하는 마음에서 우러난" 것이라고 소년답기도(!) 하고 군인답기도(?) 하게 자신의 입후보 풍문을 해명했다.

위의 '비열한 음모' 주장에는 짚이는 것이 있다. 1950년 10월 트루먼은 남태평양의 웨이크 섬으로 맥아더를 부른다. 전시에 일선 사령관을 불러냈으면 무언가 중대한 얘기가 있을 법한데, 맥아더로서는 정말 황당하게도 96분간의 회담을 시시한 한담으로 끝냈다. 아무튼 중간 선거가 2주일 뒤로 다가왔고, 그래서 인천 상륙 작전의 승리와 환호를 유권자의 뇌리에 다시 한번 새겨놓으려는 기막힌 선거 메뉴였다는 것이 당시 정가와 언론의 평가였다. 훈장을 달아주면서 장군의 '정치적 야심'을 넌지시 떠보는 트루먼에게 맥아더는 추호도 그런 생각이 없다면서 "각하에게 대항할 장군이 있다면, 그 이름이 아이젠하워이지 맥아더는 아닙니다"라고 대꾸했다. 이에 "아이젠하워는 정치에 대해서는 아무것도 몰라. 그가 대통령이 된다면 그랜트조차 훌륭한 대통령의 귀감이 될 걸세"라는 것이 트루먼의 반응이었다. 어느 평가 보고서에서 그랜트는 역대 41명의 미국 대통령 가운데 38위에 올랐던 인물이다.

바로 그 평가에서 트루먼은 7위를 차지했다. 재선 가망이 없어서 스스로 출마를 포기했는데도 말이다. 반면 맥아더는 고별 연설을 고비로 인기가 하늘을 찔렀으나, 그 자랑스런 노래 후렴대로 서서히 사라져갔다. 1952년 12월 대통령 당선자 자격으로 한국 전선을 시찰한 아이젠하워와 국무장관 내정자 덜레스는 맥아더에게 "장군을 해임한 것은 트루먼이 저지른 가장 큰 실책이었다"고 덕담을 보냈다. 이승만 대통령 역시 "한국 문제의 궁극적인 해결책은 귀하의 계획 이외에 달리 없다는 것을 확신한다"고 전별 메시지를 전했다. 맥아더가 우리 역사에 소정방으로 기록될지, 이여송으로 기록될지 그 사필의 향방은 나의 추리를 뛰어넘는다. 다만 강대국의 장군과 대통령이 빚어낸 반세기 전의 우화에 이제 더는 희롱 당하지 않아도 되는 것인가?

•2001년 4월 20일

그의 '심증' 인터뷰

　세월은 원자 폭탄보다 모진 것인가? 피폭(被曝) 반세기를 뚫고 자라난 풀과 나무가 온통 도시를 뒤덮은 일본 히로시마에서 지난주 제2회 '세계한민족포럼'이 열렸다. 지명 토론자로 단상에 앉은 내게 청중석에서 누가 손을 흔들었다. 송두율 교수였다. 1970년대 중반 독일에서 열린 한 유학생 세미나에서 그를 만났으니, 25년여 만의 해후였다. 그때 우리는 고국의 유신 독재에 함께 분노했는데, 지금 그는 북한 노동당 정치국의 김철수 후보위원으로 '의심받는' 처지다. 그 의심의 진위는 방사능도 이기는 세월에 맡기고, 휴게 시간에 나는 그의 손을 잡았다.

　재회의 반가움보다 취재 욕심에 들뜨는 나를 돌아보자니 그 동안 신문사 물을 공짜로 마신 것이 아닌 모양이다. 송 교수의 정치국원 설에 '설마' 하던 사람들조차 1999년 황장엽 씨가 법원에 보낸 답변서가 공개되면서 '혹시나' 쪽으로 돌아서는 사회 일각의 분위기를 전했더니, 그는 황씨의 주장을 반박하는 각종 자료를 법원에 제출했다고 대답했다. 재외 학자로서 송 교수 혼자만 김일성 장례식에 참석한 것은 "공개된 역사적 사실"이란 황씨의 주장과는 달리 최씨·문씨 등의 조문 사진이 『조선연감』에 실렸다고 했다. 망명 이전의 황 비서가 요코하마에서 만난 '똑똑한 남한 학자―황씨가 전한 송 교수의 표현으로는 '떨떨한 변절자'―L씨 얘기도 크게 달랐다. 1977년 카터의 주한 미국 지상군 철수 발표에 반대한 그쪽 계열을 자신이 주도하던 '민주사회건설협의회'에서 제명한 사실을 전한 것뿐이지, 황씨의 비난처럼 송 교수의 '자기 과시'와는 무관하며 그 뒤에도 L씨가 독일에 오면 그에게 들러가는 사이라는 것이다. 그렇다면 황씨의 답변만 공개되고 송 교수의 반론은 공개되지 않은 정보 접근의 불평등이 '혹시나의 의심'을 부른 셈인가?

송 교수는 정치국원 선임에 관해 어떤 제의나 통지도 받은 적이 없다고 했다. 혹시 본인 모르게 추진되었을 가능성을 물었더니, 그는 "사회주의 국가에서 정치국원이 어떤 자리인데……"라면서 "정말 내가 정치국원이라면, 베를린이나 베이징에서 입북 비자를 신청하고 2주일이나 기다려야 하느냐"고 되물었다. 그러면 무슨 억하심정으로 황씨가 그처럼 물고 들어가느냐는 나의 질문에, 그를 만난 것이 겨우 두 번인데 자기도 그게 의문이어서 답답하다는 표정이었다. 물증은 없더라도 심증은 있을 것 아니냐고 다그치자, 그는 우선 김일성 주석과 자신의 4시간 독대(獨對) 건을 들었다. 그날 대화는 왜 동독이 무너졌으며 북한이 자본주의를 모르니 가르쳐달라는 것이었지만, 주석의 이런 배려가 같이 철학을 공부하는 황 비서로서는 결코 유쾌한 심정이 아니었을 것이란 얘기였다. 그리고 북한과 연계된 남한 인사 명단이라는 소위 "황장엽 리스트가 결국 '황장엽 판타지'로 끝남에 따라 무어 하나쯤 공을 세우려는 초조감의 유탄이 자신에게 날아든 게 아닌지" 모르겠다고 말했다. 내게는 더 이상 그의 심증을 '문초할' 방법이 없었다. 송 교수 지도를 부탁한다고 황씨가 김용순 비서한테서 받았다는 전화도 전말이 의심스럽지만, 그의 지도로 자신이 자본주의 잔재를 청산하고 주체 철학을 바르게 이해하게 되었다는 주장은 그야말로 '개그 수준'이라고 평했다.

현재의 국가정보원은 협박과 고문으로 간첩을 제조하던(?) 왕년의 정보 기관이 아니라는데, 여기서 송 교수를 정치국원으로 단정하는 일을 어떻게 생각하느냐고 파고들었다. 그는 자신이 들은 김철수만도 4명으로 "국정원 내부의 판단이 엇갈리는 듯하다"면서, 고위 간부 R씨와 그의 재직 중에 나눈 통음과 허심 탄회의 대화를 소개했다. 그러면서 "황씨의 입을 통해서가 아니라 국정원 자신의 증거를 내놓으면" 사건의 매듭이 훨씬 빠를 것이라고 의견을 밝혔다.

그는 2년 8개월이나 끌고 있는 1심 판결을 기다리고 있다. 증거 없는 판결은 무효라는 대륙법 체계가 일본을 통해 한국에 전해진 만큼 승소는 의문의 여지가 없다는 독일 법률가들의 격려에 한껏 기대는 듯했다. 6·15 선언 1주년 기념 학술 회의를 개최하려고 노력 중인데, 남한의 협조도 문제지만 아직까지 북한의 대답이 없다면서 "이럴 때 내가 정치국원이라면……" 하고 쓴웃음을 지었다. 그깟 '준법 서약서'쯤 쓰고 들어오면 어떠냐는 나의 말에 조건 없는 서약이라면 당장이라도 하겠다고 했다. 행여 전비(前非)를 뉘우치고 조국의 품에 안겼다는 식으로 써먹을 요량이라면 이제까지의 자기 인생은 무엇이 되느냐고 물어왔다. 한쪽 얘기만 전한 이 글의 '편파성'을 인정하며, 가능하다면 황장엽 선생과도 같은 기회를 가지고 싶다.

• 2001년 6월 1일

애국 독본에 취해서

2010년 미군은 통일된 한반도에서 철수한다. 중국이 유전 확보를 노려 남중국해에 대한 주권을 선포하자 베트남은 미국에 지원을 요청한다. 개전과 더불어 일본은 중립을 선언하고, 미국에서는 히스패닉계 중심으로 반전 운동이 벌어진다. 중국이 동아시아 전쟁에 발이 묶인 틈에 인도가 파키스탄을 침공한다. 이를 계기로 아랍 국가들이 단결하여 이스라엘을 공격하지만 미국은 속수무책이다. 중국의 승리를 저지하려는 러시아는 몽골 폭동을 사주하고 시베리아로 진군한다. 중국은 보스니아와 알제리에 핵미사일을 배치하고 유럽의 중립을 강요한다. 동유럽에서는 인종 폭동이 재연되고, 알제리의 미사일이 프랑스를 강타함으로써 마침내 세계는 핵전쟁에 돌입한다.

새뮤얼 헌팅턴(Samuel Huntington)은 1996년 『문명의 충돌』에서 21세기의 묵시록을 이렇게 예견했다. 그는 "이것이 독자들에게 황당 무계한 시나리오로 받아들여진다면 참으로 다행스런 일"이라고 짐짓 능청을 떨었다. 2010년이 되려면 아직 멀었고, 베트남 해역 아닌 뉴욕과 워싱턴에서의 자살 공격이 벌어졌으며, 그리고 무엇보다 중국이 미국 편을 들었다는 점에서 2001년 9월 11일의 펜타곤과 세계무역센터 테러와 그 보복 전쟁은 일단 위의 각본과 무관하다. 저자 역시 지난 17일 독일 주간지 『디 차이트』와의 회견에서 이번 테러는 문명에 대한 야만인의 공격일 뿐 문명 충돌은 아니라고 견해를 밝혔다.

그러나 여기 의문이 있다. 테러범들이 컴퓨터 통신과 첨단 설비의 여객기를 이용하는 문명인이며, 그들의 신조에 따라 미국과 '서구 문명'을 동시에 공격한 것인데 어떻게 문명 충돌이 아니란 말인가? 아무튼 5년 전의 헌팅턴은 이렇게 너그럽지 않았다. 문명의 구도에서 세계는 하나의 서구와 다수의 비서구로 나뉘었으며, 서구는 하나의 실체이지만 비서구는 서구가 아니라는 사실말고 어떤 공통성도 없으므로 '서양과 동양'이 아니라 '서양과 나머지'로 불러야 옳다는 망발을 서슴지 않았기 때문이다. 그 '나머지' 가운데 가장 귀찮은 상대가 이슬람 세계이다. 2000년 세계 인구에서 기독교와 이슬람 신도의 비율은 대략 30:20이었으나 2025년께는 이것이 25:30으로 역전된다. 급증하는 청년층과 그 고용이 무엇보다 긴급한 과제인데, 이들의 좌절은 때때로 광신적으로 치닫기 때문이다. 그러니까 테러는 미흡한 실업 대책의 소산이라는 말씀이렷다. 인구 증가세가 한풀 꺾이는 2020~30년쯤 되면 이슬람과 서구 간에 냉전 내지 냉화(cold peace)까지도 기대할 만하단다.

클린턴 대통령을—오늘의 부시도(?)—비롯해 많은 인사들이 서구와 이슬람 사이에는 아무 문제가 없으며 폭력적인 이슬람 과격파가 문제라고 생각하는데, 헌팅턴에 따르면 바로 이것이 문제이다. 피로 얼룩진 서구와 이슬람의 1400년 악연 외에도 교리가 끼여들기 때문이다. 레닌 같으면 누가 이기고 누가 지느냐로 간단히 끝낼 일을 이슬람은 누가 옳고 누가 그르냐를 꼬치꼬치 따진다는 것이다. 교황과 술탄이 밤새워 신학

토론을 벌인들 거기서 무슨 결론이 나겠는가? 그래서 헌팅턴은 "서구가 직면한 근본 문제는 이슬람 원리주의가 아니라 이슬람 자체"라고 진단한다. 그들은 이슬람 문화의 우월성을 철석같이 믿으면서 오직 힘의 열세를 탄식하기 때문이다. 헌팅턴은 또 "이슬람 문제를 우려하는 것은 미국 중앙정보국이나 국방성이 아니라 서구 자신"이라고 주장한다. 이들역시 서구 문화의 보편성을 철석같이 믿고 그것을 전세계에 전할 사명감에 불타기 때문이란다.

헌팅턴의 관찰로는 이번 테러가 문명 충돌이 아닌 것은 "이슬람 사회가 분열되었기" 때문이다. 테러에 대한 이슬람 국가들의 태도는 분열될 수 있다. 그러나 이슬람 세계가 분열되어야 문명 충돌의 전쟁을 피한다는 메시지라면 얘기가 고약해진다. 미국은 테러 응징에 대한 협조 여부로 편을 가를 참이다. 미국 편을 들지 않으면 테러 편이라는 말인데 세상사 정리가 어디 그렇게 간단한가? 응징에 찬성하면서도 미국식 방법은 거절할 수도 있기 때문이다. 애도의 날을 정하고 사이렌까지 울리는 남한의 과공(過恭) 못지 않게, 민족의 문제를 다루는 자리에서 테러 얘기는 피하자는 북한의 대답도 테러를 두둔해서 그런 것은 아니다. 미국 편이냐 테러 편이냐를 고르라는 것은 칼이냐 코란이냐를 고르라는 협박과 한 치도 다를 것이 없다. 마니(Mani)교는 세계를 빛과 어둠, 선과 악, 동지와 적으로 명쾌하게 나눈다. 하랄트 뮐러(Harald Müller)가 『문명의 공존』에서 행한 헌팅턴 비판은 그리 감명적이지 않지만 "마니교가 미국의 정치 문명과 역사에 깊이 뿌리내리고 있다"는 경고만은 심각하게 들렸다. 헌팅턴의 '애국 독본'에 취해 미국의 지도자들이 혹시 마니교를 신봉하는 '불상사'가 생기면 아이고 이를 어쩐다?

• 2001년 9월 21일

사제와 농부

11월은 그 절기만큼이나 스산하다. 문학 속의 11월은 한결 더 쓸쓸한 느낌이어서, 황금색 가을을 노래한 헤세 역시 퇴색과 이별로 그의 「11월」을 떠나보냈다.

이제 만물이 뒤덮여 퇴색하려 합니다
안개 낀 나날이 불안과 근심을 깨웁니다
폭풍의 밤이 지나면 아침에는 얼음 소리가 납니다
이별이 울고 세상은 죽음으로 가득합니다.

한 해가 한 달 남는다는 초조감으로 11월은 허전하게 보내기 십상이다. 날로 심해지는 정치판의 치매 증세나, 겨울의 한기를 가늠해줄 경제 지표도 오늘은 그만 잊기로 하자. 뭐 좀 넉넉한 얘기를 하고 싶다. 올해도 예외가 아니었다. "김장했어? 배추 뽑아가." 그 초단축 대사의 전화를 받고 지난 주말 서울 근교의 배추밭에 모인 일행이 50여 명이었다. 열 포기면 된다고 사전 신고를 했지만, 내 몫으로 배추 열 다섯 포기와 그만큼의 무가 기다리고 있었다. 필요에 따른 무상 분배였다! 배추 값이 뭐 값이 되어 기름 값도 안 나올 텐데 하며 도리어 당신이 민망한 표정이었다. 말씀이야 그렇더라도 여든의 노구로 여름내 지은 농사를 그냥 가져오는 것도 도리가 아니어서, 즉석에서 모은 성의 표시 헌금을 학비 마련이 어렵다는 한 학생에게 보내기로 했다. 노사제(老司祭)의 한 해 노고가 한 젊은이의 장래를 돕는 작은 거름으로 뿌려지게 되었다.

1960년대는 가난한 시대였다. 어느 시인의 말처럼 가난은 그저 남루한 것일 뿐 비굴할 이유가 없었다. 경제 발전을 내세운 군사 정권의 개발 독재가 시작되면서 먼저 대학에 저항의 물결이 일렁였다. 캠퍼스 밖의 보호막은 종교였다. 하느님과 부처님이란 막강한 '빽'이 있어 공안 당국의 음험한 '색깔' 올가미를 막아주었기 때문이다. 그때 우리는 명동 성당에서 한 사제를 만났다. "그리스도의 가르침은 교회에 모여서 기도하는 것이 아닙니다. 밖으로 나가서 불의와 싸우는 사회 참여에 있습니다." 그의 강론은 항상 그런 식이었다. 제 발로 찾아온 학생들을 교회 안에 붙잡아 놓는 대신 사회로 내쫓는(?) 그의 '첨단 신학'에 우리는 꽤나 반했었다. 앙가주망(engagement) 문학 얘기는 여기저기서 주워들었지만, 해방 신학은 그 이름조차 수입되기 전이었다. 그는 당시 서울대학 맞은편 명륜동에 가톨릭 학생회관을 지어 '아지트'를 옮기고는 그 물목에서 마구 그물질을 했다.

김수환 추기경과 고등학교 동기인 그는 경성제대 법문학부에 입학해서 서울대 법과대학을 졸업했다. 해방 공간의 소용돌이에 하느님이냐 이데올로기냐의 치열한 갈등을 겪은 뒤, 프랑스 유학 중에 사제 서품을 받았다. 그가 하느님의 그물에 걸린 것은 하늘의 섭리겠지만, 우리가 그의 그물에 걸린 것은 무슨 소이였을까? 은퇴한 사제로서 그는 이제 그물 대신 삽과 호미를 들었다. 늙으면 쉽게 서러워지는 법이라는데, 그 고독을 노동과 추수로 이겨내는 것이다. 당신의 수고로 기른 무와 배추를 나눠 주면서 내심 "너희에게 짐이 될 생각은 조금도 없어. 내게는 아직도 할 일이 많아" 하고 다짐하는 듯했다. 은퇴한 사제에서 현역 농부로! 그는 멋지게 늙는 법을 가르치고 계셨다.

밭머리 식당에서 드린 미사에서 그는 농부의 깨달음을 이렇게 전했다: "예전에는 생각하므로 존재한다(cogito ergo sum)는 말이 아주 근사하게 들렸으나, 내 손으로 농사를 짓다 보니 '자연이 존재하므로 나도 존재한다'는 느낌이 듭디다." 중세 같으면 단연 종교 재판 감인데, 땅과 땀의 변증법을 통해 자연과 사유가 하나가 된 것일까? 앙상한 나무에 매달린 마지막 잎새 몇 개를 기어코 장대로 떨어내려는 아파트 경비원에게 그렇게까지 할 것이 무엇이냐고 내쏜 적이 있다. 요즘 낙엽은 잘 썩지 않기 때문에 한데 그러모아서 태우려고 그런다는 대답이 돌아왔다. 산성비가 낙엽을 썩이는 미생물을 죽여버려서 낙엽이 거름이 되는 자연의 질서가 망가진다는 기사를 어디서 읽었다. 낙엽조차 썩지 못하고 화장 당하는 억지 시대이기에 노사제가 실천하는 흙과의 화해와 교섭이 더할 나위 없이 고귀하게 다가온다.

"신부님, 배추 값 걱정은 그만하시고 영혼 구할 걱정이나 하십시오."

"이런, 너희가 잘살아야 내 낚시질이 쉬울 것 아니야."

배추밭에서 낚시질을 생각하는 그 나상조(羅相朝) 신부님은 벌써 내년의 추수를 계획하고 계셨다. 11월의 퇴색과 이별이 그토록 황량하지 않은 것은 새 봄의 채색과 재회에 대한 이런 기약 때문이리라.

• 2001년 11월 30일

말띠 장땡 끗발로 새해를

만물을 창조하신 하느님이 그들의 수명(壽命)을 놓고 고민하셨다. 마침내 모월 모일 모처로 오면 수명을 나눠주겠다고 선포했다. 걸음이 더딘 거북 같은 동물은 일찌감치 떠났지만 사람은 늑장을 부렸다. 만물의 영장을 하느님인들 어찌하랴라는 교만한 심보 때문이었다. 느지막이 다다르니 선착순으로 50년씩 나눠준 생명의 자루에는 25년밖에 남아 있지 않았다. 아차 했지만 물러설 수도 없는 마당이어서 "아니 저 말과 개도 50년을 받았는데 사람의 몫이 25년이래서야 말이 됩니까"라면서 결사적으로 대들었다. 그 읍소와 협박에 하느님이 난처한 표정을 지으시자, 선뜻 말이 나서서 제 몫에서 25년을 떼어주겠다고 했다. 겨우 50년? 그것으로는 모자란다고 계속 떼를 쓰니 개와 원숭이도 25년씩 내놓았다. 그렇게 100년을 채우고 나서야 하느님 면전에서 물러났다.

서양 어느 나라의 동화인데 거기 붙인 솔제니친의 설명이 근사하다. 인간은 25살까지 부모 보호 아래 사람으로 살고, 50살까지는 말처럼 열심히 일하고, 75살까지는 개처럼 사회의 불의를 향해 짖어대고, 그 뒤 100살까지는 원숭이처럼 자신의 행동으로 주위에 모범을 보이라는 훈계라는 것이다. 임오년 말띠 새해를 맞는다. 올해 우리의 국운이 어느 운수를 타고났는지 모르겠으나, 열심히 일하는 말띠 운세가 그럴듯하게 느껴진다. 중국의 고전 『열자』에 인력(人力)과 천명(天命)이 다투는 얘기가 나오는데, 서로의 능력을 따지면서 인력이 선공을 취했다.

"당신 능력과 내 능력 가운데 어느 것이 나을까요?"

"대체 네가 세상일에 무슨 공로가 있다고 나에게 맞서려는 것인가?"

"사람이 오래 살거나 일찍 죽는 일도, 망하거나 흥하는 일도, 귀하거나 천하게 되는 일도, 가난하거나 부자로 사는 일도 모두 나의 힘이 아니겠소?"

"팽조(彭祖)의 지혜는 요순(堯舜)보다 나을 것이 없었지만 800년이나 살았고, 안회(顔回)의 재주는 범인보다 못한 편이 아니었는데도 32살로 죽었다. 공자(孔子)의 덕이 제후들만 못하지 않았으나……심한 고난을 겪었고, 주왕(紂王)은……은(殷)의 삼인(三仁)보다 어질지 않았지만 천자의 자리에 있었소. 태자 자리를 사양한 오(吳)의 계찰(季札)은 벼슬조차 하지 않았으나, 왕위를 찬탈한 전항(田恒)은 제(齊)의 정치를 흔들었다. 백이(伯夷)와 숙제(叔齊)는 수양산에서 굶어 죽었는데, 계씨(季氏)는 노(魯)의 덕망가 전금(展禽)보다 풍족한 생활을 했소. 만약 이런 일들이 모두 인력의 소치라면 어째서 한쪽은 오래 살고 다른 쪽은 일찍 죽게 하며, 어째서 성인은 망하고 폭군은 흥하게 만들며, 어째서 어진 이는 천하고 어리석은 녀석은 높은 지위에 올려놓으며, 어째서 착한 사람은 가난하고 악한 사람은 부자로 만드는 것이오?"

이 책의 저자로 알려진 열어구(列禦寇)는 기원전 5세기의 인물이다. 이 대목을 읽으면서 고개를 주억거린 것은 그 도도한 변설 때문만은 아니다. 문명의 이기라고는 디딜방아와 소달구지가 거의 전부였을 그때 벌써 생사·흥망·귀천·빈부 등 세속의 번뇌를 인간사의 요체로 깨달은 인식이 놀라웠다. 그로부터 2500년이 흐른 오늘도 그런 덕목과 가치의 효용은 한 점 변함이 없다. 그리고 그 욕망들이 반드시 정의로운 방법으로 이뤄지지 않는 현실에 대한 원망이 놀랍다. 사실이 그렇지 않은가. 착한 사람이 못살고 악한 녀석이 오히려 잘사는 시정의 영악한 처세를 인력 따위로 바로잡을 수 있었다면, 우리가 사는 이 세상은 애당초에 달라졌을 터이다. 그러나 이런 충허지덕(沖虛至德) 설교로는 경쟁만이 살길이라는 세계화 시대에 살아남지 못한다. 자연히 천명에 대한 인력의 반격이 기다려진다.

"당신 말이 맞는다면 나는 세상에 별로 할 일이 없겠구려. 그러니 세상 만사가 당신 마음대로 된다는 뜻이오?"

"아니지……천명이란 그야말로 하늘의 명령인데 어찌 내 마음대로 되겠소? 나는 다만 곧은 것은 곧은 대로, 굽은 것은 굽은 대로 놓아둘 뿐이오. 오래 살든 일찍 죽든, 망하든 흥하든, 귀하게 되든 천하게 되든, 부자가 되든 가난뱅이가 되든 모두가 자연의 도리를 따르는 것일 뿐이오. 내가 무엇 때문에 그 이치를 알려고 하겠소? 나와는 아무 상관도 없는 일이오."

공격을 피하는 그 책임 전가의 수사가 아주 매끄럽다. 인력의 도전쯤이야 가소로우나 세상사가 뜻대로 풀리지 않는 것이 어찌 하늘의 책임이냐는 도피성 역공 말이다. 그것도 그렇다. 세상일이 모두 천명의 결과라면 사람은 그저 하늘의 처분만 기다리면 되기 때문이다. 사람은 결국 인력과 천명의 '공조' 아래 자신의 삶을 영위한다는 것이 열자의 말씀이렷다. 소부(小富)는 부지런이 만들고 대부(大富)는 하늘이 낸다는 선조들의 지혜도 이 점을 꿰뚫어본 것이리라. 우리가 다루는 경제 역시 이 평범한 상식에서 별로 벗어나지 않는데, 다만 그 배역(title role)은 다소 바꿀 필요가 있다.

천명 역에는 아무래도 '세계화'가 제격이다. 곧든 굽든 그대로 내버려 두겠다는 것이 '자유 방임' 원리이다. 죽든 살든, 흥하든 망하든, 귀하든 천하든, 부자든 가난뱅이든 그것이 모두 자연의 이치라는 말씀은 그대로 약육강식의 경쟁력 논리와 통한다. 그러니까 아무도 책임질 필요가 없는 것이다. 지난 연말 대통령 퇴진까지 불러온 아르헨티나의 폭동은 분명 외세의 세계화 강요에 대한 격렬한 반발이었지만, 그 피해와 피해자에 대해서는 아무도 책임지지 않았다. 그러나 9·11테러 이후 미국은 전세계에 책임을 물었다. 내 편이냐 아니냐에 대한 신앙 고백을 강제하고, 테러범 색출을 기화로 평소 미국에 삐딱했던(?) 나라들에게 위협을 가했다. 신심 돈독한 사람들의 평화 기도처럼 폭탄은 항상 '우리 편'이었다: "하느님께서 우리에게 아주 커다란 은총을 내려주셨어요. 기도하고 또 기도했더니 폭탄이 글쎄 전부 건너 마을에 떨어졌답니다." 폭탄은 다른 데로(!) 떨어졌지만, 10년 호황을 끝내는 경제 뇌관들은 지금 미국 도처에서 터지고 있다.

그렇다면 인력은 소임을 다했는가? 자본주의 경제가 무르익을수록 생사·흥망·귀천·빈부 가운데 빈부는 귀천과 함께 가게 마련이다. 국제통화기금 탁치 이래 중산층 와해와 빈민층 증대는 우리 사회의 신종 유행성 전염병으로 등록했다. 무슨 게이트로 불리는 벤처 기업들의 탈선 역시 소부의 근면 대신 졸부 흉내를 먼저 배운 탕아들의 작태였다. 혹시 차기 정권에 '과거 청산' 청문회가 열린다면 그 영순위로 게이트 열전이 오를지 모르겠다. 대부 급에 속할 재벌 역시 작년 운수가 좋지 못했다. 30대 재벌 가운데 6개가 탈락하고 10개의 순위가 바뀌었으니 생사와 홍망이 요동친 셈이다. 그리고 '바이 코리아' 따위의 요언(妖言)이 문제였다. 지난 연말 국내 증시에서의 외국인 보유 지분이 37%에 달했는데, 이는 증권 투기의 메카 미국의 6%나 일본의 12%를 몇 곱으로 추월하는 수준이다. 포항제철 주식의 62%, 삼성전자의 60%, 현대자동차의 53%가 외국인 소유라니 그렇게 다 팔아먹고 나서 우리는 대체 무엇을 먹고 산단 말인가? 지난해 천명의 인도도 그랬지만 인력의 성적표 역시 낙제를 면하기 어려웠다.

정부는 올해의 5대 국정 지표로 일류 경쟁력 실현, 서민 생활 향상, 남북 협력 증진, 공명 선거 실시, 국제 경기 성공을 들었다. 경쟁력과 복지 향상은 물론 대통령 선거와 월드컵 축구 등 어느 하나도 소홀히 할 수 없는 중요 목표들이다. 나라 운영이 정부 목표대로 되는 것은 아니겠지만, 기업과 가계가 기꺼이 따라나선다면 천명 아닌 인력만으로도 능히 이룰 만하다. 2002년, 서양 노름으로는 '투 페어'지만 우리 끗발로는 장땡 아닌가? 그래 말띠 장땡 끗발로 새해 운수를 빌자.

•2002년 1월 1일

나무의 고집

오늘 나무 심는 날, 내 귀는 나무 대신 남녘의 벚꽃 소식을 기다리고 있다. 제주시는 1992년부터 식목일을 전후해 매년 왕벚꽃 축제를 벌이는데, 올해는 이상 고온으로 행사 개막도 하기 전에 꽃이 시들지 않을까 걱정이 많았단다. 그래서 나온 궁리가 냉찜질. 나무 밑동에 얼음을 깔아 꽃 필 때를 늦추려는 '개화 연기 작전'이 지난달 19일 펼쳐졌다.

그러니까 내가 기다리는 것은 화사한 꽃 소식이 아니다. 꽃의 질서를 어지럽힌 꽃 축제의 후일담이 듣고 싶은 것이다. 나는 벚나무의 얼음찜질 호사를 비아냥거릴 생각도 없고, 그렇게라도 치르려는 벚꽃 축제에 재를 뿌리려는 것도 아니다. 다만 제때 피려는 꽃조차 때를 미루고 억누르는 현대 사회의 '계산'이 씁쓸하게 다가오는 것은 사실이다. 식물이든 동물이든 사람과 가까워져 잘된 것이 별로 없다. 소나 돼지 같은 일반 가축은 말할 것도 없고 특별 대우의 애완견도 예외가 아니다. 마른 배설물을 받아내기 위해 인스턴트 사료만 먹어야 하고, 짖는 소리를 줄이려고 성대 수술을 받는다. 마음대로 먹지 못하고 마음대로 짖지도 못하면서, 어느 신문 기사대로 4만 원짜리 '풀 코스' 미용 서비스를 받은들 과연 그게 개의 행복일까?

지구의 주인이 사람이라는 생각은 인간의 오만에서 나왔다는 벽안의 선교사 오영진 주교의 말은 정말 옳다. 그런 점에서 기독교는 불교를 배워야 한다는 그의 성찰도 그럴듯하다. 영국 글래스고 대학의 맬컴 월킨스(Malcolm Wilkins) 교수에 따르면 나무도 목이 마르면 비명을 지르고, 몸이 잘릴 때는 피 대신 수액을 흘린다. 그 비명이 우리 귀에 들리지 않고, 수액이 피로 보이지 않을 뿐 식물에도 생명이 있다는 것이다. 오는 26일부터 열리는 안면도 꽃박람회에는 트로트 가락에 맞춰 잎이 흔들리는 중국 원난(雲南) 태생의 무초(舞草)가 선보일 예정이다. 그러나 스트레스를 받으면 풀이 춤을 추지 않는다니, 그게 바로 감정과 생명의 증거 아니겠는가?

나무의 권리 장전 강의가 너무 사치스럽다면 사람의 이해로 돌아가자. 난초에 음악을 들려주면 잎이 44%나 커지고, 벼는 수확이 50%까지 늘어난다는 실험 결과가 나와 있다. 임업연구원의 평가로는 홍수를 조절하고 산사태를 방지하며 맑은 물과 깨끗한 공기를 공급하는 산림의 공익적 기능만도 50조 원에 달한다. 결코 잊어서는 안 될 그 은혜를 우리는 거의 잊고 산다. 한번 내습에 8만 톤―15톤 트럭 5000대분 이상의―흙먼지를 한반도에 쏟아놓는 황사 현상은 중국 서부의 사막 확대가 원인이고, 그 사막화의 주범은 방목으로 인한 삼림 고갈이었다. 이런 자연 재해 이외에 영리를 노린 인위적 훼손이 또 있다. 왕벚나무 300그루에 150만 원어치의 얼음 목욕은 축제에서 나올 이익이 본전을 몇 배나 뽑고도 남는다는 계산이 섰기에 가능했을 터이다. 난초에 들려주는 음악과 벚나무에 뿌리는 얼음이 사람의 이해로는 다를 것이 없는데도 무언가 다르다고 느낀다면 나의 강박증 탓인가?

우리가 나무에서 얻을 것은 그 혜택과 이익만이 아니다. 그것이 묵묵히 전하는 교훈이 있다. 일례로 줄기는 밝은 햇빛을 향해 위로 자라고, 뿌리는 어두운 땅속을 비집으며 아래로 뻗는다. 그런데 흙 궤짝에 식물의 싹을 틔워 공중에 '거꾸로' 매달아놓으면, 그 싹의 처지에서 흙은 위에 있고 하늘은 아래로 내려와서 실로 천지가 뒤바뀌게 된다. 이 격변에서 살아 남으려면 줄기는 아래의 하늘로, 뿌리는 위의 흙 속으로 진행 방향을 바꾸어야 한다. 그러나 결과는 반대이니 줄기는 위쪽 흙 궤짝으로 파고들고, 뿌리는 아래쪽 공기 속으로 뻗어 내려가 결국 시들어 죽고 만단다. 파브르(Jean Fabre)는 그의 저서 『식물기』(두레, 1992)에서 이 자살이 결코 착각이나 무지의 소산이 아니라고 주장한다. 식물은 자신이 찾는 저 밑의 '진짜' 땅을 향해 뿌리를 허공으로 내려보내고, 머리 위의 '진짜' 하늘을 향해 줄기를 궤짝의 흙으로 들이민다는 것이다. 그 슬픈 고집과 운명이라니! 그래서 그것은 자살이 아니라 원칙에 생명을 바치는 순사(殉死)가 된다.

바야흐로 정치의 계절이다. 날로 변하는 시류에 편승해서 말과 행동을 뒤집는 추한 모습들이 자주 눈에 띈다. 어떤 흙이라도—머리 위의 가짜 흙조차—가리지 않는 겨우살이 같은 기생 식물을 파브르는 '도둑'이라고 부르면서, 그 약삭빠른 재주에 사람들이 경의를 표하기는커녕 과수에 주는 피해 때문에 오히려 쫓아버린다고 썼다. 줄기는 하늘로 뻗고 뿌리는 땅으로 내리는 나무의 그 하찮은 습관이 무슨 대단한 진리처럼 느껴지는 까닭이 어쩌면 정치 계절을 틈탄 '도둑들'의 무도 때문일지 모르겠다.

•2002년 4월 5일

축구는 축구로

경기가 있는 이날 수업은 교수 재량에 의해 실시하기 바란다는 학교 당국의 협조전 공문을 회람하고 나서야 나는 월드컵 축구가 '남의 일'이 아님을 실감했다. 축구 시합 때문에—월드컵을 한낱 축구 시합으로 여기는 나의 무식이라니—수업을 피해달라는 주문이 다소 민망했던지, 회람에는 "범국가적 차원……성공적 개최……적극 협조" 등의 문구가 나열되어 있었다. 말이 재량이고 협조이지 휴강은 이미 예정된 절차여서, 나는 애국이냐 수업이냐의 '쌍갈래 마음'에 적잖이 망설였다. 그래 호동 왕자를 사랑하여—그의 꾐에 빠져—자명고(自鳴鼓) 찢어버린 낙랑 공주가 "충성이냐 사랑이냐 쌍갈래 가슴"을 노래하는 1950년대 최루파 영화가 있었지.

그러고 보니 나도 무식하지 않은 때가 있었다. 1974년 독일 월드컵 결승전을 시청하며 그 독한 축구 열기에 나도 모르게 열광했었기 때문이다. 설원의 순록이라는 네덜란드 팀의 주장 크루이프는 이날 오렌지색 유니폼의 '게릴라 부대'를 뮌헨 구장에 풀어놓고 적진 격파를 지휘하고 있었다. 독일 '기갑 사단'의 작전 참모 베켄바워 역시 한 뼘의 오차도 허용하지 않는 치밀한 반격으로 조국을 위기에서 구했다. 행운을 몰고 온다는 율리아나 여왕의 관전 불참으로 서운해하던 네덜란드 팀에 행운은 다른 데서 찾아왔으니, 시합 개시 1분 만에 페널티 킥을 얻었기 때문이다. 고혈압이나 협심증 환자한테는 아주 위험한 충격적 판정이었다. 글쎄 그게 어떤 시합인데 초장부터 멋대로(?) 페널티 호각을 불어제친 심판의 배짱도 배짱이지만, 내게는 독일 선수들의 거친 항의를 다독거리며 시합을 풀어나간 베켄바워의 침착한 경기 운영이 한층 감명 깊었다. 전반 26분 이번에는 독일에 행운을 안겨준 페널티 골이 터졌다. 또 하나의 페널티 킥 선언이 다소 떨떠름했지만, 이로써 주심을 합쳐 12명과 싸웠다는 독일 측의 원성은 피하게 되었다. 패자는 심판 때문에 지고 승자는 심판에도 불구하고 이겼다는 핑계가 그 바닥의 상식 아닌가? 전반 종료 직전 한 골을 더해 승리는 '독일 병정'한테 돌아갔는데, 20년 만의 우승도 축하할 일이지만 '페어 플레이' 트로피를 함께 받은 것이 특히 기억에 남았다.

축구 시합에서 '페어 플레이'가 무어 그리 대단하랴 싶지만, 그게 그렇지 않은 모양이다. 신사가 야만적으로 경기하는 것이 럭비라면, 야만인이 신사적으로 경기하는 것이 축구라는 말이 있다. 그래서 더러는 페널티 킥을 쉽게 막으라고 키퍼 정면으로 공을 차고, 골인이 되어도 득점으로 치지 말라던 '신사'도 있었단다. 그 신사도를 야만으로 타락시킨 원흉이 돈과 정치였다. 우루과이 작가 에두아르도 갈레아노(Eduardo Galeano)의 표현을 빌리면 1974년 '잔꾀로' 국제축구연맹(FIFA) 회장을 차지한 아벨란제는 "나는 축구라는 상품을 팔러 왔다"고 거침없이 내뱉었다. 그의 막역한 친구 사마란치 역시 비슷한 수법으로 국제올림픽위원회(IOC)에 돈독을 퍼뜨렸다. 일례로 1998년 프랑스 월드컵에서 아디다스는 지단과 우승컵을 치켜들었으나, 나이키는 2위의 브라질 호나우도와의 시무룩한 사진 촬영으로 본전 계산을 끝내야 했다. 선수들은 공이 아닌 돈을 따라다니고, 그래서 선수 아닌 구단 직원이 되어버렸다는 야유는 참말로 옳다.

빵과 서커스(panem et circensus)는 로마의 풍자 시인 유베날리스의 야유이다. 그러나 역사를 읽다보면 빵 대신 서커스를 내민 때도 많았다. 서커스 때문에 정치에의 관심을 버려서 안 된다는 시인의 경고가 유효하다면, 축구에 묻혀 정치를 잊어서 안 된다는 나의 강박 관념도 유효해야 한다. 미국의 포드 대통령이 내린 결정들에 대해 전임자 존슨은 "그는 헬멧도 없이 축구를 너무 많이 했다"고 비꼬았다. 미국 축구 아닌 미식 축구에서는 헬멧을 쓰는 것 같은데, 정치에도 헬멧이 필요하다는 그의 훈수는 백 번 옳다. 우리 주위에는 헬멧 없는 정치와 헬멧 없는 정치인이 너무 많다. 영국 신문 『가디언』은 "어떤 사람들은 축구를 생사의 문제로 생각한다……나는 그들한테 축구가 생사보다 훨씬 더 심각한 문제임을 보여줄 수 있다"는 발언을 1973년 '올해의 말'로 골랐다. 우리는 축구 경기 관람권을 사면서 생사보다 더한 애국심을 사며, 그리고 긴장과 흥분을 그 덤으로 얻는다. 애국심으로 말하자면 취재 기자들도 예외가 아니어서, 스포츠 기자 아닌 '종군 기자'가 되기 십상이다.

월드컵 개막에 앞서 열린 한국과 프랑스 평가전에서 프랑스의 승리를 빈다고 어기죽거린 녀석이 있다. 잉글랜드와 비김으로써 16강쯤은 떼어논 당상으로 여기는 '국민 정서'에 프랑스마저 이기면 8강·4강을 넘어 아예 우승 후보(!) 얘기가 나올 참이다. 이런 판에 행여 16강 진출에 실패라도 하는 날에는 히딩크와 그 무리를 "십자가에 못박으라"는 여론은 필지의 사실이라는 것이 그의 '매국의 변'이었다. 매국치고는 심오한 매국이다. 주여 우리에게서 십자가를 거두시고, 축구는 축구로 끝나게 하옵소서. 아멘.

•2002년 5월 31일

■ **후기** ■

경제 평론가의 빈약한 상상력과 달리 한국은 4강 진출에 성공했다. 그 낭보 한쪽에 한국 팀은 심판까지 12명이 뛰었으나, 자신들은 심판의 '부당한' 퇴장 명령으로 10명이—심지어 9명이—뛰었다는 외국 팀의 불평도 들려왔었다. 히딩크는 십자가에 못박이는 대신 감독직 보수, 4강 진출 성과급, 광고 모델료, 자서전 계약금 등으로 무려 70억 원을 벌어갔다. 세상에 이렇게 인심 후한 나라가 어디 또 있으랴.

그리고 나는 기사 내용과 관련해서 럭비협회의 이사라는 분으로부터 정중한 항의 전화를 받았다. 본문에 소개한 해당 구절이 럭비인들의 명예를 훼손한다고는 생각하지 않지만, 그래도 당사자들이 그렇게 느꼈다면 정중히 사과 말씀을 드리겠다. 축구와 럭비는 본래 조상이 같은데, 경기에서 손을 쓰느냐 마느냐 등속의 규칙 제정을 놓고 논쟁을 벌이다가 마침내 1871년에 갈라섰다. 아무튼 조상은 다 같이 '야만인'인데, 신사의 탈로 바꿔 쓰고도 야만스럽게(?) 운동한 것이 축구라면, 야만의 탈을 그대로 쓰면서도 신사적으로(!) 운동한 것이 럭비라는 말씀이니 럭비인 제위는 부디 노염을 푸시라.

제2부

개혁 구호로
지샌
국민 경제

힘도 꾀도 없이 카메라에만

저승의 법정으로 판관이 들어섰다. 연배로나 경륜으로나 단연 최고참인 칭기즈칸이 '차렷' 구령을 부르자, 모두들 일어서서 줄을 맞추었다. 그러나 무솔리니는 꿈쩍도 않고 그대로 앉아 있었다. 생전에 휘두른 권세를 믿고 저승의 판관쯤 우습게 여긴 모양이다. 보다못해 나폴레옹이 다시 '차렷' 하고 외쳤으나 사태는 변하지 않았다. 드디어 그와 동향의 마키아벨리가 나서며 "어이, 카메라맨을 불러"라고 한마디 거들자, 무솔리니는 벌떡 일어서서 옷매무새를 다듬는 것이었다. 저승에서도 카메라맨이라면 깜박 죽는 것이 통치자의 습성인 모양이다. 하물며 이승의 정치인들이야…….

국가 정책을 결정하는 대통령부터 그것을 집행하는 고위 관리들까지 너무 카메라맨을 의식하고 있다. 카메라가 홍보와 여론 전달의 주요 수단의 하나라면, 정책 운영자의 카메라맨 의식이 나쁠 것이 없다. 문제는 그것이 누구의 카메라냐는 점이다. 카메라맨의 국적 따위가 문제되지 않을 저승과는 달리, 우리한테 이 국적 심사는 아주 절박한 현안이다. 행여 통치자가 국민의 카메라보다 외세의 카메라를 더 의식한다면, 국가 경제에 엄청난 불행을 초래할 것이기 때문이다.

세계화 유행과 국제통화기금 개입 이래 국부 유출 논의는 어느덧 금기의 상징으로 변했다. 증시만 해도 그렇다. 타의와 자의 합작으로 외국인 소유 한도를 대부분 풀어준 오늘, 알짜 중의 알짜배기 소위 빅 5(Big 5) 주식 거래는 아예 저들의 투전판이 되어버렸다. 6월 말 현재의 외국인 지분은 한국전력이 23.6%, 한국통신이 4.9%, 포항제철이 39.9%, 삼성전자가 53.5%, SK텔레콤이 37.2%에 이르렀다. 상장 주식의 시가 총액 300조 원 중에 60조 원 어치가 외국인 소유였다. 지난 상반기 외국인이 국내 증시에서 얻은 평가 이익은 30조 원이고, 그중 15조 원을 빅 5에서 챙겼다. 주가와 거래량이 날마다 변하기는 하지만, 60조 원을 밑천으로 반년 만에 30조 원을 벌어들인 것이다. 노력으로 번 것이 아니라 갈퀴로 긁은 것이다. 그런데도 최근 정부는 통신 사업의 외국인 소유 한도를 대폭 늘려주었고, 포철 주식의 절반 이상을 연내에 외국인한테 넘길 방침이다. 포즈 좋고, 조명 좋고! 여기저기서 찬탄의 플래시가 연방 터지지만, 그것은 우리 국민의 카메라가 아닌 미국의 카메라와 국제통화기금의 카메라이기 십상이다.

물 좋은 데가 어찌 증시뿐이랴. 그 사촌쯤 되는 금융계가 또 있다. 외국인 지분이 압도적 다수를 차지하는 주택은행은 일찌감치 합작 은행으로 본적을 바꾸었고, 전략적 제휴 명분으로 대거 외자를 끌어들인 외환은행과 국민은행 역시 저들의 견제 아래 놓이게 되었다. 정부가 할인율 규정까지 고쳐주어 시가보다 21.2%나 싸게 팔아버린 주식예탁증서(DR) 덕분에 한빛은행의 외국인 지분은 21.2%로 늘어났다. 특히 억울한 것이 제일은행 문제이다. 매각 후의 추가 손실에 대한 정부의 추가 보상 약속 외에, 이미 쏟아 부은 공적 자금만도 6조8000억 원에 이른다. 그러나 51%

지분의 예상 매각 대금은 고작 4억 달러에 불과하다. 배짱 좋고, 인심 좋고! 6조8000억 원을 들여 부실을 털고 깨끗한 은행(clean bank)을 만든 뒤 4800억 원에 팔아치우고, 그 뒤에도 손해가 나면 다시 물어주는 그 희한한 셈본을 내 머리로는 어떻게 풀 길이 없다. 그런데 이 전례를 서울은행이 뒤따르려고 한다. 은행이 불탄 것도 아닌데 이처럼 떨이하듯 파이어세일(fire sale)을 서두르는 까닭은 아마도 국제통화기금과의 약속 때문일 것이다. 도대체 누가, 누구 마음대로 그런 약속을 했는지는 뒷날 청문회 카메라 앞에서 따질 문제이나 당장은 말로 주고 되로 받는 국부의 바겐세일이 걱정이다.

헐값에 파는 것도 서럽지만, 판 뒤의 일은 차라리 무섭다. 일례로 시티은행의 국내 지점은 11개로 외국계 은행 중에 가장 많다. 부실로 빌빌대는 이에 반해 내국 은행들과 달리, 해외의 싼 자금을 들여다가 국내에서 높은 금리로 빌려주는 이들은 씽씽 날고 있다. 화끈한 대출과 솔깃한 서비스를 앞세워 주택 금융과 가계 자금 등 지금까지 버려둔 '우물'에마저 적극 손을 뻗칠 작정인데, 이에 반해 내국 은행들은 기껏 "나 개구리 맞아? 이거 우리 우물 맞지"라는 당황과 혼돈 속에 밀려날 수밖에 없을 터이다. 그래 개구리는 맞는데, 우물은 남의 것이 되어버렸단다. 또 한바탕 통폐합의 태풍이 불고, 태풍조차 비켜간 '불쌍한' 은행들은 잘해야 금융거간이나 투자 회사로 잔명을 이어갈 형편이다. 11개 지점의 외국 은행 하나에도 힘이 부치는데, 339개 지점을 거느린 제일은행과 291개를 가진 서울은행이 또 외침과 내분의 싸움판에 뛰어들 판이다. 우리편이 아니라, 상대편으로 말이다.

아직도 내 편과 네 편을 가르는 나는 패거리 의식에 물든 '구지식인'이고, 세계화 시대에 지역 차별을 넘어 국가 차별을 부추기는 '불평 분자'임에 틀림없다. 그런데 문헌을 뒤져보니 세계화의 종주국 미국에도 이런 논쟁이 있었다. 미국에 들어와 고용을 늘리고 소득을 만들어내면 그것이 곧 미국 기업이라는 노동부 주장에 대해, 통상대표부(USTR)는 소득의 관할권과 처분권이 미국에 있어야 미국 기업이라는 반론으로 맞섰다. 밖으로 내세우는 세계화 설교와는 딴판으로 기업 소유권의 국적을 따지는 것이다. 국부 계산의 쌈지가 다른 국민총생산(GNP)과 국내총생산(GDP) 구별에는 현실 은폐의 '저의'가 엿보인다. 국제통화기금의 우등생 멕시코를 보라. 멕시코에서 미국 기업이 만들어내는 상품과 서비스는 멕시코 국내총생산으로 잡힌다. 그래서 국내총생산은 멀쩡하게 올라가는데도 엄청난 소득이 뒷구멍으로 빠져나가기 때문에, 경제 회생 표창장이 멕시코 국민의 삶에는 차압 문서로 다가오는 것이다. 한국은 우등생을 넘는 특대생 아닌가?

대우그룹 처리를 바라보면서 나는 오히려 처리 이후의 사태가 더 두렵다. 당분간 우리가 먹고 살아야 할 업종인 전자·조선·자동차가 모두 외국으로 팔려나갈 판이다. 누구 말을 듣고 누가 시킨 것인지, 채권단—사실은 정부의—발표부터 아예 '해외 매각'으로 못박고 있다. 국내 매각 따위는 안중에도 없고, 황차 비고란에도 못 들어간다. 이 위험한 도박의 장래를 알리는 수치가 하나 있다. 지분율 절반 이상의 140개 외국인 기업과 1980개 내국인 기업의 수익성을 비교한 한국은행의 경영 분석이 그것이다. 재작년과 작년 외국인 기업은 매출액 1000원에 이익이 17원에서 52원으로 크게 올랐으나, 내국인 기업은 오히려 손실이 5원에서 42원으로 대폭 늘어났다. 이 52원의 이익을 축하하기 전에 42원의 손실을 먼저 걱정해야 하는 것이 이 나라 백성의 의무라고 나는 생각한다.

마키아벨리가 칭기즈칸을 제친(?) 무기는 실을 피해 허를 찌른 허허실실(虛虛實實) 계책이었다. 그런데 우리는 허를 내보여 실을 잃는 허허실실(虛虛失失)의 길로 치닫고 있다. 칭기즈칸을—오늘의 그게 누구든—거스를 힘이 없으면 마키아벨리의 꾀라도 빌려야 하는데, 우리 정치는 힘도 꾀도 없이 카메라에만 허리를 꺾는다. 그것도 외국인 카메라 앞에서만!

•1999년 9월

■ **후기** ■

해외 매각을 둘러싼 우여곡절의 시비 끝에 2002년 9월 공적자금관리위원회는 서울은행 매각의 우선 협상 대상자로 하나은행을 확정했다. 돌발 변수가 없다면 연내에 새 합병 은행(하나은행＋서울은행)이 출범할 예정이다. 자산 총액 197조 원의 국민은행(국민은행＋주택은행), 103조 원의 우리은행(한빛은행＋평화은행)에 이어 84조 원 규모의 이 은행은 국내 3위로 부상하게 된다.

고래들이여 허영심을 간직하라

마난춘(馬南邨)의 『천안문 강좌』(이땅, 1988)는 명(明)대의 소설 한 대목을 소개한다. 끼니조차 어려운 가난뱅이가 우연히 달걀 한 개를 주워와서는 아내한테 장차 부자가 될 것이라고 자랑한다. 그 비결은 "이 달걀을 이웃집 암탉이 알을 품는 둥우리에 넣어 병아리가 나오면 그중에 암놈을 가져오는 거요. 그래서 알을 낳게 하면 한 달에 열 다섯 마리의 닭이 생기고, 이 년이면 삼백 마리를 얻어 금화 열 냥과 바꿀 수 있을 것이오" 따위의 산술로 시작된다. 그 뒤의 얘기는 익히 짐작하는 바이다. 그 돈으로 송아지를 사고, 송아지를 소로 길러 새끼를 치고……. 드디어 그 소들을 팔아 금화 삼백 냥을 받은 뒤 "그 삼백 냥으로 고리채를 놓으면 다시 삼 년 안에 오백 냥은 모으지 않겠소"라는 셈속도 뻔한 것이다.

이어서 마씨는 예상과 달리 허황한 축재의 탐욕을 조목조목 비판한다. 우선 주워온 달걀이 떳떳한 재산이 아니고, 이웃집 닭둥우리에서 무조건 암평아리를 들고 오는 짓은 협잡이며, 특히 고리채를 놓겠다는 생각은 비생산적이라는 것이다. 한마디로 요행과 투기에 의한 축재는 옳지 않다는 말씀이다. 소설의 클라이맥스는 신이 나서 지껄이던 남편이 무심결에

"부자가 되면 소실을 얻고" 어쩌고 하자, 분기 탱천한 아내가 그만 달걀을 박살내버리는 장면이다. 부자가 되어도 그래서는 안 되거늘, 하물며 부자도 되기 전에 소실 타령부터 했으니 달걀 하나 박살내는 벌은 너무 싸다.

객담은 그만 끝내자. 지난해 우리 경제는 부자 꿈을 꾸었다. 아직 확정치는 나오지 않았지만 성장률은 무려 10.2%로서, 인당 국민총소득(GNI)이 8500달러에 이를 것으로 집계되었다. 성장률이 높은 것은 재작년 실적이 저조한 탓이기는 하지만, 그래도 애초 목표의 두 배에 가깝다면 당당히 내세울 만하다. 그만한 성장에 소비자 물가가 0.8% 상승으로 그쳤으니 그것도 깜짝 놀랄 일이다. 경상 수지 역시 목표치를 훨씬 넘어 260억 달러 흑자를 기록했다. 내용을 놓고는 말이 많지만 저간의 고통을 생각하면 실업률 4.5%도 엔간하다는 생각이 든다. 아무튼 거시 지표로 보면 작년도 우리 경제 성적표는 우등생의 반열에 든 것이 확실하다. 이 축하 잔치에 구조 조정이 덜됐다느니, 부실 금융이 발목을 잡는다느니, 사회의 빈부 격차가 벌어졌다느니 따위의 '김새는' 소리로 재를 뿌리는 짓은 삼가겠다.

날고 기는 전문가들이 내놓은 전망에 따르면 올해 우리 경제는 확실히 부자가 된다. 성장률은 6%대로 많이 떨어지지만 이는 작년의 고속 성장에 비춰 충분히 예상한 일이다. 물가는 3% 수준으로 크게 오르고, 경상 수지 흑자는 120억 달러 정도로 크게 줄어들 전망이다. 그리고 실업은 여전히 4.5%대로 계속 짐으로 남을 듯하다. 이렇게 지난해에 비하면 전반적으로 성적이 저조하지만 작년 경우는 재작년의 낙제생과 비교한 것이고, 금년은 작년의 우등생과 비교한 것이니 미리 상심하지 마시라. 정부와 민간 연구소들의 예측을 종합하면 올해의 소득은 '대망의' 1만 달러를 넘을 것이 확실한데, 이 정도면 부자 꿈이 아니라 '소실 꿈'마저 꿀 만하다. 어이쿠, 이 무슨 망발을.

경제학자는 소수점 이하를 놓고 다투는 희한한 재주를 가진 족속이라 고 비꼰 사람이 있다. 소수점 이하는커녕 '몸통'까지 틀려도 예측 불허의 돌발 변수 때문이라고 둘러대면 대개 면죄부를 받는다. 또 엉터리 전망 과 결과를 들이대며 '좀스럽게' 따지는 사람도 별로 없어서 이런 점으로 는 경제학자가 꽤 괜찮은 직업이다. 그런데 지난 연말 『중앙일보』에 이 런 기사가 실려서 경제학자를 민망하게 만들었다. 1998년 연말 현대경제 연구원은 1999년도 성장률을 0.3%로 전망하여 한국은행의 잠정 실적치 와 무려 9.9%의 오차를 내고, 경상 흑자를 129억 달러로 잡아 실적의 절 반에도 못 미치는 실수를 저질렀다. 삼성경제연구소 역시 소비자 물가 상승률을 5.2%로 전망해서 한은 추계와 무려 4.4%의 편차를 보였다. 한 국은행이나 한국개발연구원 같은 국책 기관도 전망 착오에는 대차가 없 었다. 경제학자의 말석이나마 차지한 필자가 '한솥밥' 식구의 실수를 꼬 집어 고료를 벌려는 욕심은 추호도 없다. 그러면서도 이들의 전망이 다 시 한번 작년만큼만 틀려주기를(!) 바라는 마음은 간절하다. 실수한 경 제학자의 민망함이 뭐 그리 대수겠는가? 예측이 빗나가도 나라 경제만 잘되면 그만이지.

위의 예측 불허의 돌발 변수라는 암초와 관련해서 '뜨끔한' 얘기가 하 나 생각난다. 미국 매사추세츠 대학(MIT)에 폴 크루그먼(Paul Krugman)이 라는 경제학자가 있다. 올해 47살인데 수년 전부터 노벨 경제학상 물망 에 오르는 인물이니, 그의 재주와 실력은 의심의 여지가 없을 터이다. 다 만 신자유주의 일색의 경제학 풍토에서 규제의 필요를 강조하는 케인스 경제학도에게 그런 영광이 돌아갈지 의문이기는 하다. 그의 글과 책을 읽으면서 때때로 재승(才勝)의 느낌을 받는 것은 그만 못한 나의 재주와 '시기심' 탓이리라. 아무튼 그가 세기말 아시아와 남미를 휩쓴 외환 위기 및 일본의 거품 경제를 한데 묶어 『불황 경제학의 재래』(*Return of Depression Economics*)라는 책을 펴냈다. 전문가를 위한 책이 아니라는 설명이 붙기는 했지만, 석학의 논리치고는 너무 박학(薄學)하지 않느냐는 생각이 들었다. 예컨대 불황 경제에서 벗어나기 위해서는 유효 수요를 늘려야 한다는 도식적 처방이나, 이를 위해서는 금리를 내리고 환율을 올려야 한다는 식의 단조로운 처방이 그러하다.

그러나 군데군데 들어둘 만한 얘기가 있다. 그는 동아시아의 외환 위기가 서구 학자들이 툭하면 두들겨 패는 '정실(情實) 자본주의' 탓으로 돌려서는 안 된다면서, 일례로 한국의 재벌이 서구 기준으로는 효율적인 체제가 아니지만 지난 35년 동안 아주 훌륭하게 작동해왔다는 말로 재벌의 죄를 사한다. 그렇다고 위기의 원흉이 국제 투기꾼과 미국 정부라는 소위 음모론도 받아들이지도 않는다. 그 대신 국제 금융 자본의 속성과 이 지역 금융 시장의 조기 개방을 도마에 올린다. 요컨대 동아시아 위기는 과거의 잘못이 아니라 현재의 투기와 개방 풍조 때문이라는 것이다. 헤지 펀드를 악당에 비유한 그에게 말레이시아 마하티르 총리의 자본 통제 처방은 옳은 조처이고, 중국이 위기를 피한 이유가 외환의 자유 거래를 금지했기 때문이라는 결론은 하등 이상할 것이 없다. 그렇다면 우리도 '개방만이 살길' 염불을 다시 생각해야 하지 않을까?

동아시아 경제를 모두 한통속으로 보는 크루그먼은 외환 위기 대처에 실패한 국제통화기금의 잘못을 일본 정부가 답습하지 말라고 충고한다. 그중의 하나가 엔저(円低) 훈수인데, 여기 뜨끔함을 넘어 '졸도할' 대목이 있다. 엔화 약세가 이웃 나라들을 희생시킬 것은 분명하지만 "세계 2

위의 경제 대국한테 최대한 경기 회복을 추구할 권리를 주지 않으면서……자유 무역을 지키려는 시도는 실패할 운명에 처해 있다"고 썼기 때문이다. 고래를 살리려면 새우쯤 죽여도 좋다는 끔찍한 말씀이다. 그러나 엔고(円高)를 고집하는 관리들의 허영심이 일본 경제를 망친다고 한탄한다. 그러니 새우가 사는 길은 일본 관료의 허영에 달린 셈이다. 고래가 허영심을 버리면 돌고래(?) 중국도 평가 절하 자제의 자존심을 버릴(!) 것이 분명하다. 주가에 거품이 40%나 끼었다는 미국 경제도 심상찮다. 여기 일본과 중국의 허영심 파괴가 가세할 때 소실 꿈은—또 그런 망발을—고사하고 부자 꿈마저 날아간다. 병아리를 송아지로 바꾸는 계산이야 경제학자의 몫일 수도 있으나, 고래의 심기 변화까지 알아차릴 수는 없는 노릇이다. 경제 예측이여 빗나가라! 고래들이여 허영심을 간직하라!

•2000년 2월

벤처 대신 굴뚝을

제목과 내용은 물론 주연 배우의 얼굴조차 잊은 어느 영화의 장면 하나가 기억에 남아 있다. 호화 유람선이 난파하여 아수라장으로 변했는데, 선장은 침착하게 마지막 구명 보트에 사람들을 태운다. 그때 갑자기 개 한 마리가 뛰어들어 비좁은 자리를 차지한다. 승객들은 개를 싣느니 차라리 사람을 하나라도 더 태우라고 소리치지만, 선장은 그대로 출발을 명한다. 개를 내보내라는 승객들의 아우성에 선장은 냉정하게 되받는다: "사람을 먹을 수는 없지요." 망망대해에서의 표류가 한 주일이 될지 한 달이 될지 모르는 상황에서 선장은 식량을 걱정한 것이다. 글쎄 사람을 구하느냐 개를 구하느냐의 윤리도 중요하지만, 반면 그렇게라도 먹고 살아남아야 한다는 선장의 경제도 일거에 무시할 수는 없을 듯하다. 이 장면이 뇌리에서 지워지지 않은 이유는 윤리냐 경제냐 따위의 거창한 논쟁 때문이 아니고, 오히려 선장의 냉철한 계산에서 받은 소싯적 충격 때문일지 모른다.

사람 대신 개라는 역설은 영화가 꾸며낸 허구이다. 그러나 현실에서도 그런 일이 자주 생겨서 심약한 경제 평론가의 머리가 센다. 돈이라면 누구나 사족을 못 쓰지만 그렇다고 돈을 먹을 수는 없다. 돈으로 먹을거리를 사기 때문에 돈이나 음식이나 그게 그거라고 생각하기 쉬우나 사실은 그렇지가 않다. 물건이 없으면 돈은 휴지가 된다. 그러니 물건이 먼저이고 돈이 나중이다. 물론 돈은 물건을 만들어내는 수단의 하나이며, 또 그렇게 되어야 한다. 이 간단한 이치를 우리는 너무 쉽게 잊는다. 물건 대신 돈에 매달릴 때 그 보복은 참담하기 이를 데 없는데, 우리 사회는 지금 미친 듯이 돈으로만 치닫고 있다.

요즘 언론 지상에서 가장 경멸적 의미로 쓰이는 말의 하나가 '굴뚝 산업'이다. 정말 유감스럽게도 그것은 경제와 경제학조차 아주 천시하는 대상이 되었다. 굴뚝이 어때서 이 야단인가? 시커먼 연기 뿜는 굴뚝에 정이 갈 리야 없겠지만, 입이 있으면 항문이 따르게 마련이다. 항문을 구박하려거든 변비나 치질 환자에게 물어보라. 항문이 고장일 때 그 고통이 얼마나 지독하지를! 그런데 굴뚝 산업, 굴뚝 달린 제조업이 병에 걸리면 그것은 치질의 고통 따위에 비할 바가 아니다. 입으로 잘 들어가도 항문이 심술을 부리면 탈이 나는데, 하물며 입으로 들어갈 거리조차 없을 때에야⋯⋯. 그래서 말인데 항문이 싫으면 입을 막아야 하고, 굴뚝이 싫으면 먹지를 말아야 한다.

굴뚝 산업 대신 사랑을 차지한 것이 소위 벤처 산업이다. 쾌적한 냉난방에 컴퓨터 장치로 족한 벤처 사업은 확실히 굴뚝 산업과는 비교조차 민망한 아주 근사한 업종이다. 공해도 없고, 아직은 노동 쟁의도 없다. 벤처 사업가들이 몰두하는 분야는 주로 정보 통신이고, 흔히 컴퓨터 그래픽으로 제작되는 그들의 제품 역시 비료나 철강재나 자동차 바퀴 따위의 투박한 부류는 근접조차 외람될 만큼 정결하고 고급스럽다. 그런데 문제는 그들이 만들어내는 상품의 기능에 있다. 정보는 그 고유의 의미에서 가치를 분배하는 수단이지 생산하는 수단이 아니다. 이를테면 증시에서 갑의 정보가 을보다 더 빠르다면 갑은 더 많은 돈을 벌기 십상이다. 그러나 그 돈은 을이 아닌 다른 어떤 데서 나올 수가 없다. 결국 갑의 이익은 을의 손실이고, 갑과 을의 합계는 변함이 없다. 이것이 바로 투기의 본질이다.

정보 통신 산업이 발달하면 더 많은 전화기와 더 좋은 설비가 필요하다는 사실을 난들 모르지 않는다. 그러나 그런 생산은 정보의 가치 분배 기능에 비하면 한낱 지엽적인 기여에 불과하며, 전화기 생산의 이익은 통신 서비스 수입에 비하면 그야말로 조족지혈이다. 생산의 수고 없이 분배의 요행만으로 살아갈 수 있다면 나도 서슴없이 굴뚝 대신 벤처를 고르겠다. 그러나 그것은 마치 집이 없는데도 복덕방 성업을 바라는 착각만큼이나 무모한 욕심이다. 긴말을 짧게 하면 이렇다. 정보로 돈을 벌면 안 되고, 생산으로 돈을 벌어야 한다는 것이다. 전자는 투기이고, 후자만이 투자이기 때문이다.

그런데 근자에 재벌마저 벤처에 뛰어들어 나라 경제의 장래가 흔들리고 있다. 올해 4대 재벌의 설비 투자 계획은 20조 원 안팎인데, 기존 설비의 유지와 보수에도 이만한 돈이 들어가야 한다. 모든 분야가—하다못해 임금 수준마저—국제통화기금 치하의 고통을 이겨냈다는데, 투자만은 예전의 70% 수준에서 맴돈다. 투자가 장래의 생산을 결정하는 동력이라면, 나라의 생산 규모가 그 수준에서 정지한다는 결론이 나온다. 그런데도 4대 재벌이 벤처에 퍼붓는 돈이 올해만도 1조5000억 원에 이를 전망이다. 설비 투자에는 쪼들리지만, 벤처 투기를 위한 돈은 남아도는 것이다. 이런 한심한 일이…….

그렇다고 재벌만 탓할 일도 아니다. 매출액과 비교한 상위 10대 기업의 주가가 벤처 위주의 코스닥 시장에서는 7500%나 부푼 반면, 굴뚝들의 거래소 시장에서는 70% 수준으로 쭈그러들었으니, 재벌 아닌 그 누군들 벤처 투기에 환장하지 않으랴. 그러나 여기, 투자 대신 투기에 골몰하고 생산 대신 분배에 열광하는 바로 여기에 가공할 위험이 도사리고 있다. 제조업에 기력이 빠지면 우리 경제는 등뼈 없는 연체동물이 되고 만다. 한국 경제의 구명정에 먼저 실을 것은 돈이 아니라 굴뚝이고, 벤처가 아니라 제조업이다.

•2000년 3월 16일

개혁은 개혁답게

역사가 우리에게 전하는 교훈의 하나는 지난 역사에서 아무 교훈도 얻지 못했다는 경고이다. 국제통화기금(IMF) 탁치(託治) 이래 우리 경제의 역정을 되돌아보면 이것은 어김없이 옳다. 대통령은 호기롭게 'IMF 극복'을 외쳤으며, 이에 맞춰 기업과 가계는 일제히 축배를 들었다. 그러나 그 속을 들여다보면 그렇게 성급히 비울 잔이 아니었다. 80억 달러 아래로 떨어졌던 외환 보유액을 800억 달러로 끌어올린 것은 누가 무어래도 현정권의 치적 제1호로 내세울 만하다. 그러나 그것은 주로 단기 외채의 만기 조정과, 수입 감축에 따른 무역 흑자 덕분이었다. 그리고 그것을 위해 우리는 국부 유출을 논쟁할 만큼 과도한 시장 개방과 기업 매각의 혹독한 대가를 치렀다. 글쎄 16조 원이나 꼴아 박은 은행을 5000억 원에 팔아버린 기막힌 산술이 그렇지 않은가? 그만큼 갖다 바치면 누군들―하다못해 위기를 불러들인 김영삼 정부인들―국제통화기금의 속박에서 풀려나지 않겠느냐는 시정의 야유가 한낱 야유만으로 들리지 않는 이유가 여기 있다.

1997년 연말 우리가 처했던 외환 부족 사태를 놓고 다수의 해외 평론가들은 상환 능력(solvency) 위기 아닌 유동성(liquidity) 위기로 진단했다. 그 불을 끄기 위해 공적 자금만도 110조 원을 퍼부었는데, 위기의 양상은 오히려 유동성 부족에서 상환 불능으로 바뀌고 있다. 개혁과 구조 조정에 들인 그 엄청난 수고와 비용에도 불구하고 불은 지금 대들보로 옮겨 붙을 참이다. 이제야 말이지만 언제든지 떠날 유입 외환에 만족할 것이 아니라 언제 떠나도 걱정 없는 상환 능력을—경제 체질을—보강해야 했는데 이를 놓친 방심이 오늘의 화를 자초하고 말았다. 정말 아섭고 아까운 기회였다.

국민이 개혁에 피로를 느끼는 것은 개혁이 많아서가 아니라 개혁에 성취가 따르지 않기 때문이다. 최근 정부는 4개 부문의 12대 개혁 과제를 설정하고, 금융과 기업 개혁의 연내 완수를 다짐했다. 개혁 추진에 각자의 몫이 따로 있다면, 정부 주도냐 시장 주도냐 따위의 시비는 애초에 무익한 논쟁이다. 시장의 허점을 보완하고 탈선을 시정한다는 명분을 내세워 정부 개입은 그 정당성을 확보한다. 그러나 현실은 전혀 그렇지 못했다. 부도유예협약에서 워크아웃으로 이어지는 '당근' 정책은 채권단과 해당 기업의 도덕적 해이로 상당 부분 실패로 돌아갔고, 빅 딜 같은 '채찍'은 애초에 안 되는 일을 될 것으로 착각한 탁상공론의 소산이었다. 그통에 골병든 자동차 산업은 애물단지가 되어버렸다.

원칙으로 말하자면 구조 조정은 기업에 맡기고, 정부는 은행을 통해 그 결과에 대한 책임만 물으면 그만이다. 문제는 그 책임을 묻지 않거나 잘못 물은 데에 있다. 대마(大馬) '구출'의 신화는 여전하고, 그 부담은 국민한테 전가되고 있다. 은행은 자금을 배분하고, 그 배분의 효율성을 검증하는 통로이다. 그럼에도 정부는 말로만 자율 존중을 다짐할 뿐 속으로는 은행의 '죽었다' 복창을 즐겨 들었고, 은행 역시 말로만의 자율에

조차 부담을 느끼면서 정부 심기 헤아리기에 바빴다. 이번에도 금융 당국은 채권단에 기업 퇴출의 재량권을 부여했지만, 은행들은 관례대로 위에서 내려보낸 '살생부'가 없어서 오히려 불안하다는 표정이다. 이런 악순환의 책임은 무엇보다 정부의 빗나간 인사 개입에 있다. 정부의 낙하산 인사도 추태지만, 그 낙하산을 비난하는 은행들이 워크아웃 기업들에 스스로 낙하산 인사를 답습하는 것도 꼴불견이다. 이제라도 은행에 정부 눈치보지 않을 자율권을 부여하고, 그들로 하여금 기업 지원 여부를 결정하도록 해야 한다. 통과 의례로서 은행이 아닌 의사 결정 주체로서의 은행이야말로 금융 개혁의 요체이다.

개혁의 적기(適期)와 속도를 알아내는 방법이 있다면, 그것은 틀림없이 노벨상 감이다. 불경기의 개혁은 불안이 더할 것이나 반면에 비용이 덜 든다는 이점이 있다. 그렇다고 연내니 내년 2월이니 따위의 최후 통첩성 '작전 개혁'은 오히려 덫으로 죄어올 수도 있다. 개혁은 행사가 아닌 '생존 방식'이 되어야 한다. 물론 금융과 기업의 동시 수술은 대단한 부담이고, 그 역풍과 반작용 또한 만만치 않을 것이다. 그러나 거기도 취할 점이 있다. 기업 퇴출의 부담을 은행 혼자 감당하기 어려울 경우 그 돌파구로 합병을 내세울 길이 열리기 때문이다.

정녕 이번 기회를 놓치면 현정권 임기 중에 개혁이란 말을 다시 꺼내기 어려울지 모른다. 시중의 소문에 따르면 이번 개혁으로 정부 출자 은행들을 2개로 통합하고, 부실 기업 20개 정도를 퇴출시킨다는 것이다. 수십조 원 자산에 수조 원의 부채를 걸머진 이들의 수술이 말처럼 쉽지는 않겠지만, 금 모으기와 노숙자 대열과 주가 300포인트 시절의 초심으로 돌아가면 크게 겁낼 일도 아니다. 무엇보다 정부는 자신의 역할을 분명히 해야 한다. 천문학적 자금을 쏟아넣고도 관계 집단의 이기주의에 걸려 자꾸 물러서면 개혁은 말짱 '도루묵'이 되고 만다. 정부 자신이 못하면서 남에게 하라고 시킬 수는 없지 않는가? 그래, 개혁은 부디 개혁답게! 지난 역사에서는 아무 교훈도 얻지 못했지만, 장래 역사에는 무슨 교훈이든 남겨주도록 하자.

•2000년 10월 9일

■**후기**■

2002년 6월 현재 제일은행 처리에 대한 중간 결산은 이러하다. 1999년 7월 매각 이후 부실 채권에서 발생하는 추가 손실에 대한 금년 연말까지의 풋백 옵션 보전액 4조2000억 원을 포함해서 이 은행에 투입된 공적 자금 총액은 17조8000억 원에 이른다. 이중에 9조4000억 원이 아직 환수되지 않았으며, 최소한 5조4000억 원은 회수 불능인 것으로 밝혀졌다.

누가 에비를 두려워하랴

소싯적에 읽은 이어령 교수의 '에비 문화론'이 늘그막의 요즘도 가끔 생각난다. 아기가 보채면 할머니나 어머니는 흔히 에비가 온다는 '협박으로' 울음을 그치게 만드셨다. 요즘과 달리 착하고(!) 어수룩했던 우리 때는 제법 그 요령이 통하기도 했었다. 그러나 에비를 부르는 어머니도, 울음을 그치는 아기도 그 에비의 정체가 무엇인지 모른다. 그저 에비를 두려워한 것이다.

우리 경제에 에비는 무엇인가? 무엇보다도 나는 시장을 들고 싶다. 모두가 시장 만세를 외친다. 정부는 민주적 시장 경제를 국정 지표로 내세우고 기업은 시장 원리를 염불처럼 되뇐다. 그러면서도 정작 시장이 무엇인지는 정부도 기업도 모르고 있다. 준칙(rule)이냐 재량(discretion)이냐의 논쟁은 경제학계의 해묵은 숙제이다. 정부가 준칙만 정하되 재량은 당치 않다는 것이 고전파 경제학의 주장이라면, 준칙만으로는 경제가 멋대로 돌아가기 때문에 재량이 필요하다는 것이 케인스 경제학의 반론이다. 나는 적어도 두 가지 이유에서 후자 편이었다. 먼저 기업은 이윤 극대화가 목적이지만, 정부한테는 국가 이익이라는 한층 포괄적인 목표가 있다는 점이다. 나아가 기업은 재산과 경영의 세습을 불가침의 원리로 받드는 데 비해, 정부는 선거를 통해 주기적으로 심판을 받기 때문이다. 물론 예외적으로 혈연 밖의 전문 경영인도 있고, 또 세습만도 못한 요식 행위 선거도 있기는 하다.

최근 나의 이런 소신이 송두리째 흔들리고 있다. 국제통화기금 관리 이래 우리 경제가 드러낸 온갖 혼선과 시행 착오는 바로 '시장 에비'에 대한 오해의 소산이었다. 경영 부실로 태산 같은 빚을 져도 정부가 대신 물어주는 관행이 기업이 생각하는 시장이었다. 부실 기업에 부도나 법정 관리 따위의 칼을 들이댔다가 되레 당하느니 미적미적 시간을 끌면 정부가 어떻게 구해주겠지 하는 배짱이 금융계의 시장 원리였다. 빚을 못 갚으면 자산을 팔고, 그래도 안 되면 문을 닫는 시장의 상식은 아예 그들의 사전에 없었다. 결코 시장은 그처럼 흐물흐물한 에비가 아니다. 달면 삼키고 쓰면 뱉는 고무줄 관행이 아니라, 파산과 퇴출을 비롯해 자신의 실패에 분명히 책임지는 냉혹한 현실이다.

정부 또한 110조 원이나 되는 천문학적 돈을 들이붓고도 계속 헛물만 들이켰다. 정부 소유의 기업과 은행에조차 이리저리 눈치를 보며 한시가 급한 구조 조정의 칼을 뽑지 못했다. 그러고도 40조 원을 더 달라고 국민한테 손을 내민다. 살릴 기업은 살리고 죽을 기업은 죽게 놔두겠다는 '공자 말씀'을 다짐한 것이 벌써 몇 번인가? 누구 눈에도 어김없이 쓰러지고, 또 쓰러져야 마땅할 기업에 퇴출 아닌 구출의 특혜를 베푼 것은 또 얼마나 많은가? 민주적 시장 경제가 '민주적'은 고사하고 시장 준칙만 제대로 지켰더라도, 대우·대생·동아·현대 사태의 늑장 처리에 따른 혈세 낭비를 크게 줄였을 터이다. 대마 퇴출이 던질 사회적 충격 때문이라는 설명도 적잖이 의심스럽지만, 퇴출 비용보다 더한 구출 비용을 들이고도 회생이 안 된다면 대체 그 책임은 누구한테 물어야 하는가? 재량이 탈선으로 치달은 추한 작태는 생각만 해도 혈압 오르는 금융감독원 일각의 비리에서 역력히 드러난다. 고양이에게 생선 가게를 맡긴 꼴이라지만, 실은 고양이가 화낼 일이다. 글쎄 어떤 고양이가 그러던가? 벤처 투기로 왕창 거머쥐면 내 돈이고, 쫄딱 망하면 본전 돌려받는 그 낯가죽 뻔뻔한 짓을……

결국 기업도 정부도 준칙은 밀어놓고 재량의 탈선만 즐긴 것이다. 정부는 "애야 그러면 에비 온단다"라며 건성으로 말렸고, 기업은 이를 귓등으로 넘기면서 "에비 좋아하네"를 되뇌는 이 한심한 '에비 타령' 속에 국민 경제만 골병들었다. 정부 약속이 헛일이라면 시장이라도 믿어보고, 재량이 옆길로 샌다면 준칙이라도 붙잡자는 허탈한 선택이 남았을 뿐이다. 재벌 놀이부터 배운 애송이 벤처 사장과, 코스닥을 주무른 사채 전주와, 거기 놀아난 감독 관청이―그리고 KKK라는 권력 실세가(?)―협잡 열연을 벌인 무슨 게이트인지가 막판에 재를 뿌렸지만, 그럴수록 서둘러 구조 조정을 끝내라는 여론의 반향은 이만저만 다행이 아니다. 정말 마지막 기회라는 매서운 각오와 결단으로 이번에는 국민이 믿을 '개혁 작품'을 내놓아야 한다. 에비가 아닌 시장의 준칙으로!

•2000년 11월 3일

꼭대기도 밑바닥도

"일반적으로 말해 정부의 기술은 시민의 한 편에서 될수록 많은 돈을 빼앗아 다른 편에 주는 데에 있다." 여기 '빼앗아' 따위의 거친 표현을 '걷어서' 정도로 바꾸면, 18세기 볼테르의 이 통찰은 오늘도 여전히 유효하리라. 그러나 그것을 수락하기 위해서는 적어도 두 가지 전제가 요청된다. 하나는 너무 많이 빼앗아서는 안 되며, 다른 하나는 빼앗은 돈을 제대로 써야 한다는 점이다.

이런 주문은 우리의 '공적 자금' 현안에도 그대로 타당하다. 이제서야 하는 말이지만 공적 자금은 이 방면의 전문가와 이해 관계자들이 시시콜콜 사전과 법전을 뒤져가며 만들어낸 것이 아니다. 국제통화기금 개입 이래 국가 경제가 파산 지경에 이르자 잽싸게 정부가 안을 내고, 금반지 빼던 착한 백성들이 호주머니마저 털겠다고 나선 눈물겨운 동의의 소산이다. 나라가 망한다는 말만 듣고 대체 얼마나 '빼앗기고' 또 어떻게 쓰는지조차 덮어둔 채 그저 애국 일념으로 어마지두에 따라간 것이 공적 자금이란 환상이다.

내는 쪽의 사연이 그렇다면 쓰는 쪽도 한 푼을 줄이고 아끼는 것이 함께 사는 도리일 터이다. 64조 원만 있으면 부실을 고쳐 경제를 살린다는 것이 애초 정부의 약속이었다. 이어 대우그룹 부도를 기화로 46조 원을 더 디밀었다. 말이 110조 원이지, 가구마다 1000만 원의 잠재 채무를 안긴 것이다. 작년도 국내총생산은 484조 원으로 재작년보다 40조 원이 늘어났다. 그러니까 지난 한 해 동안 뼈빠지게 만들어낸 상품과 서비스의 1/4을, 아니 전국민이 누릴 생활 향상 자금 3년분을 몽땅 공적 자금이라는 독에 쏟아 부은 셈이다. 쓰다 달다 내색조차 없이 국민은 너무 많이 냈는데, 정부는 40조 원을—게다가 '플러스 알파'까지—또 내란다. 정말 염치없는 요구이고, 정말 염치없는 정부이다.

그런데 그 110조 원짜리—혹은 150조 원짜리—독은 어이없게도 밑이 빠졌다. 서슬 푸르게 정부는 개혁 수술을 다짐했으나, 사실은 칼도 대지 못했다. 벌써 쓰러졌을 기업을 워크아웃 특혜로 부축한 것이 재작년의 1차 구조 조정이고, 그 특혜로도 일어서지 못하자 법정 관리로 넘긴 것이 올해 2차 구조 조정의 핵심이다. 정공법으로 대들어도 힘든 판인데, 함량 부족에 공정성 시비까지 겹친 그런 미봉책으로는 국민 경제의 탄력 회복을 기대하기 어렵다. 행여 이것이 선례가 된다면 앞으로 남은 금융·노동·공공 부문 개혁도 허망하게 끝날 공산이 크다. 시대의 전염병 '도덕적 해이'는 기업보다 정부에 먼저 물어야 할 것이다.

여야가 공적 자금 집행에 관한 국정조사에 합의한 것은 한참 늦기는 했지만 매우 바람직한 일이다. 사리로 따지자면 국정조사가 앞서고, 2차 자금 조성에 대한 국회 동의가 뒤따라야 옳다. 우선 급하니 돈부터 내라는 요청은 이왕의 위약으로 신뢰를 잃었기 때문이다. 공적자금관리특위 설치냐 공적자금관리특별법 제정이냐 따위의 여야 논쟁도 한낱 정치 공방으로 끝내지 않을 지혜가 필요하다. 그리고 "관리가 잘못됐더라도 위법은 아니므로, 효과가 없었다고 처벌할 일은 아니라"는 여당 정조위원장의 발언은 조사위도 꾸리기 전에 꺼낼 말이 아니다. 그런 식으로 미리 김부터 빼고 무슨 조사를 하겠는가?

제임스 레스턴(James Reston)의 명언에 따르면 "정부라는 배는 꼭대기부터 새는 유일한 기구이다." 거기는 청와대의 8급 위생원이—꼭대기 권부가 문제인지 그 밑바닥 직원이 문제인지, 그것이 문제이기는 하지만—4억 원의 뇌물을 걸터먹는 사회가 아니므로, 레스턴의 꼭대기 야유는 나랏돈을 뭉텅이로 새게 하는 정부의 낭비를 겨냥했기 십상이다. 분명히 하자. 정책의 실패를 처벌하면 누구도 국정을 감당하지 못한다. 반면 정책적 실수라는 이유로 항상 면죄부를 준다면 국정 운영에 견제 장치가 없어진다. 밑바닥의 부정과 비리는 더 말할 것도 없다. 공적 자금 투입으로 근근히 버티는 은행이 납세자가 졸도할 액수의 퇴직금 잔치를 벌이고, 은행의 지원으로 하루하루 부도를 면하는 부실 기업이 마구 정치 자금을 뿌려댔으니……. 어허 150조 원 혈세가 어떤 돈인데 밑바닥의 탈선만 혼내고, 꼭대기의 잘못은 눈감아준단 말인가? 꼭대기가 새든 밑바닥이 새든 그 틈을 막고 없애는 것이 국정조사의 책무일 것이다.

•2000년 11월 17일

■ **후기** ■

2002년 6월말 현재 정부가 예금보험공사와 자산관리공사를 통해 투입한 공적 자금 총액은 156조7000억 원이었다. 이밖에 공적 자금에서 발생한 이자를 지급하기 위해 재정융자특별회계에서 24조3000억 원을 전용함으로써, 구조 조정 자금으로 모두 181조 원이 조달되었다. 이중에 49

조8000억 원이 환수되어 원리금 회수율은 27.5%에 불과하다. 재특을 통한 융자금은 모두 손실로 처리할 예정이다. 반면 정부가 회수 불능으로 발표한 액수는 69조 원으로 전체의 38.1%에 달한다. 당초 국회 동의를 요청하면서 정부는 공적 자금은 반드시 회수하며 주가가 오를 경우 투입액 이상의 환수도 가능하다고 언성을 높였으나, 2002년 9월 전윤철 경제 부총리는 "공적 자금은 회수를 전제로 투입한 돈이 아니라"고 말을 바꾸었다. 정치 싸움으로 계속 연기되기는 하지만 공적 자금 청문회가 예정되어 있고, 내년 2월 정권의 임기가 만료되므로 이제 슬슬 '오리발'을 준비할 때가 된 것인가?

하나라도 확실하게

어느 떠버리가 인공 지능 컴퓨터를 만들었다고 수다를 떨자 옆에서 친구가 물었다.

"그러니까 사람 같은 컴퓨터란 말이지?"

"그래. 무슨 잘못을 저지르고는 자꾸 다른 컴퓨터 탓이라고 돌려대는 거야."

별로 우습지도 않은 이 농담이 문득 떠오르는 것은 아무래도 최근의 구조 조정 논란에 대한 내 나름의 강박 관념 때문일지 모르겠다. 구조 조정이란 대체로 세계화 유행의 산물이다.

국내 시장이 닫혔을 때 우리는 한 가마에 15만 원짜리 쌀을 먹으면서도 별문제 없이 살아왔다. 그러나 시장을 열어 5만 원짜리 미국 쌀이 들어오면 얘기가 달라진다. 애국심에 기대 10만 원을 더 낼 소비자가 과연 몇이나 되겠는가? 각국의 생산 조건이 상이한데도 이처럼 교환 기준만 세계적으로 통일하려는 '폭력적' 시도가 세계화의 경제적 현실이다. 대외 고립을 논외로 한다면 그 유일한 대비는 세계 시장 가격에 맞게 국내의 생산비를 낮추는 노력이다. 이렇게 생산성을 높이려는 작업이 구조 조정인데, 경쟁력 향상을 앞세운 해고와 임금 억제가 가장 만만한 수단이기 쉽다.

　고비용 저효율에 허덕이는 우리 경제의 치부는 무엇보다도 과도한 기업 채무이다. 영업 이익으로 이자조차 갚지 못하는 기업과, 거기 돈을 빌려주었다가 엄청난 부실 채권을 떠맡은 금융 기관을 살리기 위해 정부는 '기업 개혁'과 '금융 개혁'을 서둘렀다. 그 결과 공적 자금이란 말만 들어도 납세자는 가위에 눌리고 '110조＋40조' 문답은 전국민이 질력내는 퀴즈 게임 문제가 되었다. 그도 그럴 것이 기업 개혁은 퇴출 대상 기업에 그 선고를 재확인하는 절차로 끝났고, 은행 통합 역시 '부실 합작'의 지주 회사 설립으로 공식 임무를 마칠 공산이 크기 때문이다. 오죽하면 국책 연구원이 실패작이라고 고언을 아뢰었으랴. 은행에 꿔줄 돈이 철철 넘치는데도 기업은 돈 가뭄으로 난리라니, 이는 곧 기업 개혁의 결과를 은행이 믿지 않는다는 '사실 증명' 아닌가?

　내년 2월까지 다짐한 '노동 개혁'은 대체 무엇을 어떻게 하겠다는 것인지 감조차 잡히지 않는다. 노동 시간 단축, 노조 상근자 보수 폐지 등 각종 노사 이견에 맞서 여지껏 비틀대던 노사정이 제대로 합의를 이끌어낼지 적잖이 의문이다. 기업과 금융 개혁에는 그래도 부채 회수와 공적 자금 투입이란 무기가 있었지만, 노동 개혁에는 양보와 타협의 '박수' 외에 별로 탐나는 담보가 없다. 더욱이 기업 매각과 합병을 독려하려는 고용 조정이 개혁의 중심 메뉴라면, 가히 생사를 걸고 노동계가 반발할 것은 불을 보듯 뻔한 노릇이다. 국제통화기금 관리가 시작될 때 근로자는 처음 당하는 횡액이라 멋모르고(!) 넘어갔으나 지금은 사정이 크게 다르다. 나라 위기에 금반지 뺐던 일을 오히려 후회하고 싶은 심정이다. 불과 2년 사이에 민심이 왜 이렇게 돌변했는지 정권은 거적 깔고 반성해야 하리라.

　그래서 말인데 이른바 4대 개혁 가운데 정부가 시범을 보일 대상은 무엇보다도 공공 부문이다. 정부가 전권을 가진 공기업조차 제대로 수술하지 못하면서 민간 기업에 개혁을 촉구할 수는 없는 노릇이다. 천문학적 부채, 방만한 인력 관리, 낙하산 인사의 도덕적 해이 등 다수 공기업의 낭비와 비효율은 시정의 상식과 상상을 불허한다. 사기업이라면 골백번 죽었을 것이 공기업의 특권으로—국민의 세금으로—살아남는 것이다. 따라서 개혁의 메스를 들이댈 환부는 공적 자금 못지 않게 공기업 예산의 불감증(不感症)이다. 공기업 개혁 하나라도 확실하게! 그것이 납세자의 간곡한 당부이다.

　스스로 잘못을 저지르고 다른 기계를 탓하는 컴퓨터의 지능은 애교로 넘길 수 있다. 그러나 자기 개혁에는 주춤거리면서 남의 개혁만 닦달한다면, 이는 정부 체통과 형평성 시비를 넘어 직무 유기 조항에 걸린다. 금융계와 몇몇 공기업의 파업을 막기 위해 정부가 이들 노조와 '이면 계약'으로 추한 거래를 했다는 소문(?)마저 나돈다. 그게 사실이라면 정부는 개혁을 내걸고 개혁의 희화를 그린 셈이다. 실로 "개혁도 아닌 것이, 개혁이 아니지도 않은 것이" 타령으로 끝내지 않을 매섭도록 단호한 결의와 실행만이 집권 '후반기' 증세에서 벗어나는 확실한 길이다.

•2000년 12월 15일

새해 선물

K형. 또 한 해가 저물어갑니다. 송년 행사처럼 되어버렸습니다만 해마다 이맘때면 서가의 먼지를 털며 잊혀진 추억의 조각들을 더듬게 됩니다. 성현 말씀대로 지천명(知天命)의 나이에 천명은커녕 사회의 물리조차 깨우치지 못하고 이리 허둥대는 제 모습이 여간 부끄럽지 않습니다.

내 홀로 밤깊어 뜰에 내리면
머언 곳에 女人의 옷벗는 소리
희미한 눈발
이는 어느 일어진 追憶의 조각이기에
싸늘한 追悔 이리 가쁘게 설레이느뇨.

종강이 가까운 한국경제론 강의 시간에 저는 학생들 앞에서 이런 연극을 했습니다. "올해부터 학사 관리가 아주 엄격해져서 수강생 절반을 '의무적으로' 실격시키게 되었습니다." 이렇게 운을 떼자 교실이 일순에 툰드라의 혹한으로 뒤덮였습니다. 그렇다고 열심히 공부한 학생들한테 무조건 F학점을 줄 수도 없으니 "학점에 여유가 있어서 이 강의 하나쯤 실패해도 별 문제가 없거나, 가정 형편이 괜찮아서 한 학기쯤 더 등록해도 큰 지장이 없는 학생들이 자청해서 나서면 아주 고맙겠다"고 시치미를 떼었습니다. 그리고는 반장을 교탁으로 불러 '낙제 자원' 신청을 받도록 했습니다. 그 판에 누가 무슨 수로 입을 열겠습니까? 이렇게 자청하는 사람이 없다면 대표가 아무나 지명하라고 짐짓 '순교자 사냥'을 강요했습니다. 그는 얼굴이 백지로 변했고, 그의 눈길을 피하려는 학생들은 막다른 협곡에서 포수를 만난 어린 노루의 표정이었습니다. 불과 5분 가량의 촌극이었으나 학생들한테는 그 엄청난 좌절감이 5년의 무게로 짓눌렀을 것입니다. "자, 한국 경제가 당면한 구조 조정과 근로자 해고의 한 단면이 이와 같다면 여러분은 어떻게 하겠습니까"라며 연극을 파한 뒤에도, 죽음의 늪 같은 교실의 정적은 좀처럼 깨지지 않았습니다.

이렇게 한바탕 학생들을 골탕먹였지만, 왠지 자책의 감정이 가시지 않았습니다. 저 차고 쓸쓸한 거리로 내몰릴 근로자들의 막막한 처지는 명색이 교수라는 자가 강의실에서 벌일 서푼짜리 코미디 소재가 결코 아니기 때문입니다. 혹시 어느 학생이 정색을 하고 "교수님은 그 대책이 무어라고 생각하십니까" 하고 되물었다면 제 등골이 서늘했을 것입니다. 제가 배운 경제학이 잘못이든 제가 경제학을 잘못 배운 것이든, 경제학이 이렇듯 무력한 도구인지를 요즘 새삼스레 절감하고 있습니다. 생활에 여유가 있어도 실직은 극심한 고통인데, 하물며 생계조차 막연한 실직자의 좌절과 분노는 진정 어떻겠습니까? 지면과 화면을 누비는 파업 보도에 짜증을 내면서도 그것이 바로 그들의 삶을 위한 몸부림이고 생명 실습이란 사실을 과연 우리는 얼마나 절실하게 깨닫고 있을까요?

그러나 구조 조정은 우리 경제의 긴급 명령입니다. 실직자의 고통 앞에 어떤 위로도 사치스러우나, 그 고통 때문에 구조 조정을 늦출 수 없는 것이 우리의 현실이기도 합니다. 지난 정권도 1997년 8월 금융 개혁 법안을 상정했으나, 당시 대선 주자들의 타산과 외면으로 국회 통과가 무산된 뒤 우리 경제가 국제통화기금 관리에 들어갔다고 지금도 원망과 유감이 대단합니다. 그렇게 지각한 결과 은행의 해외 매각, 통폐합, 해고 등 벌은 벌대로 받았으면서도 오늘의 사정은 3년 전과 다름이 없습니다. 호미로 막을 것을 가래로도 못 막게 되었지요. 적당한 핑계로 행여 오늘의 고통을 피하더라도, 3년 뒤의 복수는 한층 더 혹독할 것입니다.

물론 좀더 나은 방법이 없었는지는 묻고 싶습니다. 일례로 기업 매각이나 공적 자금 지원에는 노동조합의 감원 동의서가 필수적이라는 가혹한 주문 앞에 과연 누가 누구를 지목하여 순교를 강요하겠습니까? 이럴 바에야 정부가 유도하는—사실상 주도하는—현재의 인수합병(M&A)보다는 차라리 파산 뒤의 자산부채인수(P&A) 방식이 더 수월한 대안이 아니었느냐는 생각도 듭니다. 같은 F학점이라도 그것이 일방적 지시의 결과라면 크게 반발하겠지만, 그런 전제가 없다면 학생들 자신이 시험을 잘못 치른 결과로 받아들일 것이기 때문입니다. 그리고 허울좋은 구조 조정에 드는 150조 원을 예금자 보호와 실업 대책 비용으로 돌렸던들 한층 더 효과적이었을지 모릅니다.

K형. 경제는 좋다가 나빠지기도 하고, 나쁘다가 다시 좋아지기도 합니다. 따라서 정말 두려운 것은 다시 좋아질 길이 보이지 않는다는 사회의 체념입니다. 여기 희망을 불어넣는 것이 정치의 소임이라면, 심기일전의 정치야말로 새해의 가장 큰 선물일 것입니다. 다망한 연말 편안히 보내십시오.

•2000년 12월 29일

'수출만이 살길' 언제까지

"우리가 수입을 조심하면 수출은 스스로 조심할 것이다." 족보도 없이 전해오는 경제학의 속언인데, 지금 우리 사정이 어쩐지 이와 비슷하다는 느낌이 든다. 본디의 뜻이야 수입을 줄이면 수출도 준다는 뜻이겠지만, 수출이 줄어서 수입을 줄이는 경우도 오늘의 문맥에서 크게 벗어나지 않을 듯하다. 이것은 물론 수출이 무슨 짓을 해도 괜찮을 때의 얘기일 텐데, 지금은 사정이 뒤바뀌어 행여나 수입에 '무슨 짓'을 했다가는 큰일나는 시대이다.

지난 4월 수출은 123억 달러로 작년 동기에 비해 9.3%가 줄었다. 수입은 112억 달러로 16.0%가 줄어서, 무역 수지는 11억 달러의 흑자를 나타냈다. 감소 폭으로 따지면 수출은 26개월 이래 최고이고, 수입은 29개월 만의 신기록이었다. 국제통화기금 한파 속에서도 동사를 면해주고 달러 빈혈로 골골할 때도 나라의 부도를 막아준 것이 수출인데, 그 수출 전선에 먹구름이 드리웠다니 가뜩이나 어려운 경제 형편에 이만저만 걱정이 아니다. 더구나 이것이 4월 한 달만의 현실이 아니고 당분간 그 추세가 이어질 전망이어서 한층 불안이 깊어진다. 올해 들어 4월까지 수출은 작년 동기에 비해 0.6% 줄어든 반면 수입은 5.6%나 떨어졌다. 수출이 줄어서 수입이 줄고, 그래서 다시 수출이 줄어드는 '축소 순환'의 소용돌이에 빠진 것이다.

수출을 늘리는 고전적인 방법으로는 우선 남보다 싸게 파는 가격(價格) 경쟁력이 있다. 개발의 견인차 노릇을 해온 한국 수출의 저력은 주로 값싼 임금이었고, 그래서 개발 독재에의 향수가 사회 일각에 없지 않지만, 기백 달러 소득 시대의 그런 미련은 이제 버려야 한다. 다음은 비싸더라도 좋은 물건으로 버티는 품질(品質) 경쟁력이 있다. 부가가치 높은 상품의 개발은 우리 수출의 염원이고, 더러 세계에 이름이 알려진 국산 제품도 있으나, 품질로 세계 시장에서 다투기에는 여전히 힘이 부치는 것이 현실이다. 이렇게 실물 차원에서의 경쟁력이 부진할 때 화폐를 통해 경쟁력 향상을 도모하기 십상이다. 자국 화폐의 평가 절하, 즉 환율 인상의 편법이 그것이다. 그런데 전가의 보도처럼 휘둘러온 이것마저 지금은 말을 듣지 않는다. 중앙은행이 시장 개입 엄포를 놓을 만큼 환율이 오르는데도, 수출에 미치는 약발이 시원찮기 때문이다.

우리의 주요 교역 상대국을 비롯한 세계 경기가 내리막이고, 정보 기술(IT) 제품 등 우리의 주력 품목이 세계적으로 공급 과잉이어서 한국 수출이 고전을 면하지 못한다니 정말 이렇게 갑갑할 수가 없다. 금년 1/4분기 미국 경제는 2%대의 성장률 달성으로 예상외로 분전했지만, 일부 언론은 성장 불황(growth recession)이란 유식한 말로 그 진행 여부에 판단을 보류하는 형편이다. 일본 역시 미국과의 공모(?) 아래 엔화 절하의 혜택을 마냥 즐기는 판이어서 우리의 환율 상승 효과가 줄줄이 새고 있다. 그렇다면 세계 경기의 호전이 국내의 수출 애로를 풀어줄 때까지 무턱대고 기다리는 수밖에 없는 것인가? 아니면 그렇더라도 품질 경쟁력을 향상

시키고, 틈새 시장을 개발하고, 수출 품목을 다양화하라는 따위의 '전천후 모범 답안'을 거듭 디밀어야 하는가?

펄쩍 뛰는 사람이 적지 않겠지만, 이제 '수출만이 살길'의 주술에서도 적당히 벗어날 때가 되었다. 수출로 벌어들이는 달러의 중요성과, 수출 산업이 미치는 고용 효과를 어찌 나라고 모르겠는가? 그러나 수출도 가계 소비, 기업 투자, 정부 지출과 함께 사회 총수요의 하나를 구성할 뿐이라면 해외 수요라고 해서 과도한 특혜를 베풀 이유가 없다. 오해가 없도록 다시 강조하거니와 우리 경제에 점하는 수출의 기여를 무시하려는 것이 아니라 수출만이 살길이란 강박 관념으로 남발해온 각종 특별 대책, 특단 조처는 더 이상 바람직하지 않다는 말이다. 지금 우리가 당하는 온갖 특혜 부작용에서 보듯이, 결과는 언제나 특별 대우보다 '보통 대우'가 낫지 않던가? 인위적 환율 인상으로 이제까지 우리 수출은 제법 쏠쏠한 재미를 보았지만, 그 결과 수입 인플레이션이 한몫 거들어 당장 5%대의 물가 상승률이 우리 생계비를 압박하는 형편이다. 그리고 수출이 스스로 조심하지 않으면 수입도 조심하지 않는 법인지, 4월중 자본재와 원자재 수입은 각기 23.4%와 20.1%가 줄었는데, 고가 사치품을 포함한 소비재는 10.1%나 늘어났다. 수출은 분명히 우리 경제의 살길이지만, 수출만이 살길이어서는 안 된다는 의식의 구조 조정이 필요하다.

●2001년 5월 4일

정부의 착시 교정을

지독히 바라면 '헛것'이 보인다는데 유식한 말로는 이를 착시라고 부른다. 채플린의 영화 「골드 러시」의 한 장면처럼 지독히 굶은 사람의 눈에는 상대가 통닭으로 비치기도 한다. 지난 20일자 『중앙일보』 1면에서 "중국이 한국보다 더 자본주의적"이란 기사를 훑다가 나는 대뜸 헛것을 보았다고 생각했다. 그것이 다른 사람도 아닌 진념 경제 부총리의 말이라니 무엇인가 헛본 것이 틀림없고, 그래서 헛다리나 짚으면서 하릴없이 쌓여가는 나이 탓만 거듭했다. 그런데 어느 조찬 강연에서 실제로 그런 얘기를 했고, 더구나 분위기에 들뜬 돌출 발언이 아니라 평소 벼르던 말을 털어놓았으리라는 평이어서 일단 나이 걱정은 덜게 되었다.

중국이 한국보다 더 자본주의적이란 부총리의 지적은 전후 맥락을 살피건대 중국보다 '덜 자본주의적'인 한국을 겨냥한 것이었다. 더 자본주의적인 것과 덜 자본주의적인 것의 우열에 대한 논쟁은 잠시 멈추기로 하자. 그놈의 '색깔'이 스미면 도통 얘기를 망치니 말이다. 아무튼 중국이 더 자본주의적인 근거의 하나로 그는 기업 내부의 급여가 10배 이상 차이나는 점을 앞세웠다. 그러나 그 정도의 격차는 한국 기업에도 흔하므로 새삼 중국의 '통닭'이 부러울 것이 없다. 그의 불평은 오히려 '전향한' 사회주의 국가 중국조차 이런 불평등을 견디는데, 자본주의 순종의 한국에서는 그 특유의 균등 의식이 나라 경제의 덜미를 잡는다는 것이었다. 정말 그렇게 생각한다면 언제 닥칠지 모르는 해고 불안에 떠는 근로자들과, 실질 금리가 영(零)에 가까운데도 투자를 꺼리는 기업들에게 조용히 물어보라. 우리 경제가 이 모양 이 꼴로 뒤쳐진 것이 과연 중국처럼 임금 격차가 심하지 않기 때문인지를.

다른 하나의 근거로 중국에는 외국 자본 진출을 국부 유출 위험으로 바라보는 '매판 자본' 논란이 없다는 점을 들고 있다. 매판(買辦)은 18세기 중국 주재 영사관과 외국 상사들이 부리던 현지 고용인으로서 대개 외세의 앞잡이 노릇을 했었다. 그러니까 매판의 본토 중국에도 외자 시비가 없는데, 한국에서는 외환 위기 직후 사그라지는 듯하던 국부 유출 비판이 다시 일어나는 것이 부총리의 불만이다. 이번 '통닭'은 매판인데, 이렇게 되면 참으로 중증이다. 세계화 시대의 자본은 활동에 제약이 없으므로 굳이 매판을 필요로 하지 않는다. 혹시 필요한 것이 있다면 '매판 정부'일지 모른다. 동아시아를 초토로 만든 국제 투기 자본이 중국을 굴복시키지 못한 이유를 폴 크루그먼은 위안(元)화의 비교환성에서 찾는다. 한바탕 휩쓸고 싶어도 정부 외에는 환전할 길이 없으니 바라만 보고 말았다는 말씀인데, 이것이 저명한 미국 대학(MIT) 교수의 주장이 아니고 내 얘기라면 무식의 표본이라고 배꼽을 잡았으리라. 그러나 진실은 의외로 그처럼 '허름한' 것이었고, 그 허름한 진실이 금융 투기로부터 중국을 지켜준 안전 장치가 되었다. 외자가 이 땅에 들어와 또 하나의 삼성전자와 포항제철을 세운다면 무엇이 걱정이랴? 세우는 대신 집어삼키기가 급하기에 매판 걱정이 첩첩한 것이다.

"덩샤오핑(鄧小平)이 30년 먼저 태어났다면 한국이 설 땅이 없었을 것"이라는 자탄이나 "중국은 빛의 속도로 변하며 '세계의 공장'으로 변신하는 중"이란 부총리의 초조감을 나는 십분 이해한다. 그러면서도 그의 착시는 염려하지 않을 수가 없다. 그는 "우리 산업의 경쟁력을 획기적으로 개선하지 못하면 5~10년 뒤 우리 경제의 위상을 어디서 찾아야 할지 소름이 끼친다"고 토로했다. 군사 정권에서 문민 정부를 거쳐 오늘 국민의 정부까지 온갖 요직을 두루 거친 그가 우리 경제의 장래에 소름이 끼친다면, 지금까지 그의 정책을 믿고 따라오고 앞으로 또 따라갈 국민은 대체 무엇이란 말인가? 부총리의 힘과 권한을 가지고도 기껏 개선 타령이나 하고 앉았다면, 나라 경제는 과연 어찌되는 것인가? 다른 사람은 다 해도 그가 그런 말을 해서는 안 된다.

부총리가 못한다면 대체 누가 하겠는가? 통닭처럼 마음대로 구워지지 않는(?) 정치권의 행태가 그로서는 아주 불편할 것이다. 그러나 마음대로 구워온(!) 재계도 그를 향해 "도와주지 않아도 좋다. 제발 발목만 잡지 말라"고 한 맺힌 소리를 토해낸다. 중국에서 배울 것은 임금 격차도 매판 자본도 아니다. 세계화 강요의 살벌한 생존 경쟁에서 살아남는 궁리이고, 그것은 정부와 기업이 손잡고 짜내야 한다. 여기 시급한 것이 정부의 착시 교정이다.

•2001년 7월 27일

맬서스의 유령

소말리아는 기근과 내전의 나라이고, 그 기근은 가뭄과 사막의 산물로 알려졌다. 그러나 1970년대까지만 해도 소말리아는 식량을 자급했다. 국제통화기금의 '구조 조정' 프로그램이 시작되면서 외화 획득을 겨냥한 환금 작물(cash crop) 경작이 강요되었다. 식량은 저렴한 수입 곡물로 충당했다. 허기진 배에 원조에 가까운 외국의 밀과 쌀이 그렇게 고마울 수 없었으리라. 그로부터 10년 만에 식량 자급은 식량 구걸로 돌변했다. 기아 구제를 돕는다는 장엄한 명분 아래 미국의 잉여 농산물 수출이 소말리아의 식량 농업 기반을 작살내고, 영양 실조를 막겠다는 장엄한 명분 아래 유럽연합(EU)의 무관세 쇠고기 수출이 소말리아의 목축을 거덜냈기 때문이다. 미국이든 유럽연합이든 고의로 소말리아의 생존을 파탄으로 몰고 가지는 않았을 터이다. 이웃을 네 몸 같이 사랑하라는 말씀을 열심히 받드는 그들이 그처럼 사악할 리가 없다.

구약 성서의 요셉은 7년의 풍년과 7년의 흉년을 알아맞혀 나라를 기근 위기에서 구했다. 20세기에 들어와 월드워치연구소는 1996년을 그 풍년과 흉년의 분기점으로 잡고 있다. 세계의 곡물 비축량이 48일분으로 줄어들고, 시카고상품거래소의 주요 곡물 가격이 사상 최고로 치솟았을 뿐만 아니라, 곡물 수출국 중국이 느닷없이 세계 제2위 수입국으로 곤두박질하는 바람에 어떻게 중국을—세계 인구의 1/5을—먹여 살리느냐는 불안이 번졌기 때문이다. 우루과이 라운드 협상 타결 직후 일본 농무성은 1995년 현재의 곡물 증산 속도가 그대로 유지되어도 2010년 세계의 곡물 가격은 20% 정도 상승할 것으로 예측했다. 환경 문제를 비롯해 다른 요인이 가세하면 가격은 200%로 폭등하고, 만성적인 영양 결핍 인구가 7억3000만에 달한다.

맬서스 목사의 『인구론』이 나온 지 203년이 지났지만 그의 음울한 예언은 다행히도 빗나갔다. 그러나 그 유령마저 완전히 사라진 것은 아니다. 일례로 농업 생산에 대한 국내 보조금 축소나 철폐 압력은 거래 왜곡을 막기 위한 시도라지만 실제로 그것이 막는 것은 '과잉 생산'이다. 문제는 그것이 부자들한테 과잉이지 인류에게 과잉이 아니라는 점에 있다. 생산은 제한하되 꼭 필요할 경우 직접 지원하자는 소위 직접지불제(blue box) 역시 미국과 곡물 수출국 모임인 케언즈 그룹(Cairn's Group)은 사실상의 생산 지원이라면서 철폐를 주장하고 나섰다. 메시지는 간단하다. 가격을 올리고 싶으니 생산을 줄여라! 남극에 뚫린 오존층을 들이대며 과학자들은 겁먹은 정치인들의 관심을 환경 지출로 돌리는 데 성공했지만, 인류가 굶는다는 전망을 들이대며 경제학자들이 아무리 정치인을 볶아봐야 좀처럼 지갑을 풀지 않으리라는 관찰은 유감스럽게도 사실일지 모른다.

남의 얘기 할 것 없다. 우루과이 라운드 협정을 조인하면서 우리 정부는 그야말로 심기일전을 다짐했었다. 정권을 걸고 쌀 개방을 막겠다던 호언장담은 애꿎은 농림부 장관의 '모가지'로 뒷감당했다. 농어촌 구조 개선 기금과 목적세로 신설한 농특세(農特稅)까지 50조 원을 투입해서 우리 농업의 경쟁력을 회복한다는 야심적인 계획도 발표했다. 내 기억이 맞는다면 쌀의 생산비 격차를 재협상 시점인 2004년까지 국제 수준의 60% 정도로—미국 쌀 1000원에 한국 쌀 1600원으로—줄인다는 약속도 들어 있었다. 목표 연도를 3년 앞둔 지금 국내 쌀값은 미국의 505%, 중국의 566%에 이르고 있다. 지난 정권이야 빌릴 머리조차 없어서 그랬다고 치더라도, 머리 좋은 현정권은 그 동안 무엇을 했는지 묻고 싶다.

그저께 카타르의 도하에서 세계무역기구(WTO) 제4차 각료회의가 폐막되었다. 그 선언문 취지대로 3년의 후속 협상을 거쳐 농산물 시장의 '실질적' 개방이 이뤄지면, 최소시장접근(MMA)으로 의무 수입량만 들여오던 우리 쌀도 '예외 없는 관세화' 합의에 따라 완전히 빗장을 열어야 한다. 관세로 쌀을 지키려면 산술적으로 500% 이상 세율을 올려야 하는데, 미국과 중국이 아무리 착해도 이를 보고만 있을 턱이 없다. 일본이 돌아서는 바람에 협상에서 힘이 빠졌고, 판을 깬다는 '왕따' 비난이 두려워 말싸움 한번 없이 우리의 주장을 굽혔다니……. 미국·유럽연합·일본·캐나다 등 'WTO 쿼드(Quad)' 4인방이 온통 뒤흔드는 판에 우리가 좀 버틴들 무엇이 잘못인가? 농업에서 잃어도 다른 데서 얻는 것이 더 많다는 설교는 10년 전에도 귀따갑도록 들었었다. 무슨 수로 우리가 그 도도한 세계 조류를 거스르느냐는 한탄도 하도 많이 들어서 이제 지겹다. 그럴 때 슬기롭게 대처하라고—벌써 준비됐다고 해서—뽑아준 정권 아닌가?

• 2001년 11월 16일

상식과 몰상식

"고대 이집트 사람들이 나일 강의 범람을 대하듯이 현대 세계는 경기 변동을 대한다. 이 현상들은 일정한 간격으로 반복되고, 그것은 모두에게 아주 중요하며, 그리고 그 본래의 원인은 눈에 보이지 않는다." 1898년 '현대 세계에' 미국 경제학자 존 클라크(John Clark)는 이렇게 썼었다. 나는 그 통찰이 2002년의 현대에도 제법 유효할 것으로 생각한다.

최근 경기가 살아난다는 보고들이 나오고 있다. 그런 보고가 특별히 새로울 것은 없다. 국제통화기금 관리 이래 사경을 헤매던 경기는 한때 종합주가지수를 1000대로 밀어 올릴 만큼 기운을 되찾은 듯했었다. 외자의 국내 증시 고지(高地) 점령과 바이 코리아(Buy Korea) 따위의 선동에 힘입은 1999년 하반기의 이 반짝 경기는 곧 '거품'으로 스러졌다. 아랫목이 뜨듯하면 윗목도 뜨듯하게 되리라던 약속도 공수표로 끝이 났다. 그러나 이번에는 좀 다른 모양이다. 중소기업에 일이 몰리고 공단이 바쁘게 돌아가 '윗목'에도 냉기가 가신다는 것이다. 기업의 체감 온도를 알려주는 금년 2분기의 기업실사지수(BSI)는 133으로 1분기에 비해 무려 53포인트나 뛰었다. 이 지수 작성 이래 최고의 상승 폭이라니 수치만으로는 급성 고열을 걱정하게 생겼다.

경제개발협력기구(OECD) 반열의 경제쯤 되면 성장의 장애는 공급 요인보다 수요 부진에서 오기 쉽다. 그 수요를 구성하는 거시 지표가 소비·투자·정부지출·수출이다. 국제통화기금 관리 치하에서 우리가 들은 훈시의 하나는 절약이 미덕이 아니라는 말씀이었다. 많이 써야 나라 경제가 살아난다는 '소비 애국' 설교에다가 유사 이래 처음 보는 저금리 멍석까지 깔려서, 모처럼 신나게 쓰다 보니 빚이 눈덩이처럼 불어났다. 급기야 정부가 나서서 가계 대출 자제를 은행에 요청할 만큼 내수는 전천후 행군을 계속하고 있다. 구조 조정으로 납작 움츠렸던 기업의 설비투자는 이제 겨우 기지개 켜는 수준이지만, 불경기 터널에서 벗어났다는 확신만 서면 투자 심리는 경쟁적으로 퍼져나갈 것이다. 경기 진작 차원에서 이모저모 규제를 풀었던 건설 투자 역시 정부의 투기 규제 조치를 다시 부를 만큼 부분적으로 과열 양상마저 보이고 있다. 여전히 고전 중인 수출에도 엔화 절상, 미국 경제의 회복 등 낭보가 없지 않다. 주력 품목 반도체 매기(買氣)가 반등하고 자동차 수출이 호조를 이루어 관련 부문에 대한 '햇볕' 역할이 기대된다. 이렇게 소비와 투자가 청신호를 보내고 수출 역시 적신호는 아니라면, 당분간 경기는 나머지 하나의 지표인 정부지출에 달린 셈이다.

모든 경기 조절은 적어도 두 가지 의미에서 '정치적'이다. 우선 소비와 투자와 수출에는 정부의 결정이 그대로 통하지 않는다. 소비에는 가계가, 투자에는 기업이, 수출에는 해외라는 수요 주체가 따로 있기 때문이다. 그러나 정부지출은 정부가 임의로 결정한다. 돈이 모자라면 국채 발행을 통해서라도 정부는 쓰고 싶은 만큼 쓰기 때문이다. 쓸 데를 먼저 정하고 걷을 것을 나중에 요량하는 유일의 경제 주체가 정부이다. 정부

지출은 또 집권 세력의 이해를 긴밀하게 반영한다는 점에서도 가장 '정치적인' 지출이다. 어떤 정부도 선거를 앞두고 지출을 줄여서 표를 떨어뜨리는 바보짓을 하지 않는다. 이런 관찰이 지방 선거와 대통령 선거를 치를 2002년의 한국 경제에도 예외가 아니라면, 즉 민간 수요와 해외 수요의 회복 조짐에다가 선거를 겨냥한 정부 수요까지 확대 일변도로 달린다면 우리는 모처럼 찾아온 경기 상승의 과실을 충분히 따지 못하고, 활짝 피기도 전에 시드는 '반짝 경기'의 실수를 다시 저지르게 된다. 예산의 조기 집행, 각종 연금과 기금의 주식 투자 확대 등 도처에 그런 위험들이 깔려 있다. 나일 강의 범람은 눈에 보이지 않는 자연 질서의 산물이지만, 선거 뒤의 인플레이션 보복은 누구에게도 보이는 정부 정책의 소산이다.

이제 막 되살아나려는 경기에 찬물을 뿌리려는 것이 아니다. 세계 경기의 향배, 구조 조정 지연, 과도한 집단 이기주의 등 회복의 발목을 잡을 복병이 도처에 널려 있다. 거시(macro) 지표의 온기에도 불구하고 미시(micro) 지표는 여전히 냉기일 수 있고, 지금이 과열을 걱정할 때는 더더욱 아니다. 다만 여지껏 경기가 나빴으니 앞으로 좋아질 것이란 예상이 상식이라면, 선거 선심이 없더라도 올해는 경기가 나아질 것이란 전망 역시 상식이다. 문제는 자연히 좋아질 것을 더 빨리 더 크게 좋아지게 하려는 과욕으로 일을 그르치는 몰상식이다.

•2002년 3월 8일

뒤집힌 비윗장을

　국제통화기금 관리가 시작되면서 내 개인적으로도 울화가 치민 일이 많았다. 한국 경제가 거덜난 것이 우리 고유의 열등한 관행과 제도 탓이라는 듯이 서구의 학자와 언론이 마구 써 갈겼기 때문이다. 그것은 동아시아의 외환 위기에 저들은 한 점 책임이 없다는 '오리발' 변명으로 들리기도 하고, 비서구 사회는 장사 하나를 하는 데도 서구를 배워야 한다는 오만의 표시로 보이기도 했다. 그러나 어쩌랴? 당장 빚 갚으라는 협박에 나라가 부도나게 생겼으니, 무슨 추궁을 하든 그저 소인의 죄라고 아뢰는 수밖에…….

　앞의 환란(換亂) 책임에 대해서는 빌려준 자의 도덕적 해이에서 '워싱턴 콘센서스' 류의 음모론까지 논란이 많았다. 당하는 자의 항변이라면 그저 그러려니 넘겼을 테지만, 저들 내부의 자성과 논란이니 못난 녀석들의 푸념으로 돌리기만은 어렵게 되었다. 그러나 비서구 사회에 대한 서구의 우월 의식에 대해서는 어떻게 '복수할' 기회가 없었다. 양인들의 무시와 경멸에는 크로니 캐피털리즘(crony capitalism), 소위 '정실 자본주의'라는 것도 있었다. 아시아 사회는 연고 관계가 좌우하므로 합리적 결정이 힘들고, 그것이 부정과 부패로 이어진다는 훈계 말씀 말이다. 이 일격에는 가슴이 막히고 전신에 맥이 풀렸다. 정경 유착이 공공의 적 아닌 공공의 관행이 되고, 뇌물과 향응을 놓고도 대가성이 있느니 없느니를 따지는—그래서 억울한 피해자를 구제하려는(?)—참말로 '신기한' 사회이니 무슨 할말이 있으랴.

그 뒤 귀에 못이 박히도록 들은 강의가 투명성(transparency) 제고이고, 입이 부르트도록 외친 구호가 투명성(透明性) 만세였다. 정부도 투명성을 높여 선진국 정부처럼 맑은 정부를 만들고, 기업도 투명성을 높여서 선진국 기업처럼 깨끗한 기업을 만들라는 교시가 신판 '국민교육헌장'으로 우리를 몰아붙였다. 모범 선진국으로는 미국이 자주 인용되었고, 그 교시를 전한 사람들은 미국과 국제통화기금 등의 세계화 전도사들이었다. 이 전도 사업에는 서양에서 교육받은 국내 학자들도 대거 참여했는데, 우리 기업의 후진적 관행과 잔재를 크게 질책한 뒤 미국 기업의 투명성을 보고 배우고 따르라고 설교했다. 말인즉슨 옳지만 여기서 그만 비위 뒤집힌 사람들이 적지 않았고 나도 그중의 하나였다. 거기도 사람 사는 사회인데, 마치 그쪽은 선이고 이쪽은 악이라도 되는 듯한 막무가내의 도식이 상한 생선처럼 비릿했기 때문이다.

그러던 중 엔론이라는 미국 최대 에너지 회사의 회계 부정이 터졌다. 수십억 달러를 장부에 누락하고 최소한 6억 달러를 과다 계상한 분식(粉飾) 회계 추문인데, 여기 미국 '빅 5' 회계 법인의 하나인 아서 앤더슨이 회계 조작을 방조하고 관련 문서까지 파기함으로써 추문에 '겹추문'을 만든 것이다. 기업 비리와 회계 법인의 공모를 처음 들었을 때 나는 그저 덤덤했다. 미국이라고 해서 그런 탈선이 없을 리 없고, 또 그런 일을 기화로 미국 사회를 폄(貶)하는 것은 국제통화기금 탁치 당시 도매금으로 한국 사회를 탓한 사람들과 다를 바 없다는 생각 때문이었다. 그런데 웬

걸. 이번에는 월드컴이라는 미국 2위의 장거리 전화 회사가 보수(補修) 비용 38억 달러를 자본 지출로 둔갑시켜 주주와 투자가를 속인 사건이 터져 나왔다.

기업 회계 사상 최대의 부정이라는 이 사기 행각을 묵인하고 방조한 것이 또 아서 앤더슨이었다. 그런데 그것이 최대가 아니었다. 미국 제2의 제약 회사인 머크가 124억 달러나 매출을 부풀렸다는 소식이 뒤따랐기 때문이다. 어느 증시 분석가의 말처럼 "머크의 분식 회계 소식은 미국 주식 시장이라는 관(棺)에 또 하나의 못을 박은 것이다." 둑이 무너지면 물길 잡기가 여간 어렵지 않다. 정보 통신 업계의 총아 일렉트로닉 데이터 시스템즈(EDS)가 회계 부정 의혹을 사는가 하면, 미국 가전 업계의 대형(大兄) 제너럴 일렉트릭(GE)마저 분식 회계의 도마에 오르는 판국이니 말이다.

더욱 기가 차는 노릇은 부시 행정부의 반응이었다. 엔론은 부시 진영에 막대한 돈을 헌금했고, 월드컴 역시 부시의 막료들과 친분이 대단한 모양이다. 그래서 그런지 엔론 파산을 막아주려고 부시 대통령 측근들이—아들들은 아니다(!)—음으로 양으로 상당히 노력했다는 소문이고, 월드컴 사태에서도 오닐 재무 장관은 "구체적인 정보도 없는 상황에 시장이 지나치게 민감하게 반응한다"고 오히려 시장을 꾸짖었다니 이쯤 되면 그쪽 투명성도 대강 알 조(調)가 아닌가? 하켄 에너지 회사의 중역을 역임한 부시 대통령, 핼리버튼 유전 개발 회사의 최고 경영자였던 체니 부통령, 알코아 알루미늄 회사의 회장을 지낸 오닐 재무 장관, 제너럴 인스트루먼트 방송 기술 회사의 이사장 겸 최고 경영자였던 럼즈펠드 국방 장관 등 다수의 각료들이 재임 중 회계 부정에 연루된 혐의로 조사를 받거나, 공직 취임 전 사내 정보를 이용한 주식 거래로 부당 이익을 취한

의심을 사고 있다. 정실은 양인들이 그렇게 조롱하던 동아시아 고유의 등록 상표가 아니었다!

오해 없기 바란다. 나는 미국 기업들의 비리 게이트를 보며 '딱 걸렸네' 하고 쾌재를 부르려는 것이 아니다. 미국 사정이 어떻든 우리 기업의 투명성을 더욱더 높여야 한다는 데는 한치도 이의가 없다. 다만 국내 투명성 전도사들한테 뒤집힌 속은 좀 다스렸으면 한다. 그런데 그것도 난망인 것이 자유자재로 변신하는 그들의 수(手)를 당해낼 재주가 없기 때문이다. 한국 기업에서 그런 부정이 터질 때는 재벌 비리에서 후진국 관행까지 입에 거품을 물고 성토했던 그들이 막상 '선진국' 사회에서 터져나오자 그것은 일부 기업의 탈선일 뿐이지 미국의 회계 제도는 전혀 문제가 없으며 이번 사고를 기화로 한층 더 건강해질 것이라고 되레 목청을 높이니 말이다. 사고가 나도 한국에서 나면 구정물을 뿌리고, 미국에서 나면 이렇게 격려의 박수를 보낸다.

•2002년 7월 16일

제3부

이 불결한
정치
기록들

후흑 변주곡

제목에 끌려 무심히 읽은 책이 『후흑열전』이다. 저자 리쭝우(李宗吾)는 신해혁명 무렵 후흑(厚黑)의 요설을 설파하여 내우외환에 찌든 민중의 삶에 웃음을 선사했다고 한다. 후흑이란 한마디로 두꺼운 낯가죽과 시커먼 뱃속을 가리킨다. 그의 강론에 따르면 영웅 호걸치고 후흑의 묘를 따르지 않은 자가 없다. 염치 따위와는 담을 쌓은 두꺼운 얼굴과 세상을 속이는 시커먼 배짱을 지녀야만 영웅 소리를 듣고 호걸의 반열에 든다. 인의니 예지니 하는 설교는 말짱 하루살이 내일 보자는 소리 같은 공론이고, 후흑이야말로 천하를 집어삼키는 지혜이며 난세를 휘어잡는 도리라는 말씀이다.

리씨는 이론만 창시한 것이 아니라 고금의 사례를 통해서 이론의 타당성을 검증한다. 항우와 유방이 도마에 오르고, 조조와 유비가 안주감이 되리라는 정도는 능히 짐작하고도 남는다. 태평 성대를 열어 만세의 성인으로 칭송되는 요·순·우 임금마저 후흑 독설에 무사하지 못하다. 특히 공자를 후흑 계보에 올리고 그의 치세 설교를 동네 북처럼 두들기는데 여기 유비가 걸려든다. 공맹의 도리에 꿰어 맞춘 나관중의 '주가 조작'과는 달리 유비의 처세 노하우는 단연 통곡(慟哭)으로서, 무슨 난관에 부닥치면 한바탕 통곡으로 상대의 마음을 돌려서 난관 극복의 길을 튼다고 후흑학 교주는 신랄하게 꼬집는다.

유비의 통곡에 대해서는 내게도 짚이는 일이 있다. 관우 복수전이 그것이다. 공명을 비롯한 대소 신하들의 일제 반대를 물리치고 유비는 75만 대군을 거느리고 손권 정벌에 나선다. 노장 황충을 잃고, 효정 싸움에서 '애송이' 육손에게 대패한 그는 불과 100여 명의 군사를 데리고 백제성으로 퇴각한다. 죽음을 예감한 유비는 공명을 불러 놓고 "내 아이들이 도울 만하면 도와주고, 재주가 모자라거든 공이 성도의 주인이 되도록 하오"라면서 회심의 통곡 카드를 꺼낸다. 공명이 머리를 찧어 피를 흘리면서 유비 사후의 쿠데타 의심을 풀어주자, 그는 만조 백관을 향해 "짐은 승상에게 외로운 아이들을 부탁했고, 승상을 아버지로 모시라고 명했소"라는 말로 충성 각서를 확인시킨다. 이 정도면 후흑의 극치이다. 그저 솔직하게 "내 아이가 모자라더라도 딴마음 먹지 마오" 하면 될 것을……. 천하의 제갈량조차 후흑 고수 앞에는 족탈불급이다.

아침출판사가 펴낸 『후흑열전』 표지에는 중국의 후흑 대가들과 우리가 잘 아는 '세 김씨'의 얼굴 몽타주가 나온다. 글쎄 영웅 호걸의 대열에 끼워주어 고맙게 여길는지, 아니면 후흑계 도사처럼 꾸며놓아 고깝게 여길는지, 그것은 본인들만 알 일이다. 참 세월 많이 좋아졌다. 몇 해 전만 해도 모처 지하실로 불려가 국가 원수 모독과 민심 교란 혐의로 경을 쳤을 텐데, 아직 그랬다는 보도가 없으니 말이다. 세 김씨가 누구인가? 전직 대통령에 현직 대통령과 현직 총리 아닌가? 마음이 졸여 나도 어서 말머리를 돌려야겠다.

$1+1$, $1+1+\alpha$, $2+\infty$, $1+\alpha$, $\alpha+1$, $1+1+1$……. 첩보원의 난수표 같은

이런 암호가 우리 정계에 난무한다. 이를테면 1당과 다른 1당과 또 다른 부대를 합치거나(1+1+α), 2당 중심으로 외부 영입을 무한히 확대한다는 (2+∞) 식이다. 수혈? 좋다. 신당? 그것도 좋다. 날로 방자해지는 경제의 고삐를 잡는 일이 정치의 본령일 텐데, 도리어 정치가 경제의 발목을 걸고 있다는 원성이 자자하다. 그러니 정치를 이대로 놔둬서는 경제 개혁이고 뭐고 바랄 수 없기에 정치판의 물부터 갈자는 취지는 충분히 알아듣는다. 그럼에도 불구하고 문제는 역시 모자라는 자식의 장래가 아니라 눈앞의 정치 현실이다.

그저 손에 잡히는 대로 고관 부인네 옷 로비 추문만 해도 애초에 철저한 수사로 진상을 밝혔던들, 그 '시시껄렁한' 일로 온통 사회가 몇 달의 정력을 낭비하지 않았을 것이다. 그래서 보통 검사로도 족한 일에 특별 검사를 부를 참이다. 취중 객담이냐 진담이냐를 놓고 티격태격한 조폐공사의 파업 유도 시비나, 지사는 잡아 가두고 시장한테는 '떡값' 면죄부를 준 경기은행의 뇌물 공작 비리에서도 호랑이를 잡을 듯이 등등하던 애초의 기세가 슬며시 꺾이고 말았다. 국세청을 앞세워 선거 자금을 걷고 그 돈을 나눠 쓴 의원들의 신상을 캐내고도 검찰은 흐지부지 사건을 덮었다. 권력의 눈치가 아니라면 과연 무엇 때문이겠는가? 사회가 바라는 답이 예단(豫斷)된 형편에 특별 검사인들 별수없을 터이다. 현재의 수사 결과를 뒤집는 결과가 나온다면 필시 믿겠지만, 그야말로 용빼는 재주로 파헤쳐도 결과가 같다면 고개를 돌릴 것이기 때문이다. 이번에는 '초특별' 검사를 모셔와야 할지 모른다. 설사 국민의 예단이 잘못이더라도 책임은 그것을 조장한 정치에 물을 수밖에 없다.

이렇게 한쪽으로는 열심히 풀어주면서, 다른 한쪽으로 개혁의 고삐를 죄겠다는 목청이 과연 국민의 귀에는 어떻게 들릴 것인가? 새 판 짜기에 앞서 '헌 판' 수술을 서둘러야 하는 까닭이 여기 있다. 그래서 말인데 수혈과 신당과 퇴임 대비는 후흑의 배짱으로 밀어붙일 사안이 아니다. 신인이니 전문가니 하지만 그중에 국민이 "그래 그 사람" 하고 손뼉 칠 사람이 몇이나 되는가? 선거판에 미숙한 딴따라 수혈 부대를 위해 중선거구 묘수를 찾아내고, 정권의 안위를 생각해 자식들(?)한테 내각제를 물려주려고 무리수를 두다가는 지금 벌여놓은 경제 개혁조차 물 건너가기 십상이다. 노벨상을 주든 청문회를 열든 그런 걱정은 뒷사람들한테 맡기고, 보통 검사의 능력으로도 충분한 눈앞 정치판의 환부부터 도려낼 일이다. 그거야말로 후흑 역설의 진수일 터이다.

빌릴 머리조차 없던 후주 유선은 정사를 그르치고 마침내 위(魏)에 항복한다. 사마소가 베푼 연회에서 폐황제 유선은 광대들과 제기 차기 놀이에 빠져 신명나게 돌아간다. 서촉(西蜀) 생각이 나지 않느냐는 적장의 야유에 그는 이렇게 재미있는데 왜 그런 생각을 하겠느냐고 천연덕스럽게 대꾸한다. 행여 고향 생각이 난다고 했다가는 목숨 부지하기가 힘들 것이어서 그렇게 대답했다면 그도 후흑 기질이 농후한 셈이다. 제기 차기와 등산 가운데 무엇이 더 재미있는지는 모르겠으나, 일흔 노구를 이끌고 비장하게 '민주 산악' 등정에 나선 어느 분은 우리도 알고 있다. 이쯤 되면 후흑가의 대부가 될 만하다. 위의 후흑학 교주는 여포·조조·원소·유표·손권 등 당대의 실력자들을 상대로 이리 붙고 저리 붙은 유비를 향해 자신에게 이로운 일이라면 한치의 부끄럼도 없이 행하는 인물이라고 악평을 했다. 아무튼 우리도 박·노·김·김의 역대 통치자를 줄줄이 모신 어느 후흑 대가를 알고 있다.

낯가죽이 성벽처럼 두껍고 뱃속이 숯덩이처럼 시커먼 정도는 후흑학 수업의 1단계에 불과하다. 2단계에서는 낯가죽이 두텁되 단단하고, 뱃속이 꺼멓되 밝게 비쳐야 한다. 그래야 사람들이 헷갈리기 때문이다. 이를 테면 신당이든 등산이든 내각제든 그게 나라 위한 일이라고 국민이 철석같이 믿을 때가 이에 속한다. 그리고 형체도 없고 색채도 없는 무아(無我)의 비술을 익히는 3단계 수업이 있다. 이 마지막 수련을 마치면 세인은 물론 하늘마저 속아서 아무리 두꺼워도 두껍지 않게, 아무리 시커메도 시커멓지 않게 여긴단다. 3김이니 후3김이니 하는 소란쯤 추호도 꽤 넘치 않는 도통의 경지가 이러하리라.

•1999년 10월

검들의 전쟁

"만약 다가오는 세기에 대한 어떤 걱정도 하지 않고, 실업자의 줄이 늘어나는데도 아랑곳하지 않는 직업이 있다면, 그것은 변호사일 것이다." 장-클로드 카리에르(Jean-Claude Carrière)는 이렇게 말했다. 그리고 "왜냐하면 모든 분야에서 우리가 상상하지 못할 정도의 소송 문제들이 나타날 것이기 때문이다"라고 그 이유를 밝혔다. 글쎄 상상도 못할 소송 문제들이 생긴다니 실직 걱정 덜은 변호사야 좋겠지만, 거기 시달릴 백성들의 걱정은 어째야 좋을지 모르겠다. 변호사에게 세기를 걱정하고 실업자를 줄이라고 할 수는 없겠지만, 법 가지고 사람 짜증나게 하지 말라는 부탁은 할 수 있겠다.

우리는 사상 최초로 특검 제도를 시행했다. 특검의 위세와는 어울리지 않게 여인네 옷 뇌물 로비와 돈 공장 파업 시비를 가리려는 것이었다. 사직동 팀으로 불리는 경찰청 특수수사과와 서울지검 특수부가 나서서 두 번이나 진상을 파헤쳤지만 의문은 꼬리에 꼬리를 물었다. 그래서 특별검사의 특검(特劍)에 쾌도난마를 기대한 것이다. 국회가 한 일이니 내놓고 말은 안 하지만 '보통 검사'들한테 특검이니 뭐니 하는 시어머니가 매우 성가셨을 것은 불을 보듯 뻔한 노릇이다. 말이 보통 검사지 그들이 가진 검이 그게 어디 여느 칼인가? 어리석은 백성은 쳐다만 보고도 깜빡 죽는 보검(寶劍)이다. 아무튼 보검을 가지고도 안 되는 일을 특검을 빌려서 시원하게 끝내려고 했었다. 그런데 그게 말처럼 쉽지 않았다. 두 자루의 특검 가운데 하나는 제법 괜찮은데, 다른 하나는 계속 말썽이었기 때문이다.

먼저 괜찮은 쪽이다. 칼은 그럭저럭 잘 들었으나, 그 칼을 하사한 '방주'의 태도가 문제였다. 내게까지 공작이 있었으니 철저히 밝히라고 애초에 엄히 명했던들 어렵지 않게 끝낼 일이었다. 사건의 배후에는 물론 금관 옥패의 감투 무거운 고관도 있고, 넘치는 돈을 주체 못해 나라 밖으로 빼돌린 부자도 있으며, 성경 앞에 서로 진실을 맹세한다는 바람에 냉가슴 앓을 하느님도 계시지만, 눈앞의 일이야 고관 부인네들의 옷가지 비밀 아닌가? 아무튼 지검에서 진을 빼고 이제 대검까지 달려들어 특검의 빛이 다소 바래는 느낌이다. 더욱이 사법 무림의 고수가 영장 기각으로 계속 딴죽을 거는 바람에 한때 기세가 꺾이는 곤경도 겪었다. 그러나 의분을 못 참는다는 어느 협객의 밀서 공개로 고비를 넘기며 의욕을 되찾은 듯하다. 고수들의 승부야 최후 일합에 달렸지만, 이 판에서는 특검이 보검을 눌렀다는 관전평이 지배적이다.

시원찮은 쪽의 얘기는 이렇다. 여기는 '무사'의 소신이 문제라는 말이 있다. 특검의 용도를 둘러싸고 쓰기도 전에 내분이 일었기 때문이다. 소장(訴狀)을 제대로 보지도 않을 뿐더러 증빙 물건조차 소홀히 다룬다는 비판이 많았다. 예컨대 이왕의 수사 결과를 뒤집을 만한 제법 근사한 밀서가 나왔는데도 별것 아니라는 말씀으로 내치는 바람에 그만 주저앉았다는 것이다. 결국 돈 공장 사장의 과시욕과 영웅심에 모든 죄를 다 뒤집어씌운 뒤, 폭탄주 좋아한다는 전직 고관은 면죄부를 주고 말았다. 더구나 노동청 서류를 고쳐 상부에 잘못 보고함으로써 이런 사태가 벌어졌으니 해당 지검 검사들을 허위 공문서 작성 혐의로 기소할 방침이란다. 파업 유도 시비를 가리라는 특검의 칼이 고작 공문서 변조를 겨눠서야 말이 되느냐고 보검은 보검대로 불만이 탱탱하다. 수사 결과로만 보자면 보검에 걸었던 기대보다도 한참 떨어지는 것이 사실이다. 주범과 하수인이 바뀌고, 허위 보고에 따른 폭탄주 폭음 외에 권력의 개입은 없는 것으로 결론을 내렸기 때문이다.

대검 중앙수사부의 대검(大劍)은 빗나간 적이 없고, 일단 뽑으면 호박이라도 베는 전통이 있단다. 호박이라니? 전직 대통령을 둘씩이나 감방으로 보내고, 전임 검찰총장마저 가두지 않았는가! 그 대검이 지금 애를 먹고 있다. 철창의 옛 보스가 입을 열지 않기 때문이다. 아내의 옷가지 얘기는 열심히 변호하던 그가 사직동 팀의 보고서에는 모르쇠로 일관하고 있다. 그에게 문건을 건넨 것으로 지목되는 청와대 비서관이 그런 서류는 본 적도 없다고 펄쩍 뛰는 판이니, 누구한테 그 보고서를 받았느냐는 질문에 "기억이 나지 않는다"고 멀쩡한 기억력에 누명을 씌울 수밖에. 그 난감한 처지야 얼추 짐작할 만하다. 대검과 그 전임 보스의 샅바 싸움에서 확실한 결과가 나오지 않는다면, 이번에는 대검을 겨눈 특검이 또 하나 떠야 할 판인가?

특검이 필요 없는 검찰이 좋은 검찰이다. 그러나 특검을 만들었으면 그것으로 끝낸다는 각오로 잘 써야 한다. 특검이 잘못해 초특검(超特劍)을 또 만들어야 한다면 그 특검은 보검만도 못하게 된다. 검들의 전쟁이 남기는 것은 짜증과 비용뿐이다. 집권자의 결심만 섰다면 간단히 끝냈을 폭탄주 타령과 모피 코트 시비로 한 해를 보냈다. 물가 상승률에도 경제 성장률에도 잡히지 않는 그 짜증 비용을 줄이는 '특단 대책'을 새해 선물로 기대한다.

•1999년 12월 16일

▪후기▪

검찰총장 사모님 차에 본인도 모르게(?) 압구정동 유명 의상실의 호피 무늬 반코트가 실려 있어 며칠 입고 돌려주었다는데, 그것이 구속 위기에 처한 재벌 기업 사주 부인의 뇌물이냐 아니냐를 놓고 온통 나라가 시끄럽게 공방을 벌였다. 점심에 거나하게 폭탄주를 걸친 대검 공안부장이 조폐공사 파업 사건은 공기업 파업에 공권력의 본때를 보임으로써 구조 조정을 쉽게 끝내려는 의도로 검찰이 만든 작품이라고 너무 솔직하게(!) 털어놓는 바람에 노동계의 반발은 물론 한동안 사회가 크게 들썩였다.

순수한 분노를

"정치에 발을 들여놓은 동기는 무엇입니까?"

"야심. 때묻지 않은 순수한 야심 때문이지."

"그러면 정계에 머무른 이유는 무엇이지요?"

"분노. 때묻지 않은 순수한 분노 때문이야."

야심 때문에 정치에 입문하고, 분노 때문에 정치를 계속했다는 처칠의 대답은 상당 부분 사실일지 모른다. 그러나 '때묻지 않은'이라는 조건이 괴롭힌다. 정치에서 순수한 야심이나 순수한 분노가 어떤 것인지는 분별한 자신이 없으나, 때때로 그런 것이 있을 수 있다는 생각은 거절하지 않는다. 오는 4월 16대 총선에 일약 화두로 등장한 386세대가 과연 때묻지 않게 살았는지, 나아가 그들의 정치적 야심이 유권자의 기대처럼 순수한지 어떤지도 나로서는 헤아릴 길이 없다. 그럼에도 그들의 도전이 성공해서 뒷날 때묻지 않은 순수한 야심 때문에 정치에 입문했다는 자랑스런 후일담을 들려주기를 희망한다.

온갖 장애와 난관이 '젊은 피'로 지칭되는 그들을 기다리고 있다. 기성 정당들이 이른바 수혈을 내세우며 영입 경쟁을 벌일 때 "드라큘라도 아닌 정당이 웬놈의 피를 그렇게 좋아하느냐"는 야유가 터졌었다. 선거를 불과 두 달 앞둔 지금 나는 이 조소를 여전히 불안하게 기억한다. 그것은 낡고 썩은 정치에 쏟아지는 팔매를 피하기 위한 임시 방패막이로 이들이 이용당하는 것이 아니냐는 의구심 때문이다. 그냥 놔두면 장래에 큰일을 해낼 멀쩡한 재목들을 온갖 유혹으로 끌어냈다가 흐지부지 중도에 버리는 일이 정치판에는 다반사로 일어난다. 당수니 총재니 대표니 하는 정치 무림의 고수들이 이런 식으로 여러 사람 못쓰게 만든 죄과는 이루 다 셀 수조차 없다.

열심히 데려다가 기껏 일회용 반창고로 써버리는 처사가 설령 고의적인 것은 아닐지라도 당자한테는 엄청난 배반이고 타격이다. 정치 신인의 식견과 포부를 이모저모 찔러보고 신중하게 표를 던질 만큼 유권자의 정치 의식이 높지 않은 것이 우리네 현실이다. 혹시 '미워도 다시 한번' 따위의 지역 바람이 불고, '그래도 아는 사람이 낫다'는 패거리 정서가 고개를 들면 신인의 당선은 그만큼 멀어진다. 개혁을 향한 물갈이도 급하지만 선거 결과가 시원찮다면 공천권자의 부담은 그만큼 더 무거울 수밖에 없으며, 그래서 참신성이나 개혁 의지보다는 당선 가능성이 공천을 좌우할 위험이 커진다. 젊은 피한테는 고수의 변덕 못지 않게 이런 상황 전개가 훨씬 더 두려울 것이다. 본선이 아닌 공천 전초전에서 벌써 낙마의 위기가 기다리기 때문이다.

젊은 피 영입 소리가 높을 때 어떤 '늙은 피' 정객 하나가 이런 독설로 그들의 정치적 장래를 헐뜯었다. 늙은 피에 비해 젊은 피는 에이즈에 걸렸을 확률이 높다고! 에이즈 악담은 끔찍하지만 늙은 피 못지 않게 젊은 피도 검증해야 한다는 그의 주장에는 일리가 있다. 386규정은—특히 30대 연령과 60년대 출생은—본인들의 의지나 노력으로 달성한 것이 아니라 그야말로 부모와 하늘의(?) 섭리로 점지된 것이다. 80년대의 투쟁 역시 다분히 상황의 소산일지 모른다. 예컨대 1940년대의 학병 징집이나 1950년대의 6·25 참전은 개인으로서는 어떻게 피할 수도 없고 물리칠 수도 없는 시대의 시험에 응한 것이기 쉽다. 그렇다면 1980년대 투쟁에 대한 훈장도 386이라는 이유만으로 일률적으로 수여할 것은 아니다.

과거 검증보다 중요한 것이 '미래 완료형' 검증이다. 젊은 피는 성장 질서에서 누구든 한번은 지니는 만인 무차별의 재화이다. 그렇다면 지금 늙은 피로 기피 당하는 그들 선배 세대도 젊은 피 시절이 있었다는 사실을 인정해야 한다. 그리고 선배들의 젊은 피에 비해 오늘의 젊은 피는 과연 무엇이 다른지를 확실하게 보여줄 책임이 있다. 혹시 그들 자신이 늙은 피가 되었을 때와 비교하라고 한다면, 대답 자체는 무난할지 모르나 젊은 피의 약속치고는 너무 무책임하다. 미래가 아닌 과거에 대한 회고지만 처칠은 그것을 분노라고 표현했다. 순수한 분노로 1980년대의 투쟁에 가담했다면, 2000년대의 정치 참여에서도 반드시 그것을 기억하고 가동해야 한다. 그리고 그 분노에 세월의 때를 묻혀서는 안 된다.

"나는 젊어서 급진파가 될 엄두를 못 냈다. 왜냐하면 늙어서 보수파로 변할 위험이 있기 때문이었다"라는 로버트 프로스트(Robert Frost)의 고백은 들어둘 가치가 있다. 늙어서도 세월의 때가 묻지 않은 정직한 분노를 간직할 자신이 없거든, 아예 젊어서 분노를 얘기하지 않는 편이 낫다. 최소한 유권자가 거기 속지는 않을 터이기 때문이다. 우리 정치사에 386이 자랑스럽게 각인되기 위해서는 스스로 감당할 숙제가 많다. 공천과 당선의 어려운 고비를 넘는 일은 물론이고, 장래의 정치 행로에서 변하지 않는 순수한 분노를 지키는 일이 그것이다.

• 2000년 2월 17일

사하라의 모래처럼

"연방 정부한테 사하라 사막을 맡기면, 5년 안에 모래가 떨어질 것이다." 이것은 내 말이 아니고 노벨 경제학상을 받은 밀턴 프리드먼(Milton Friedman) 교수의 말이니 그냥 들어주기 바란다. 극단적 시장 경제 예찬으로 자자한 그의 명성으로 보거나, 정부의 경제 개입에 분개하는 그의 평소 성향으로 보거나 간에 위의 인용이 낯설 것은 없는데 하필 왜 5년이냐는 의문은 목에 걸린다. 사실 내 걱정은 5년 뒤 사하라의 모래가 아니라 당장 우리의 국고이다. 정부의 산술과 국회의원의 산술이 달라 시비가 분분하나 재정 부채가 적게는 100조 원, 많게는 200조 원에 가깝다. 개인 빚이든 나라 빚이든 빚은 없는 것이 좋다. 빚쟁이한테는 차마 못할 일이지만 개인 빚은 못 갚고 죽으면 그것으로 끝이다. 그러나 나라 빚은 누가 언제 갚아도 갚아야 한다.

지난해 세수(稅收) 초과액이 3조5000억 원에 이르렀다. 정부가 이를 빈곤층 생계 지원에 사용하려고 하자 야당은 선거용 선심 정책이라고 비난했고, 여당은 선거라고 해서 국정 수행까지 포기하라는 말이냐고 지원 사격을 가했다. 정부 안에도 부채 상환이 급선무라는 주장이 있으며, 빚을 먼저 갚느냐 빈곤층부터 돕느냐는 선택은 원칙적으로 정책 판단의 문제이다. 그러나 그렇게 느긋하게 바라볼 수만은 없는 여러 가지 상황적 이유가 있다. 먼저 지난해 14조 원을 넘은 재정 적자는 올해 다시 18조 원에 이를 것이란 전망이다. 반면 지난 연말 법정 시한까지 어겨가며 통과시킨 올해의 중앙 정부 예산 90조 원 가운데 10조 원이 실직 대책 및 저소득층 지원 비용이었다. 그로부터 불과 두 달 만에 추경 예산까지 짜서 빈곤층 지원에 나서야 할 어떤 긴급한 이유가 생겼는지 납세자로서는 적잖이 의문이다. 하기야 혜택이 돌아갈 저소득 인구가―그들의 표가―1000만이라니 그것이야말로 충분한 이유가 될지 모른다. 빈곤 추방이 덜 중요하다는 말이 아니라, 일단 확정된 예산을 충분히 시행한 뒤에 필요하다면 후속 대책을 마련해도 늦지 않을 것이란 뜻이다.

정부가 집권당 득표를 돕는 것은 어제오늘의 일도 아니고, 우리 나라만의 일도 아니다. 그리고 그 재주가 세계(稅計) 잉여금 활용 정도로 그치지도 않는다. 그린 벨트를 풀고, 금융 소득 종합 과세 재개를 미루는 따위의 옛날 옛적 순진한 소행을 다시 들출 마음은 조금도 없다. 그러나 정부가 주가와 금리를 장밋빛 희망으로 부풀리고, 전세 자금 대출과 비과세 저축 연장 등 근로자 복지 대책을 연달아 내놓으며, 흑자 기업에 세금 혜택까지 약속하며 빈곤층 지원에 나서도록 당부한 것은 틀림없는 사실로서 그 진의가 무엇이든 의심받을 만하다. 경쟁력만 있다면 재벌의 문어발 확장도 괜찮고 총수 일인 지배도 문제없으며, 투신사 정리처럼 쇳소리 나는 시책은 일절 선거 뒤로 넘겼다. 고용 조정 얘기도 쑥 들어가고, 임금 인상 자제 권고도 더는 들리지 않는다. 수조 원 혹은 수십조 원으로 예상된다는 선거 자금조차 정부가 돈줄을 풀어줘야 돌아가는데, 나중에야 삼수갑산을 갈망정 당장은 선거와 손에 쥘 떡고물이 급할 터이다. 사하라 사막에 모래가 떨어지려면 아직 멀었고, 선거는 자주 하고 볼 일이다.

그러나 정치 쪽의 분위기는 크게 다르다. 병무 비리 수사니 국회의원 강제 연행이니 칼바람 소리가 쌩쌩하기 때문이다. 여기서도 원칙과 상황 논리의 간격이 엿보인다. 선거든 아니든 병역 비리를 뿌리뽑는 것은 백 번 옳은 일이다. 그러나 현정부가 들어선 뒤에도 벌써 두 차례나 수사를 벌였고, 병무 부정 정치인을 밝히라는 국회 질문에 정부는 연루자가 없다는 대답까지 했었다. 검찰은 이번 수사의 계기가 반부패연대의 제보였다고 강변하지만, 솔직히 그대로 믿기 어려운 것이 현실이다. 그리고 그런 식의 '오리발' 변명 때문에 일례로 총선연대가 벌이는 낙천 운동에 대한 지지조차 엉뚱하게 정부와의 공모로 몰리는 것이다. 병역 비리를 없애려는 정부의 자세가 잘못이 아니라 하필이면 선거를 두 달 앞둔 지금 비리를 캐려는 의도가 의심스러운 것이다.

지방 자치 시행 이후 새로 나타난 현상이 이른바 신관권(新官權) 선거이다. 예전에 중앙 정부 공무원이 저지르던 탈선을 이제는 지방 정부의 단체장이 대신 맡게 되었다. 시장이나 군수로서는 힘있는—그러니까 주로 여권의—국회의원이 지역 사업을 위해 중앙 정부 예산을 많이 끌어오는 일이 절대로 중요하다. 반대로 해당 의원 역시 유권자의 표심(票心)을 어르는 지방 정부의 조력이 절실하기 때문에 유착과 공모가 가능한 것이다. 더구나 거기는 지역 사업의 실리 못지 않게 지역 감정까지 교묘하게 가세해서, 신관권 현상 자체가 출신 의원의 실력과 '애향심'을 측정하는 수단으로 포장된다. 그래서 중앙 정부가 개입하면 관권 개입으로 성토 당할 일들도 지방 정부가 대신할 때는 숙원 사업 성취라는 간판으로 둔갑한다.

그러나 구관권(舊官權)에 비기면 신관권은 애교에 가깝다. 대통령이 신당을 만들어 그 총재가 되고, 사실상의 공천심사위원장과 선거대책위원장을 겸하는 모양이 국민의 눈에 매우 민망하게 비치는 것이 사실이다. 임명장을 주고 나서 한 달도 안 되는 장관에게 다시 공천장을 들려주며 총선에 내보내는 결정 역시 넓게 보면 관권 행사의 일종이다. 그러나 1년여를 끌어온 정치 관계법의 '개악'을 목도한 국민은 비로소 우리 국회에 무서움을 느끼기 시작했다. 국회란 유권자를 회유하여 당선된 낙천 운동과 낙선 운동 대상자들이 모여든 피난처 정도로 알았는데, 그들이 던지는 표가 곧 법이 된다는 사실을 깨달았기 때문이다. 당리를 위해서라면 국가의 장래나 국민의 요망 따위는 말짱 귀신 씨 나락 까먹는 소리일 뿐이고, 당선을 향해서는 시정의 무뢰배가 던지는 욕설과 주먹도 불사했다. 물을 갈지 않으면 고기가 모두 죽는데도, 물갈이로 혼자 당하기보다는 썩은 물에서 함께 죽는 편이 낫다는 것이다. 이런 배짱으로 덤벼드는 마당에 도대체 무슨 멍석을 펼칠 것인가?

여당이 다수 의석을 확보하든, 야대(野大)로 여권의 독주를 제어하든 어떤 쪽으로든지 정국 안정이 아주 시급하다. 자칫 개발 독재 시대의 향수를 부추긴다는 비판을 부를 위험이 없지 않으나, 여전히 수준 미달의 정치판에 견제와 균형의 도리를 설파하는 것은 말장난이고 헛수고라는 생각을 피하기 어렵다. 일례로 지난 선거법 협상에 함몰된 구상 가운데 그래도 가장 개혁적인—그래서 가장 아까운—제안이 1인 2표 제도였다. 지역구 후보와 전국구 후보를 따로 투표하는 것은 원칙으로도 옳고 상식에도 맞는데, 새 당과 새 세력의 출현을 저지하려는 기성 정당의 당략에 걸려 그만 무산되고 말았다. 야당 방주(幫主)의 일갈에 어제 정한 방침이 오늘 바뀌고, 국물만 찾는 공조(共助) 여당의 캐스팅 보트 추태에 선거 개혁 주문은 완전히 퇴색하고 말았다. 원칙과 상식을 위해서라도 이런 구도는 어서 빨리 깨져야 한다.

당신들이 만든 법은 잘못이다, 그래서 지키지 않겠다, 그래도 그 법에 건다면 감옥에 가겠다는 시민 단체의 불복종 운동은 사실상 정치권에 보내는 '사형 선고' 같은 것이다. 법을 만들라고 뽑은 사람들한테 그들이 만든 법을 지키지 않겠다고 외친다면 더는 뽑을 필요가 없다는 말인데, 이것을 우리 정치권이 알아듣지 못한다. 낙천 대상자 명단에 끼이면 지역구를 팔아먹고, 거기다 좀 보태서—혹은 떼고 나서—전국구를 새로 산다는 추한 소문들이 지면에 오르내리는 지경이다. 선거법도 공천도 새 물에서의 새 선거를 막고 있다면, 결국 유권자 스스로가 뚫어야 한다는 이왕의 지혜에 기대는 수밖에 없다. 다행히도 그 지혜는 사하라의 모래보다 많아서 5년이고 10년이고 떨어질 걱정이 없다.

• 2000년 3월

착한 후보, 악한 후보, 추한 후보

우리말 제목은 잊었으나 원제대로 번역하면 「착한 녀석, 악한 녀석, 추한 녀석」쯤 되는 마카로니 웨스턴인지 스파게티 웨스턴인지 하는 영화가 있었다. 악한 녀석(the bad)은 이를 데 없이 모질고, 추한 녀석(the ugly)도 지저분하기 짝이 없지만, 착한 녀석(the good)은 특별히 쓰다듬을 만한 구석이 없어서 구색을 맞추려고 억지로 끼워 넣은 느낌이 든다. 치고 맞고 쏘고 튀고……한참이나 엎치락뒤치락하다가 마침내 보물이 묻힌 공동 묘지에 세 녀석이 동시에 나타난다. 보물을 평화적으로 나눠 가질 생각 따위는 추호도 없는 터라 누구든 둘이 죽고 하나가 살아서 영화가 끝날 판이다. 천하의 총잡이 셋이 삼각형 구도로 자리를 잡고, 필살의 결의를 불태우는 그야말로 숨막히는 순간이다.

총알이 빗나가는 따위의 하품 나오는 설정으로 관객의 기대를 저버릴 심산이 아니라면, 감독의 선택은 다음 둘 중의 하나일 터이다. 셋이 각기 서로 다른 상대를 쏘아서 모두 죽거나, 아니면 둘이 같이―물론 우연히―어느 하나를 쓰러뜨린 뒤 저희끼리 다시 붙는 것이다. 나도 기억이 흐릿하지만 결말은 관객의 이런 계산과는 다소 다르다. 착한 녀석이 악한 녀석을 쏘는 순간 추한 녀석은 평소의 특기를 살려 몸을 피하는데, 이런 영화의 정석대로 그는 곧 착한 녀석의 총구 앞에 서게 된다. 그러나 세상에 추한 녀석이 어디 너뿐이겠느냐고 야유를 보낼 요량인지 감독은 그의 목숨을 붙여주고 영화를 끝낸다.

한가하게 영화 얘기를 하려는 것이 아니다. 4 · 13 선거판을 바라보자니 문득 이 영화 장면이 생각났을 뿐이다. 이번 총선에 나서는 정당이나 후보 가운데 누가 착하고 누가 악한지는 모르겠으나, 누가 추한지는 대강 짐작한다. 구태여 이 자리에서 밝히지 않더라도 그 '추한 녀석들'의 추한 작태는 익히 보고들 계시리라. 그렇다고 무얼 어쩌겠는가? 영화 감독이야 손가락질 하나에 죽이고 살리고를 결정하지만, 내 주제로는 감히 그런 생심조차 가능한 일이 아니다. 선거법에 걸릴 위험도 있고 또 '결과적으로' 어느 쪽을 편든다는 시비가 벌어질 소지도 있어서 더는 얘기하지 않는 것이 신상에 편할 듯하다. 다만 선거 때마다 이합집산을 거듭하는 철새 정객이나, 낙천 노숙자들의 합숙소 정당이 여기 속할 것은 분명하다.

서부 영화에는 흔히 '정의의 사나이'가 나서서 악하고 추한 녀석들을 통쾌하게 해치운다. 그러나 우리 선거판에는 좀처럼 그런 시원한 결말을 바라기 어렵다. 누구의 눈에도 추태임이 분명한데, 오히려 그것이 표를 모으는 신통력을 발휘하기 때문이다. 말만 들어도 신물 나는 지역 감정이란 화상이 그 원흉이다. 그래서 마땅히 정의의 사나이 역을 맡아야 할 유권자들이 그 작태를 도리어 가엾게 여기고 어여삐 여기는 수가 많다. 지역 감정이 굽어살피시는 한 추태가 심할수록 반사적으로 인기가 올라가며, 바로 이것이 선거철마다 추한 후보들이 기고만장하는 원인이 된다. 영화의 추한 녀석은 하도 행실이 너저분해서 감독이 살려두어도 관객들이 별 유감이 없다. 그러나 선거판에서 누구보다 먼저 싹쓸이할 추한 후보들의 정치 생명을 지역 주민들이 나서서 계속 이어주는 것은 유감 여부로 끝낼 일이 아니다. 그의 당선과 작태가 해당 지역의 이해 관계로만 국한되지 않기 때문이다.

지역 정치, 지역 감정이라고 하지만 현실적으로 그것은 고위 공직을 얼마나 차지하고, 그래서 정부 예산을 얼마나 끌어오느냐는 형태로 나타난다. 그래서 특정 지역의 인구 비율과 요직 비율을 따지는 어지러운 산술이 인사 편중이냐 불균형 해소냐는 시비 공방의 물증으로 등장하는 것이다. 어느 지역 출신이 장관 감투를 썼다고 그 지역 주민들이 무슨 덕을 그리 크게 보는지 알 수는 없지만, 이 허깨비 산술이 뿌리는 피해는 아주 엄청나다. 가령 호남 푸대접에 한이 맺힌 사람들은 결코 그것이 허깨비가 아니라고 항변할지 모르나, 반면 대구나 부산의 경기가 나쁜 것이 정권을 잃었기 때문이라고 주장하는 사람도 있기 때문이다. 고관한테 줄을 대려거나 그의 힘을 빌리려는 사람들에게는 감투의 '지역 성분'이 중요한 관심사겠지만, 높은 감투와 관계없이 하루하루를 고단하게 살아가는 백성들한테 그것은 짜증나는 화제일 뿐이다. 내 말은 이제까지의 차별을 무조건 덮고 넘어가자는 것이 아니라, 그 차별 극복의 길을 요직 산술 따위에서 찾아서는 안 된다는 뜻이다.

정의의 사나이는 몰라도 시민 단체들이 이번 총선에 '무허가 보안관' 노릇을 자임하고 나섰다. 허가 기관은 법을 내세우며 마땅찮은 표정이지만, 대다수 시민들은 열렬히 지지하고 있다. 이들 총선연대 역시 공천 반대자 명단 발표로 추한 후보들을 골라내기는 했으나, 막상 총을 뽑기는 (?) 쉽지 않은 모양이다. 사격 실력도 걱정이겠지만 그에 앞서 쏘느냐 마느냐를 놓고 고심이 많기 때문이다. 이를테면 이런 경우이다. 내심 착한 후보와 악한 후보를 가려놓고 착한 후보가 이기기를 바라는 형편에 추한 후보가 불쑥 뛰어든다고 치자. 그런데 그 추한 후보가 착한 후보보다는 악한 후보한테 총을 겨눌 경우, 그를 막을 것인지 그냥 놔둘 것인지 판단이 쉽지 않기 때문이다.

총선연대의 낙선 운동이 악한 후보와 추한 후보를 함께 몰아쳐서 착한 후보를 이기게 한다면 더 바랄 나위가 없다. 그러나 추한 후보를 적당히 눈감아주면 악한 후보의 표를 갉아먹고, 그래서 착한 후보가 이기는 상황이라면 일이 아주 딱해진다. 선거 전술상 대의를 버리고 추한 후보를 적극 도와야(!) 하는 경우마저 생긴다. 원칙과 현실 사이에서 고민하는 시민 단체들의 숙제는 차선(次善)과 차악(次惡)의 대결인 선거판에서 어쩌면 숙명적일지 모른다. 최선 같은 것은 아예 없고 크게 바라야 차선 정도이다. 정치만이 아니라 인간사 자체가 그렇게 흘러왔으니 말이다. 문제는 오히려 추한 후보들이 이런 사정을 잘 알고, 그래서 썩은 냄새를 멋대로 피운다는 점이다. 이러지도 못하고 저러지도 못하는 이 난제를 풀어줄 해결사는 정녕 우리 사회에 없는 것일까?

클린트 이스트우드 같은 유능한 총잡이가 없을 때는 주민들이 민병대를 만들어 보안관과 함께 악당 퇴치에 나선다. 선거에서는 지역 감정에 물들지 않은 유권자가 바로 그들일 터이다. 선거는 본래 선악을 가리는 장치가 아니다. 그러나 추한 것을 떼어낼 수는 있다. 누가 보아도 뚜렷한 악에 대해서는 법이 직접 규제하지만, 그러나 그 법도 무엇이 추하다는 이유로 처벌할 수는 없다. 그래서 영화 감독도 추한 녀석에 대한 심판은 관객에게 미뤘는지 모르겠다. 마찬가지로 추한 후보는 유권자의 심판 외에 달리 어떻게 응징할 방법이 없다. 선거 혁명은 혁명이란 과도한 지칭에도 불구하고 목숨이 왔다갔다하는 총(bullet)이 아니고, 그저 붓두껍으로 누르는 표(ballot)가 그 수단이다. 그래서 위험 부담이 전혀 없는데도 유권자가 피한다면, 그것은 나라의 장래에 엄청난 위험과 부담을 지우는 책무 유기임이 분명하다.

•2000년 4월

낙엽은 춘풍에도 진다

캐나다 총리를 지낸 존 디펜베이커는 언제가 이렇게 말했다: "대답을 모르면 절대로 질문하지 않는 것이 의회 질서의 기본이다." 정치를 알기 위해 굳이 총리를 거칠 필요는 없다. 유권자의 상식으로도 족한 일이 많기 때문이다. 이를테면 이런 변주곡이 가능하기 때문이다: "무엇을 할는지 모르면 절대로 뽑지 않는 것이 유권자의 투표 성향이다." 사실이 그렇다. 유권자는 찍을 때 벌써 그들의 대표가 무슨 짓을 할는지 훤히 알고 있다. 그러면서도 찍는 것이다. 그리고 나서 예상대로(?) 무슨 일이 벌어지거나 벌어지지 않으면, 마치 속았다는 듯이 아우성을 친다. 이런 셈속은 누구보다 유권자 자신이 잘 안다. 그러면서도 선거마다 매번 같은 일을 되풀이하는 것이다.

이번 16대 총선에서 뽑힌 273명의 의원들은 이런 선례에서 예외이기를 바란다. 그 예외 여부를 판가름하기 위해서는 4년을 기다리는 수밖에 없다. 사실 그것은 매우 지루한 기다림이다. 그래서 21세기의 정치가 대의 민주제에서 직접 민주제로 되돌아갈 것으로 점치는 사람들이 적지 않다. 그중에는 『21세기 미래 예측』(넥서스, 1999)의 기고자 브라이언 비덤

(Brian Beedham)이 있다: "민주주의가 시행되는 대부분의 지역에서 민주주의는 발전을 멈춘 상태에 있다. 모든 성인은 몇 년에 한 번씩 자신의 대표를 의회에 보내는 선거를 통해 정치적 권리를 행사한다. 어떤 경우는 7년이 지나야 돌아오는 다음 선거까지 이들 대표가 모든 결정을 내린다. 이것은 고대 아테네 사람들이 생각했던 민주주의가 아니다." 그의 소신에 따르면 다음 선거까지 유권자의 권리 행사가 중지되는 현실도 불만이지만, 자신의 결정을 타인에게 위임하는 대의제 운영 형태가 더 불안한 것이다.

4년 뒤의 결과야 어떠하든 지금 당장 몇 가지 따질 일들이 있다. 먼저 선거가 유권자한테 '사양 사업'이 되어가는 현실이다. 사실 이번 총선에는 볼거리가 제법 많았다. 소위 386세대 수혈을 통한 정치권 개혁에의 '생체 실험'이 있었고, 총선연대의 낙천 운동과 낙선 운동도 2000년대 신상품이었다. 병풍(兵風)·세풍(稅風)·북풍(北風) 등 정치 고수들의 장풍 공방도 전에 없이 험악했으며, 더욱이 투표 사흘 전에 터져 나온 남북 정상 회담 뉴스는 야당에 비상을 건 집권당 프리미엄으로서 유권자한테는 그야말로 속보이는 도박이었다. 그런데도 투표율은 57.2%로서 역대 총선에서 최저 기록을 남겼다. 그래 자신의 대표들이 무엇을 하려는지 알기 때문에 유권자들이 표를 죽였다고 치자. 그러나 그것이 과연 무엇을 할는지 알면서도 표를 던지는 행위보다 나은 선택인지 아닌지는 여전히 의문이다. 젊은 층의 투표율이 특히 낮았던 것은 툭하면 쳐드는 정치 불신이나 정치 불감증 따위의 고상한 핑계와는 한참 거리가 멀다. 솔직히 그것은 휴일의 자유를 기권의 자유로 둘러대는 영악한 세태의 반영일지 모른다.

지역 정치의 고질은 이번에도 유감없이 나타났다. 야당 일색의 영남에서 단 하나의 무소속 의원이 나왔다. 재벌 가문의 그 의원은 한나라당이 싫어서가 아니라 여당 눈치 때문에 무소속으로 남으려는 것일지 모른다. 무소속 후보가 넷이나 당선된 호남도 예외가 아니다. 민주당 후보와 싸우면서도 당선된 뒤 그 당에 입당하겠다고 충성 경쟁을 벌였기 때문이다. 그래서 그런지 한나라당에서 낙천된 사람은 대부분 낙선했는데, 민주당에서 낙천된 사람들은 상당수가 당선됐다. 아무튼 겉으로는 영남과 호남에서 각기 한 명과 네 명의 이변(異變)이 있었지만, 속을 들여다보면 한나라당과 민주당의 싹쓸이였다. 그래서 역사는 되풀이한다는 말이 나왔는지 모른다. 과거 호남 푸대접이 한창일 때 호남 유권자들이 했던 일을 지금 영남 소외를 되뇌면서 영남 유권자들이 그대로 하고 있기 때문이다. 영남 정권은 얼마를 집권했는데 호남 정권이 얼마나 됐느냐는 따위의 산술은 현실적으로 별 의미가 없다. 그러니 지역 감정 유발의 팔매를 먼저 누구한테 던져야 하는가? 정권인가, 아니면 유권자인가?

불난 집에 부채질할 만큼 내 심성이 고약하지는 않다. 혹시 자민련은 불났다고 아우성일지 모르나 이번 선거에서 충청도 유권자들은 정말 양반 체면을 세웠다. 영남과 호남이 똘똘 뭉치는데 충청도만 흩어져서 핫바지 대접을 받고 싶으냐는 협박과 회유를 의연히 견뎌냈기 때문이다. 이왕의 선거 풍토에서 보자면 그것은 또 하나의 '이변'이었다. 충청도 의석을 누가 빼앗고 누가 빼앗겼든, 대체 그것이 충청도민한테 무슨 이익이 되는지 나로서는 선뜻 감이 잡히지 않는다. 오히려 지역 정치의 망국 풍조에 휩쓸리지 않고, 당당히 거기 팔매 던질 자격을 얻은 일이야말로 충청도가 이번 선거에서 거둔 가장 값진 전리품일 것이다.

허명으로 위세를 유지하던 인물들의 대거 낙선 역시 또 하나의 '이변'이다. 낙엽은 4월 춘풍(春風)에도 지느니⋯⋯. 유권자들은 선거 결과를 통해서 그 동안 밥과 감투만 축내던 소위 중진이란 부류의 실력을 가감 없이 확인했다. 특히 민국당의 난파는 기성 정치인들이 저지른 자만과 착각의 결정판이었다. 허세는 가야 옳지만, 그렇다고 실세가 그 자리를 대신 차지한 것도 아니어서 걱정이 많다. 예컨대 386세대의 좌절이나 민노당 후보의 완전 탈락은 우리 정치가 아직 갈 길이 멀다는 신호일 수도 있다. 그럼에도 이변이 개혁으로 통할 수도 있다는 점에서 이번 총선의 몇몇 이변은 충분히 기억될 만하다.

•2000년 4월 20일

장관의 기를 살려주자

1937년 7월 스페인 내전은 추악한 여름을 맞고 있었다. 스탈린이 조종하는 스페인 공산당이 소련제 대포와 비행기로 트로츠키주의자·무정부주의자·마르크스주의자(POUM)·공화주의자 연합의 인민전선 동지들을 공격했기 때문이다. 그 이름도 쟁쟁한 '국제 여단' 일원으로 펜 대신 총을 잡았던 오웰·스펜더·헤밍웨이·도스 패소스 등은 게르니카(Guernica) 학살 못지 않은 이 엄청난 만행에 모든 환상을 버린다. 에스파냐 비행 중대를 창설하고 지휘하던 앙드레 말로도 거기 있었으나 그는 침묵을 지켰다. 작가의 침묵을, 그것도 자신처럼 행동하는 작가의 침묵을 세상이 어떻게 받아들일지 모를 리 없었지만, 프랑코를—그 뒤의 히틀러를—저지하는 데는 스탈린 이상의 대안이 없다는 계산 때문이었다. 그 가련한 침묵 계산은 지노비에프·카메네프·부하린을 형장으로 보낸 이듬해 여름의 '모스크바 재판'에도 계속된다.

그런데 깜짝 놀랄 일이 벌어졌다. 자신의 행동에 "콤마 하나도 취소할 생각이 없다"던 그 말로가 돌연 "나는 프랑스 해방의 기쁨 속에서 드골 장군과 드골주의와 드골주의자들을 만났다"고 외침으로써 프랑스 지식인 사회를 발칵 뒤집었기 때문이다. 하필 드골이라니! 그의 전기 작가는 변신(變身)이라고 점잖게 표현했지만, 좌파는 거품을 물고 그의 배반(背反)을 성토했으며, 우파는 당연한 일이라는 듯이 그의 투항(投降)을 환영했다. 그 요란한 해후 이래 말로는 드골 정부에서 문화부 장관만도 10년을 지냈으며, 드골 또한 그의 회고록에서 "나는 내 오른쪽에 말로를 앉혔고, 앞으로도 계속 그렇게 할 것"이라고 썼다. 정부 예산 가운데 문화부의 몫은 0.64%에 불과했지만, 말로가 그 돈의 몇 곱으로 프랑스 문화의 영광과 자존심을 지킨 것은 이와 같은 드골의 절대적 신임 때문이었으리라.

오늘 프랑스 혁명 211주년을 기념하는 파리는 예나 다름없이 소란하겠지만, 나는 지금 프랑스 얘기를 하려는 것이 아니다. 장관을 자신의 오른팔로 여기는 대통령의 그 부러운 믿음을 얘기하고 싶다. 시민 단체든 이익 단체든 툭하면 대통령이 나오란다. 장관을 상대해야 말짱 헛일이니 대통령과 직접 담판하겠다는 뜻이다. 대통령에 대한 예의는 둘째치고 현안 해결을 위한 전술로도 그런 태도는 옳지 않다. 그러나 그런 빈틈을 보인 잘못에 대해서는 철저한 반성이 따라야 한다. 근자에도 대통령은 "선두에 서서 경제를 직접 챙겨 나가겠다"고 말했다. 그 발언의 진의를 이해하지 못하는 바 아니나, 그럼에도 대통령이 직접 챙기지 않아서 경제가 잘못되고, 대통령이 챙기지 않으면 장관은 경제를 그르치기 십상이라는 뉘앙스가 짙게 풍기는 것이 사실이다. 개각 때가 되면 으레 또 이런 기사가 지면을 누빈다. 교체 소문이 나도는 어느 장관이 대통령을 만난 뒤 표정이 밝은 것을 보니 유임이 결정된 모양이라는 따위의 가십 말인데, 이런 기사를 대하면 괜히 내 얼굴이 붉어진다. 그것은 담임 선생님의 칭찬과 꾸중에 따라 웃고 우는 초등학교 교실에나 있는 일이지, 국정을 수행하는 내각에 있을 일은 아니기 때문이다.

더욱이 '실패한 관료'를 질책하는 여당의 노호에는 정말 할말을 잊는
다. 눈앞의 몇몇 경우만 해도 한시가 급한 종금사 수술을 총선 뒤로 미룬
것은 대체 누구 때문인가? 공적 자금을 무더기로 쏟아 부은 은행들의 합
병에 딴죽을 치는 것은 또 누구인가? 정부가 하려는 일을 여당이 막는데
어떻게 실패하지 않을 수 있겠는가? 잘 나갈 때 생색은 여당 혼자 내고
일이 뒤틀릴 때 팔매만 던진다면, 아무리 장관인들 무슨 수로 당할 것인
가? 그리고 이런 소리도 들린다. 평양의 남북 정상 회담에서 특별 보좌
관과 수석 비서관들이 온통 카메라를 받는 바람에 수행 장관들은 마치
'가방 모찌(持)'처럼 비치더라는 시정의 쓴웃음 말이다. 하물며 북의 통
치자마저 남쪽 장관보다 특보와 수석을 더 가깝게 대하는 듯한 느낌이었
다니 어떻게 이런 일이……

그래서 하는 말이니 무엇보다 장관들의 기를 살려주기 바란다. 누가
또 대통령 나오라고 시답잖은 소리를 하거든 "장관의 말이 내 말이고, 장
관의 결정이 내 결정"이라고 호통을 쳐서라도 장관한테 힘을 실어주어
야 한다. 모든 대통령이 드골이 아니고 모든 장관이 말로가 아닌 터에,
그들의 얘기가 너무 화려하다고 생각되면 중국 송(宋)대 사필(謝泌)의 말
을 들어보자. 의심스런 사람은 쓰지를 말고, 일단 쓴 사람은 의심하지 말
라(疑人莫用 用人勿疑). 다음 개각에서는 부디 장관다운 인물을 골라서 장
관답게 부리기 바란다.

•2000년 7월 14일

장기판의 졸도 아니고

"사실이란 어리석은 거야." 사실 따위를 알아서 어쩌자는 거야? 어리석은 짓 그만해! 대강 이런 뜻이렷다. 다른 사람도 아닌 레이건 대통령의 말이라니 정말 레이건답다는 생각이 든다. 새해 들어 오늘까지 겨우 열흘 남짓한 사이에 우리는 사실이 어리석은 것이라는 얘기를 열 번도 더 들은 듯하다. 나라를 다스리는 높은 분들이 이리 재고 저리 단 뒤에 하신 말씀들이라 속내를 더듬기가 쉽지 않지만, 한마디로 줄이면 사실도 어리석지만 그 사실을 캐는 짓은 한층 더 어리석다는 것이다.

민주당의 세 의원이 자민련에 입당했다는 기사를 새해 신문에서 읽었다. 정국 안정을 위해 '자발적으로' 행한 결단이란 말이 그대로 믿기지는 않았지만, 그렇다고 그게 못할 일도 아니다. 예전 같으면 돈이 오갔다느니 감투 약속을 받았다느니 온갖 지저분한 얘기들이 뒤따랐겠으나, 지금 때가 어느 때인데 그렇게 추잡한 일들이 다시 벌어지겠는가? 그래서 한나라당이 대통령의 국민 기만 행위라고 펄펄 뛸 때도, 자민련 일각에서 더럽고 부끄러운 방법이라고 고개를 떨굴 때도 나는 정치란 으레 그런 소리가 나는 것이려니 하고 대범하게 넘겼다. 요컨대 사실 따위를 캐지 않기로—어리석지 않기로(!)—작심한 것이다.

그런데 사태가 그렇게 편하고 어수룩하게 돌아가지 않았다. 먼저 김중권 민주당 대표의 태도가 이상했다. 소속 의원들이 당을 떠나는데 대표라는 사람이 마치 남의 일처럼 그런 얘기를 들은 적이 있다면서, 탈당을 살신성인의 행위라고까지 치켜세웠다. 미리 알았다고 해도 달라질 것은 없겠지만, 그 판에 집권당 대표가 기껏 '관객' 노릇이나 한대서야 공당의 체면이 어찌 그럴 수가 있는가? 동료 의원들 역시 배신자니 철새 정치인이니 온갖 험악한 언사를 토해내야 상식인데, 마치 빛나는 졸업장을 타신 언니들처럼 숙연하게 전송하는 것 아닌가? 도대체 왜들 이러는 것일까? 어리석어도 좋으니 사실을 알고 싶다는 생각이 불쑥 치밀었다.

이회창 한나라당 총재가 김대중 대통령에게 이적 의원들의 '원상 회복'을 요구할 때만 해도 나는 그저 야당의 정치 공세라고 생각했다. 그래서 대통령의 답변 역시 의원들의 결정을 대통령이 무슨 수로 뒤집느냐는 식의 '모범 답안' 수준일 것으로 예상했었다. 그런데 이게 웬말인가? 대통령은 야당이 교섭 단체 현안에 대해 국회법 표결을 약속하면, 그러니까 자민련이 교섭 단체가 되도록 국회법 개정을 약속하면 "그들을 다시 데려올 수 있다"고 대답했다. 얼떨결에 혹시 말을 실수한 것이 아닌지 나는 이 대목의 기사를 읽고 또 읽었다. 다시 데려오다니? 그렇다면 진짜로 떠난 것이 아니란 말인가! 어쩌면 이럴 수가……. 이로써 국회의원을 빌려줬다는 야당의 주장이 사실이고, 그 연출자가 대통령 자신이라는 사실이 분명해졌다.

그래서 사실이란 어리석은 것일지 모른다. 그러나 정작 두려운 것은 대통령의 정치 의식이다. 국회의원은 주인 마음대로 싸고 푸는 이삿짐 보따리가 아니며, 정당 총재와 명예총재 역시 이삿짐 센터의 주인이 아니다. 그러니 의원을 빌려간 사람도, 의원을 빌려준 사람도 앞으로 민주주의라는 말을 입 밖에 내서는 안 된다. 민주주의는 사람한테 필요한 것이지, 짐 보따리에 행할 것이 아니기 때문이다. 백 보를 물러서서 민주당에서 내보내는 것이야 총재의 권한으로 가능했을지라도, 자민련에서 다시 빼오는 것은 민주당 총재의 권한 밖의 일인데 그것마저 문제없다는 말씀이다. 그런데도 자민련의 대부 김종필 명예총재는 히쭉 웃는 판이다. 장기판의 졸도 한번 움직이면 무를 수가 없는데, 하물며 국회의원의 '자발적인' 선택을 대통령이 마음대로 뒤집겠다는 것이니……. 이는 노벨상에 빛나는 인권과 민주 대통령으로서 생각조차 할 일이 아니다.

밥상까지 차려줬어도 받아먹지 못한 자민련의 무능이야말로 유구무식(有口無食)이고, 그를 바라보는 유권자가 오히려 유구무언으로 황당한 심정이다. 의원 임차에 반대한 강창희 부총재의 조반(造叛)이 역리인지 순리인지의 판단은 당분간 보류하자. 그러니 '의원 한 명 추가요'라고 기사 제목이 뽑힌 장재식 의원의 '막가파' 이적에는 벗겨서 어리석을 사실조차 없다. 양당 공조가 대선 공약이라지만 그것은 총선 민의로 심판 받았고, 또 공조 여부는 교섭단체 구성과 무관한 것이다. 총재의 눈짓 한번에 의원이 당을 바꾸고, 명예총재의 기분에 따라 공조가 붙고 깨진다면 정당의 공천이 무슨 소용이고 유권자의 투표가 무엇에 필요하랴. 사실이 어리석을수록 개혁의 열변은 거센 법인가.

•2001년 1월 12일

■ 후기 ■

16대 총선에서 자민련이 17석을 얻어 원내 교섭단체 등록이 어렵게 되자 민주당이 의원 3명을 꾸어주어서 등록 정족수 20명을 채웠다. 그러나 뒤이은 자민련 강창희 부총재의 반발 탈당으로 다시 1명이 모자라게 되었으나, 민주당 장재식 의원의 추가 차입으로 간신히 교섭단체 등록을 마쳤다. 2001년 9월 임동원 통일부 장관 해임안에 대한 자민련의 찬성 투표로 양당 공조가 깨지면서 임대 의원들은 민주당으로 돌아갔다. 애들 소꿉 아닌 국회의원의 소꿉장난도 이렇게 재미있다.

이 썰렁한 코미디

사회주의자와 '자본주의자'가 열띤 논쟁을 벌였다.

"자본주의에서는 인간이 인간을 착취하지."

"그러면 사회주의에서는?"

"그야 정반대지."

"⋯⋯."

바로 착취하든 반대로 착취하든—갑이 을을 착취하든 을이 갑을 착취하든—착취는 착취이다. 난데없이 우리 정치판에 이 가없은 사회주의 광상곡(狂想曲)이 울려 퍼지고 있다. 자본주의자를 자처하는 야당의 김만제 정책위원회 의장이 열연하고 있으나, 관중석의 분위기는 한마디로 썰렁하다.

김 의장은 정부가 추진하는 몇몇 경제 시책을 겨냥해서 "낡은 사회주의 정책" 혹은 "사회주의적 발상"이라고 비판했다. 그의 인식대로 사회주의는 악이고 그에 반대하는 것만이 선이냐는 반문이 가능하지만, 자칫 색깔 논쟁을 부를 염려가 있으니 그 얘기는 일단 보류하기로 하자. 그렇다면 기업 규제, 노동 시간 단축, 건강보험 통합을 비롯해서 그가 지적하는 문제들이 과연 사회주의적인 것이냐는 질문이 뒤따른다. 그것은 그렇지가 않다. 세상에 어느 사회주의가 공적 자금을 150조 원이나 퍼부어 부실 금융과 부실 기업을 연명시키고, 세상에 어느 사회주의가 성당에 피신한 노조 지도자를 검찰에 '자진' 출두시키고, 세상에 어느 사회주의가 준비 안 된 의약 분업 강행으로 건강보험 재정을 펑크 내고, 세상에 어느 사회주의가 나라의 연금과 기금을 풀어 증시를 부양하던가? 그야말로 턱도 없는 소리이며 사회주의가 곡할 노릇이다. 더는 사회주의를 모욕하지 말라!

정치가 국민윤리 교본대로 이뤄지는 것이 아닐진대, 사회주의를 빗댄 그의 정치 공세를 크게 탓해서는 안 되리라. 그럼에도 그렇게 너그럽게 보아줄 수 없는 이유가 있으니, 그것은 그가 야당의 정책위 의장이기 때문이다. 뒷날 야당이 집권하여 정책을 수행할 때, 이런 여러 사안들을 어떻게 처리할지 유권자가 확실히 알아야 투표소에서 바른 선택이 가능하다. 사회주의적이기 때문에 금융과 기업의 구조 조정 과제를 폐기할 것인지, 사회주의적이기 때문에 근로 시간 단축과 노동 환경 개선 요구를 외면할 것인지, 사회주의적이기 때문에 의약 분업을 비롯한 현재의 건강보험 체제를 무효로 돌릴 것인지 야당은 분명히 밝힐 의무가 있다. 인간에 대한 인간의 착취가 악이라면, 그 반대의 착취 또한 선이 아니라 악이다. 사회주의 반대에 골몰한 나머지, 그 반대가 가리키는 내용조차 착각한 것이 아닌지 자못 의심스럽다. 전교조가 "가장 사회주의적 단체"라는 발언은 아마도 망발의 기념비가 될 것이다.

우리 국민 누구도 구조 조정에 반대하지 않고, 우리 국민 누구도 근로 조건 개선에 반대하지 않고, 우리 국민 누구도 기초 생활 향상에 반대하지 않고, 우리 국민 누구도 의약 분업 정착에 반대하지 않는다. 그렇다면 김 의장의 진의는 현안의 본질이 아닌 집행 방식에 있을 터이다. 그 방식과 관련해서 포퓰리즘(populism), 즉 인기 영합 주의가 시비의 표적이 되고 있다. 아마도 그는 대중 인기를 선동하고 거기 편승해서 결과적으로 아르헨티나의 장래를 망친 페론의 선례를 상기시키려는 듯하다. 현정권이 취하는 노사정(勞使政) 편법이나 일부 시민 운동 활용은 확실히 포퓰리즘 추종으로 의심받을 여지를 남긴다. 그러나 족보로 따지면 포퓰리즘은 파시즘의 자식이지, 사회주의의 일가가 아니다. 파시즘과 사회주의는 이론적으로도 역사적으로도 한 하늘 아래 같이 살 수 없는 관계이므로, 상대를 포퓰리즘으로 탓하면서 사회주의라고 몰아붙이는 것은 실로 억지가 아니라면 무지의 소산이다.

여기 속편이 따르는데, 이번에는 김 의장과 진념 경제 부총리의 합동 공연이다. 진 부총리는 "사회주의란 말 대신에 균등화 정책이란 말을 써 주고" 또 "싸울 때 싸우더라도 제발 사회주의란 말만은 빼달라"고 불과 10여 분의 대화에서 4번이나 사회주의 지칭 대체를 김 의장에게 간청했단다. 마치 사회주의라는 비판만 없다면 사회주의라고 비판받은 모든 정책을 포기라도 하겠다는 뜻으로 들린다. 국민이 그들에게 바라는 것은 무엇보다도 현재의 경제 위기 극복에 대한 지혜이다. 그런데도 사회주의냐 아니냐 따위의 한가한 입씨름만 앞설 뿐, 정작 앞세워야 할 경제 현안은 뒷전으로 밀리고 있다. 대안 없이 정부 정책을 사회주의로 모는 야당의 공세도, 사회주의로만 몰지 않는다면 무슨 짓이라고 하겠다는 식의 정부 대응도 모두 정상이 아니다. 이 찜통 더위에 코미디마저 짜증나게 만드니……

•2001년 8월 10일

국민 퀴즈 경시 대회

정보 경쟁력 강화를 위한 국민 퀴즈 경시 대회가 열려 다음과 같은 문제가 나왔다고 치자.

1. 굵직한 비리 사건이 터졌다 하면 그 배후로 빠짐없이 거론되는 인물을 아래의 보기에서 하나만 고르시오.

① A씨, ② B씨, ③ C씨, ④ K씨.

2. 굵직한 비리 사건이 터졌다 하면 그 배후로 빠짐없이 거론되는 인물을 아래의 보기에서 둘만 고르시오.

① A씨, ② B씨, ③ K_1씨, ④ K_2씨.

출제를 계속할 수도 있으나 잠시 멈추겠다. 추석 민심이라는 것이 뭐 별거겠는가? 여럿이 둘러앉아 이 얘기 저 얘기 나누다 보면 은연중 한군데로 모이는 것이 있고, 이 집 저 집에서 그것들이 붇고 쌓이면 그게 바로 민심일 터이다. 신문 보도에 따르면 이번 추석에 좌중을 휩쓴 화제는 단연 정치 부패와 경제 불안이었다. 조상 공경이나 자녀 교육 따위는 아예 발언권 신청도 못한 것 같았다.

클린턴이 그 추한 행실에도 불구하고 중임 임기를 마친 것은 당시 미국 경기가 워낙 좋았기 때문이란 외신 논평이 생각난다. 같은 잘못을 보아도 지갑이 두둑할 때는 너그럽게 되고, 먼지만 풀풀 날 때는 약이 오르는 법이다. 지금 우리 사회가 그렇다. 경제는 엉망인데 정치마저 난장판이어서 민심이 그야말로 "될 대로 되고" 있다. 이번에 터진 '이아무개 게이트'만 해도 그렇지 않은가? 일개 투신사 직원이—사실은 경찰 고위 간부 동생이—1조6000억 원의 우체국 저금을 회사로 유치하여 16억 원의 성과급을 챙기고, 건설 회사 대표가 받은 비리 무마 공작금 42억 원 가운데 '삥땅' 17억을 제한 15억 원이 정치권 주변에서 '행방 묘연'이라니, 전기 요금 몇 푼 올랐다고 한숨 쉬는 서민의 가슴이 얼마나 시릴 것인가? 검찰에 긴급 체포된 피의자가 하루 만에 유유히 풀려 나오고, 조폭(組暴)의 협박 편지가 백주에 국회의원들에게 배달되는—그래도 경찰의 보호는 사절한다는—이 뒤죽박죽의 세태에 주차 위반 딱지 한 장으로 발발 떠는 서민의 가슴은 또 얼마나 놀랄 것인가?

자그마치 250억 원대의 주가 조작이나 680억 원의 횡령이 말단 행원의 정보나, 졸부 회장의 잔머리나, 조폭 기업가의 주먹만으로 이뤄지지 않을 것은 분명하다. 그래서 자꾸 '몸통'이니 '권력의 실세'니 하는 얘기가 나오는 것이다. K든 KK든 KKK든 하도 여러 번 들어서 그게 누구인지 이제 알 만한 사람은 대강 다 알게 되었다. 그리고 그들을 손댈 수 있는 사람이 오직 '한 분'뿐이라는 사실도 잘 알고 있다. 본인들로서는 실명 공격보다 비열한 이 익명 빙자의 정치 공세가 아주 억울할지 모른다. 그렇다면 진상을 파헤쳐 그 억울함을 벗겨야 하는데, 그럴 힘도 오직 그 '한 분'에게 있다.

3. 굵직한 비리 사건이 터졌다 하면 빠짐없이 거론되는 기관 중에 억울하다고 생각되는 곳을 아래의 보기에서 하나만 고르시오.

① 검×청, ② 국×청, ③ 국×원, ④ 금×원, ⑤ 없음.

이들의 연루가 자의인지 타의인지 그 내막은 전혀 모른다. 그러나 며칠 전 근육통(筋肉痛) 악화로 물러난 건교부 장관의 인사를 보면 대강 짚이는 것이 있다. 그는 국세청장 재임 당시 언론사 세무 조사를 지휘했었다. 그의 장관 발탁이 모종의 탁월한 능력 때문이라는 설도 있고, '근육통' 충성에 대한 배려 때문이라는 설도 있었다. 설사 능력에 따른 임명이더라도 마침 그 시기가 충성에 의한 발탁으로 '오해하게' 만들었다. 이런 오해의 암시가 당자들을 마취시키는 한, 자진이냐 강제냐의 구별은 별 의미가 없을 것이다. 역시 그 '한 분'의 결단으로 풀어야 할 일이다.

지난달 중국 취재 중에 한국 기업인과 교포 기업인을 여럿 만났다. 여출일구(如出一口)의 탄식은 경제가 아닌 정치로 쏟아졌다. 경제 애로에 돌파구를 여는 일은 자신들의 몫이라고 했다. 그러나 돕지는 못할망정 정치가 발목을 잡는 이런 상황에서는 손과 발에 맥이 풀린다는 것이다. 취재원 보호 때문에 익명으로 전하거니와 이런 '무엄한' 언사를 접한 것은 한 점 거짓 없는 사실이다: "국회의원을 반으로 줄이면 나라가 두 배로 좋아질 겁니다." 그게 어디 국회의원뿐이랴!

4. 위에서 거론한 '한 분'은 누구를 가리킨다고 생각하는지 아래의 보기에서 고르시오.

① 대법원장, ② 국회의장, ③ 국무총리, ④ 감사원장.

어이구, 이것은 어쩐지 출제가 잘못된 것 같다. 출제가 잘못이더라도 국민이 정답은 알지 않을까?

• 2001년 10월 5일

이렇게 '쉬운' 개혁인데

"정치인이 되려는 사람들에게 가장 바람직한 소질이 무엇인가?"

"내일, 내주, 내달, 내년에 무엇이 일어날지를 예측하는 능력입니다."

"그 다음에는?"

"그것이 왜 일어나지 않았는가를 설명하는 능력이지요."

젊은 날 처칠이 어느 면접 시험에서 이렇게 대답했다는데, 그래서 합격했는지 낙방했는지는 기록이 없다. 멀리 갈 것도 없이 우리는 오는 4월까지 민주당에 무엇이 일어날지를 대강 짐작한다. 작년 11월 김대중 대통령의 총재직 사퇴로 여당은 엄청난 충격을 받았다. 과거 김영삼 대통령과 이회창 후보의 갈등 후유증까지 떠올리며, 대통령의 지원 없이 어떻게 정권 재창출이 가능하냐는 회의적인 견해가 당내는 물론 사회 일각에 퍼진 것이 사실이었다. 그러나 지난 7일의 민주당 당무회의는 이런 걱정을 누르고 우리 정치사에 새 출구를 열었다고—적어도 나는—생각한다. 그 합의와 결정이 어느 대선 후보 주자에게 유리하고 어느 주자에게 불리한지의 산술은 나의 관심사가 아니다. 유리하니 불리하니 따위의 평가라는 것이 대개는 '오늘의 운세' 수준이어서 뚜껑을 열기까지는 입심 좋은 녀석의 객설 정도로 흘려듣는 것이 좋다.

민주당이 확정한 방안에 따르면 2:3:5의 비율로 구성되는 대의원·당원·국민 7만 명이 대선 후보를 선출한다. 미국의 예비선거(primary)와 대의원대회(caucus)를 혼합한 제도이다. 그 국민이 '어떤 국민'이냐는 데에 시비의 소지가 있으며, 더구나 투표 직전에 입당해야 하기 때문에 사실은 당원과의 구별이 없어지고 만다. 그럼에도 불구하고 당내 보스들의 '거수기'에 불과했던 대의원 대신 당외 국민의 의사를 반영하려는 노력은 주목할 만하다. 사표를 방지하고, 후보간에 '쪽수' 뒷거래를 차단하는 선호(選好)투표제 역시 꽤 신기한 수입품이다. 대통령의 당직 겸임을 금한 결정도 제왕적 대통령은 물론 제왕적 총재나 대표의 출현을 원천적으로 방지하려는 고심의 산물로 생각된다. 앞으로는 법안 통과를 위해 대통령이 국회의원을 상대로 설득·회유·읍소 공작을 펴는 미국식 정치 장면을 종종 목도하게 될지 모른다. 그리고 국회의장이 지역 안배나 논공행상으로 사실상 '지명되던' 관행에서 벗어나게 되면 국회의 위상이 그만큼 높아질 것이다. 당내외 인사가 절반씩 참여하는 후보 추천위원회가 전국구 후보를 확정하는 제도 역시 당외 인사가 당내 실력자의 '고무 도장' 노릇만 사절한다면 제법 유익한 통풍 장치가 될 것이다.

정치인의 소질과 무관하게 나는 이런 일들이 예상대로 일어나기를 희망한다. 『악마의 사전』이라는 고약한 책을 쓴 암브로즈 비어스는 "정치에서 혁명이란 실정(misgovernment) 형태의 돌발적인 변화"라고 비꼬았다. 민주당의 모험이 정치 혁명까지는 몰라도 당내 개혁으로는 상당한 진전이다. 비단 그것이 실정(失政)에 따른 돌발적 변화만은 아니겠으나, 총재직 사퇴 두 달 만에 이렇게 쉽게(!) 이뤄지는 개혁 합의를 왜 그토록 이루지 못했느냐는 의문은 간단히 지울 수가 없다. 가깝게 찾자면 그 답은 대통령 자신의 주도에 의한 정권 재창출 미련에 있었고, 멀리 보자면 3김 시대의 속성과 연장선에서 찾아야 할 듯하다. 이번 실험의 정치적 의미는 3김 체제에 대한 구체적이고 가시적인 해체에 있고, 그 청산 작업에 무엇보다 중요한 것이 김심(金心)의 중립 의지라는 시대의 역설이야말로 과도기 정치의 짐이다. 당내 경선과 대선의 공정한 관리는 대통령의 당연한 임무지만, 그게 '업적'으로 기록되는 것이 우리의 정치 현실이다. 그리고 규칙을 지키고 공정한 게임을 벌이기 위한 주자들의 협력이 요청된다. 제도는 바꾸었으나 사람이 바뀌지 않아서 실패한 전례가 우리 정치사에 무수히 많다. 그 밥에 그 나물인데 뭐가 달라지겠느냐는 개탄과 질책이 날아들기 전에 어서 새 상을 차려야 한다. 철새 주자들의 이합집산과 돈 선거는 '국민 참여 경선'에 재를 뿌릴 '오물 리스트'의 첫 머리에 올라 있다.

일어난다고 생각한 일들이 일어나지 않을 때는 일어나리라고 생각하지 않았을 때보다 실망이 더 큰 법이다. 그리고 그 일어나지 않은 이유를 아무리 잘 설명해도 교활한 변명으로밖에 들리지 않는다. 전쟁은 너무 중요해서 장군들에게만 맡길 수 없다는 전세기(前世紀) 초엽의 프랑스 정객 클레망소의 레토릭을 빌린다면, 한 시대를 청산하는 작업 역시 정객들한테만 맡기기에는 너무 중대한 것일지 모른다.

•2002년 1월 15일

■후기■

이 글을 다시 읽으려니 정말 낯이 뜨겁다. 경제 평론가가 중뿔나게 정치 문제를 건드렸다가 낭패한 셈인데, 내가 정말 이렇게 순진하다니……. 결과로 보자면 '쉬운' 개혁은커녕 '아니함만도 못한' 개혁이 되어버렸다. 경선 결과를 두 번이나 반납하여 재신임을 받고 재경선을 치르겠다니, 애들 장난도 아닌 공당의 약속이 이래도 되는가? 7명의 주자 가운데 완주한 것은 2명뿐이다. 아예 가망이 없어서 포기한 경우도 있지만, 반면 '외압'과 '외부 개입'을 줄줄이 사퇴의 변으로 밝힌 사람도 있었다. 노무현 후보의 당선이 과연 누구의 작품인지 민주당 경선 최대의 '미스터리'로 생각되지만, 기껏 뽑아놓고 나서 지지율 저조를 이유로 들이대는 후보 단일화 내지 사퇴 압력은 '어른들 장난'처럼 비치는 것이 사실이다. 애들 장난도 이렇지는 않다.

자유롭게 사는 길

　제주도와 연고가 있는 재야 사학자 한 분이 아주 조심스럽게 이런 얘기를 꺼냈다: "제주도가 발전한 것은 차라리 몽골 지배와 일제 치하였습니다." 이 매국적 발언에 깜짝 놀랐지만, 아랑곳없이 그가 전하는 말인즉 역사적으로 천덕꾸러기였던 제주 섬이 상대적으로나마 육지의 수탈에서 벗어났던 시기는 육지 자신이 외세의 침탈로 이 섬에 신경 쓸 겨를이 없을 때라는 것이었다. 기막힌 역설이지만 세계 도처에 이런 상흔이 적지 않다. 스페인과 미국의 오랜 식민지 노릇을 했던 라틴 아메리카가 상대적으로나마 크게 발전했던 것은 실제로 양차 세계 대전 기간이었다. 병화가 이 대륙까지 미치지 않은 점도 있지만, 전쟁에 휩쓸린 강대국의 압제와 착취가 그만큼 덜했기 때문이다.

　제주 발전을 위해 몽골과 일본을 다시 불러들일 수는 없다. 그 대신 육지의 관심과 투자로 과거의 상처를 달래는 일이 시급하다. 다행히 정부는 '제주 국제 자유 도시 특별법'을 만들어 4월부터 시행에 들어가기로 했다. 4조7000억 원의 자금 조달이 사업 추진에 심각한 난관이라는 비관적 시각도 있고, 도민의 의사 수렴이 미진한 졸속 개발 계획이라는 시민 단체들의 반대 의견도 있다. 계속 밀어붙이자니 문제가 너무 많고, 그만 두자니 이미 쏟아 부은 돈과 품이 아까운 전북 새만금 간척 사업 따위의 재판이 되지 않도록 각별한 주의와 노력이 요청된다. 위의 국제 자유 도시에서 그 '자유'가 뜻하는 바가 정확히 무엇인지 모르겠으나, 행여 그것이 현대 문명이 만들어내는 온갖 쓰레기 배출의 자유가 되어서는 안 될 터이다.

이 영악한 세계화 시대에 정치는 별 볼일 없는 화상이 되어버렸다. 경제가 들어서서 정치를 자꾸 구석으로 몰아내기 때문이다. 그러나 경제 자신이 스스로 설 힘이 없으면 어디 도움을 청해야 하는데, 이때 정치말고는 딱히 기댈 데가 없다. 본전도 건지기 힘들다는 감귤 재배와, 경쟁력 약화에 허덕이는 관광 사업으로 겨우 버티는 제주 경제에도 이런 조언은 예외가 아니다. 제주도는 중앙 정계를 흔들어 지방 고유의 이익을 챙길 만한 힘이 없다. 경제 못지 않게 정치에서도 변방이기 때문이다. 그러나 절망은 금물이니 변방은 변방이기 때문에 받는 설움도 많지만, 개척과 모험 등 변방 나름의 유리한 기회도 제법 열려 있기 때문이다. 기회는 스스로 기회라고 떠버리는 법이 없고, 한참 세월이 지난 다음에야 "아하 그것이 기회였구나" 하고 가슴 치게 만드는 못된 버릇이 있다. 여기 넘어가면 안 된다.

여당이 대통령 후보 지명을 위한 국민 참여 경선의 테이프를 제주에서 끊기로 했다. 뜻밖의 기회지만 제주에는 하늘이 내린 선물이 될 만하다. 국민 경선의 발상은 미국의 예비선거 제도에서 빌린 듯하다. 유권자가 바라지 않는 후보를 내세우고 억지 투표를 강요하는 대신 후보 결정 과정에서 벌써 유권자의 의사를 반영하려는 장치로서, 이는 당 간부들의 밀실 야합을 막는다는 점에서 한발 진전한 제도이다. 물론 여기도 암초가 수두룩하다. 예컨대 경선 주자들이 자신의 지지자를 선거인으로 위장하여 국민 참여자로 등록시킨다든지, 돈으로 선거인단을 매수하여 '거품' 인기를 과시하는 경우 따위가 그러하다. 그럼에도 정치 고수들의 술수에 속지 않을 결의와, 돈 몇 푼에 넘어가지 않을 각오만 있다면 그 암초 회피가 그렇게 어려운 일이 아니다.

미국 북동부의 캐나다 접경에 뉴햄프셔 주가 있다. 제주도와는 달리 눈과 스키로 관광객을 끌어들이는 휴양지이다. 관광 외에 4년에 한번씩 이곳이 미국과 세계의 뉴스를 타는 것은 2월말 내지 3월초에 미국 대선 최초의 예비선거가 여기서 벌어지기 때문이다. 이 주의 투표 결과가 그대로 전국의 대세로 이어지지는 않지만, 그래도 그 최초의 승부는 뒤따를 선거들에 상당한 의미와 화제를 뿌리곤 한다. 국내 초유의 대통령 주자 경선과, 그 최초의 무대가 제주도에서 펼쳐진다. 변방 제주의 정치를 중앙에 전하고, 도민의 정치 의식을 전국에 알리는 절호의 기회로 십분 활용하기 바란다. 감귤 축제와 관광 축제에 더한 그 '정치 축제'야말로 몽골과 일본 없이도 제주도가 스스로 발전을 꾀하는 길이 된다. 뉴햄프셔 주의 모토는 "자유롭게 살거나 죽거나"(live free or die)이다. 독립 전쟁 당시 이 지역 선조들이 행한 비장한 결의의 표시겠지만 그 정신은 오늘도 여전히 유효하다. 제주 도민이 자유롭게 살기 위한 작은 노력으로 국민 참여 경선을 멋지게 치르라는 나의 당부는 한참 주제넘은 것인가?

•2002년 2월 19일

딱한 사연

이 글이 본인의 인격을 '과도하게' 훼손하지 않기 바란다. 지난 월드 컵 축구에서 동료들과 내기를 했는데, 나는 이탈리아 · 스페인 · 독일과의 대전에서 세 번 모두 한국이 지는 쪽에 걸었다. 이런 나의 베팅을 보고 경영학을 공부하는 친구는 전형적인 위험 회피(risk aversion) 행위라고 했다. 그러나 나는 상대의 실력이나 전적을 쫀쫀히 따져보고 나서 그렇게 비애국적 도박을 한 것이 아니다. 한국이 이기면 돈 만 원쯤 크게 아까울 턱이 없고, 혹시 지는 경우라도 노름에서 딴 소주 값으로 아쉬운 마음을 달랠 작정이었다. 이 행복한 양다리 작전에 그 친구의 한마디가 재를 뿌렸다: "어이, 그렇게 생각하는 사람이 어디 한둘이야? 돈을 따려면 남들이 걸지 않는 곳에 걸어야지." 아뿔싸 돈 딸 생각만 했지, 왕창 딸 생각은 못한 것이다. 이런 소견머리하고는! 결국 이탈리아와 스페인 대전에서는 돈을 잃고, 독일과의 시합에서는 땄는데 당첨자가 셋이나 되어 세 몫으로 가르니 소주 값도 모자랐다.

위의 위험 회피 행위 가운데 포트폴리오(portfolio) 기법이 있다. 재산을 예금 · 주식 · 채권 · 부동산 등으로 나눈 뒤, 주가가 떨어지면 채권 수익으로 챙기고 금리가 내려가면 부동산 거래로 돌리는 식의 '위험 분산' 기술이다. 이게 다 소심한 경제학자들의 쩨쩨한 궁리여서 그런지 도무지 화끈한 맛이 없다. 천하를 걸고 벌이는 도박 같은 기개가 없다. 그러나 한걸음 물러서서 바라보면 천하를 걸수록 위험은 나누어야 진짜로 천하를 위하는 것이라는 생각이 들기도 한다. 일례로 '승리가 아니면 죽음을' 호소는 전투에 임하는 병사를 질타하는 훈시로는 손색이 없으나, 막상 승리가 아닐 때는 죽음 대신 안전한 퇴각을 도모하는 것이 훌륭한 장수의 도리 아니겠는가? 충주 탄금대를 지날 때마다 퇴로도 없이 달천에 배수진(背水陣)을 쳤다가 여지없이 패한 비운의 장군 신립이 떠오른다. 뒷날 명(明)나라 이여송조차 개탄한 그 패배로 저항다운 저항 한번 없이 한양이 왜군한테 떨어지고 만다.

대통령 선거가 다가오면서 이 위험 분산의 지혜가 자꾸 생각난다. 국정을 총괄하는 대통령쯤 되면—되려면—전부 아니면 전무(all or nothing) 따위의 명쾌한 선택이 쉽지 않을 것이다. 끝내 성사되지 않은 노태우 후보의 '중간 평가' 공약이나, 5년 임기의 전반은 대통령제로 후반은 내각제로 번갈아 운영하겠다던 김대중 후보의 파기된 '공동 집권' 약속은 모두 정권 장악에 급급한 나머지 위험 분산을 고려하지 않은 실수로 기록될 만하다. 그 실패가 오늘도 반복되고 있다. 일례로 나라 발전을 위해 개헌이 필요하다면 하등 반대할 이유가 없다. 그러나 지금 민주당 일각에서 제기하는 개헌론은 그런 원론 수준의 개헌이 아니다. 당이 공식 절차를 통해 선출한 대통령 후보를 낙마시키려는 음모라는 소문이 파다하다. 나는 그 진위 여부를 판단할 능력이 없지만, 적어도 국회의원 2/3의 찬성을 필요로 하는 개헌이 현재의 의회 판도로는 거의 무망하게 보인다. 그것도 '작전' 아니냐고 하면 할말이 없으나, 개헌은 어느 특정 패거리만의 소관이 아니라 국민을 투표소로 끌어내는 국민투표라는 절차가 있다. 그런 까닭에 '안 되면 그만이고' 식으로 찔러나 보려는 배짱은 유권자를 노름판의 개평꾼쯤으로 여기는 아주 못된 습성이다.

그 반대편에 노무현 후보가 있다. 후보 경쟁자 시절 그가 6·13 지방선거에서 부산·경남·울산의 어느 한곳도 승리하지 못하면 재신임을 묻겠다고 외쳤을 때, 나는 꽤나 충격을 받았다. 승리 아니면 죽음의 각오! 암, 대선 후보라면 그 정도의 책임감은 있어야지. 그러나 그 당당한 재신임 결의가 당무회의 인준이란 '통과 의례'로 끝났을 때 적잖이 씁쓸한 기분이었다. 짜고 치는 고스톱도 아니고 뭐 이래……. 오는 8·8 국회의원 재·보선을 겨냥하여 그는 다시 주사위를 던졌다. 선거 이전의 전당대회 개최는 안 되지만, 월말까지 완전한 문호 개방으로 대선 후보를 다시 뽑아도 좋다고 의사를 밝혔기 때문이다. 재신임 경우처럼 재경선 역시 기술적·시기적으로 가능하지 않다는 당 내외의 전망이 사실이라면 우리는 또 한번 헷갈리게 된다. 민주당이 '경선 연수원'이 아닌 바에 공식 후보를 놔두고 새로 뽑자는 후보 자신의 제의가—비록 그것이 개헌과 분당을 막으려는 선수 치기라고 할지라도—옆에서 보기에 크게 딱한 것이 사실이다.

•2002년 7월 12일

■후기■

진짜로 딱한 사연은 따로 있었다. 2002년 10월 국민 경선은 사기라는 폭탄 발언이 터져 나왔기 때문이다. 경선으로 당선된 노무현 후보를 당선 가능성이 희박하다는 이유로 사퇴시키려는 후보단일화추진협의회의 김영배 회장은 경선 내막을 "까발리겠다"고 위협했다. 그는 190만이 신청하고 3만5000명이 국민 선거인으로 참여하여 투표한 민주당 후보 경선의 선거관리위원장이었다. 자신의 관리 아래 치른 국민 경선의 비밀을 까발리고, 그 후보를 밀어내겠다는 이 막가파 정치에 한 가닥 기대를 걸었던 나는 모자라도 한참 모자라는 녀석임에 틀림없다. 딱한 것은 저들이 아니라 바로 나다.

제4부

고래의 세계,
새우의 세계

유식도 우환인가

"지난 15년 동안 미국은 까다로운 골칫거리 두 개로 고통을 받아왔다. 하나는 불어나는 적자이고, 다른 하나는 유식한 학자들이다."『유쾌한 경제학』(김영사, 1997)으로 제목이 '번안된' 책에서 토드 부크홀츠가 이런 말을 한 것은 1995년이었다. 앞뒤 문맥으로 보아 불어나는 적자는 재정 적자이고, 유식한 학자는 경제학자를 가리킨다. 경제가 골칫거리일 때에 비하면 경제학자들이 골칫거리인 것은 별일도 아닌데, 경제학의 관심은 그렇지 않은 모양이다.

무려 98달째 호황을 누리는 미국 경제를 놓고 경제학자들의 언쟁이 한창이다. 기존의 경제 이론을 뒤집는 이변이므로 경제 원론 교과서를 다시 써야 한다는 얘기까지 나온다. 호황이 이렇게 오래 계속되는 현상도 놀랍지만, 그 내용은 한층 더 상식을 벗어났다는 것이다. 뉴질랜드 태생의 경제학자 앨번 필립스(Alban Phillips)는 1958년 실업이 늘면 물가가 떨어지고, 실업이 줄면 물가가 오르는 사실을 밝혀냈다. 물가와 실업이 상충 관계라는 이 '필립스 커브'는 많은 경제학 교수들이 여전히 열심히 가르치지만 두 번이나 크게 깨진 적이 있다. 그 하나는 1970년대 중반의 소위 스태그플레이션(stagflation) 현상 때문이었다. 정부가 돈을 풀면 물가는 올라도 실업은 줄어야 하는데, 당시 물가는 물가대로 오르고 실업은 실업대로 늘었기 때문이다.

다른 하나는 1990년대 후반 오늘의 현실이다. 미국의 실업률은 이태째 거의 '완전 고용' 수준인 4%대에 머물렀으나, 소비자 물가는 2% 정도 올랐을 뿐이다. 이번에는 스태그플레이션 경험과는 반대로, 즉 실업이 줄어도 물가가 내리기 때문에 필립스 곡선의 신용이 통째로 흔들리는 셈이다. 그래서 앨런 블라인더(Alan Blinder) 교수는 "필립스 커브가 혼수 상태에 빠졌다. 이대로 가면 한 해 뒤에는 장례를 치러야 할 것"이라고 말한다. 40년 전에 나온 경제 이론의 장례가 무어 그리 대수이랴? 문제는 경제의 장례이고, 호황의 장례일 터이다!

그러면 물가를 자극하지 않는 실업률은 대체 얼마가 적정 수준인가? 유식한 경제학자들이 이런 문제를 소홀히 했을 리 없다. 물가를 자극하지 않는 실업률, 즉 나이루(NAIRU)로 불리는 '인플레이션 중립적' 실업률이 그것인데, 미국 경제는 통상적으로 이 수준을 5~6% 정도로 잡고 있다. 실업을 이보다 더 줄이려면 물가 상승의 고통을 참아야 한다. 그러나 최근 미국의 실업률이 29년 만에 최저치로 떨어지자, 나이루를 아예 3%대로 내려 잡아야 한다는 주장마저 나오고 있다. 그래도 잠재 성장률 2.25% 달성은 무난하다는 것이다. 이런 미국 경제의 '자기 도취'에 대해 연방준비제도이사회(FRB)의 앨런 그린스펀(Alan Greenspan) 의장은 실업률이 조금만 더 떨어지면 임금과 물가가 급격히 오를 것이라고 경고하고 나섰다.

아시아 경제의 모래성을 주장하던 폴 크루그먼 교수도 이런 불안한 전망에 가담한다. 그는 미국이 구가하는 호황의 기현상(奇現象)이 유가 하락을 비롯한 일시적 외부 요인의 결과라고 지적했다. 그밖에 해외의 값싼 수입 제품과 밀입국 체류자의 낮은 임금도 여기 포함되어야 할 것이다. 로버트 루빈의 후임인 로렌스 서머스 재무 장관 역시 '강한 달러'에 강하게 집착하는 인물이다. 미국 정부가 의도적으로 달러 강세를 고수하는 한, 미국행 콘테이너가 부족할 만큼 세계를 걸터듬는 미국인의 수입 열기는 상당 기간 더 지속될 것이다. 주가 폭등으로 일약 백만장자 반열에 오른 것으로 착각한 미국 소비자들이 마구 먹고 마신 결과, 지난해 민간 저축률이 마이너스 수준으로 떨어지고, 무역 적자는 사상 최대인 1680억 달러에 이르렀다. 금년 1/4분기 실적으로 미루어 이 기록은 다시 깨질 것으로 보인다.

정작 장례를 치를 것은 호황의 내실이다. 먼저 미국식 고용의 '신화'를 보자. 예컨대 지난 4주 동안 갑은 전혀 일이 없었으나 을은 매일 8시간씩 일한 경우, 이 사회의 실업률은 50%이다. 반면 갑과 을이 4주 동안 각기 1시간만 일했어도 실업률은 0으로 나타난다. 유럽의 실업률이 높은 까닭은 이런 불안정 취업 관행이 미국보다 적기 때문이기도 하다. 경제협력개발기구(OECD) 가맹국 가운데 자국 평균 임금의 2/3를 벌지 못하는 '저임금 노동자' 비중은 미국이 25%로서 제일 높다. 5%의 스웨덴이 가장 낮고, 한국은 24.5%로서 미국과 선두를 다툰다. 자국의 가구당 평균 수입의 1/2에도 못 미치는 '가계 빈곤율' 또한 18%의 미국이 수위를 달린다. 역시 5%대의 스웨덴과는 비교조차 안 된다. 미국의 이런 현실에 힘입어 1987~97년간 상위 20% 계층의 소득은 46.2%에서 49.4%로 늘어났으니, 국민소득의 절반 가량을 이들 부유층이 차지한 것이다. 반면 차위 계층들의 소득은 모두 줄어, 세계 가장 부자 사회의 빈부 격차가 점점 벌어지고 있다.

지난 주말 우리 신문들은 미국의 물가 폭등과 주가 폭락 기사를 1면에 실었다. 3월만 해도 전달에 비해 0.2% 상승에 그쳤던 소비자 물가가 4월에는 유가 급등으로 0.7%나 올라서, 월별 기록으로 9년 만에 최고에 이르렀다는 것이다. 그리고 물가를 걱정한 연준리가 금리를 올릴지 모른다는 불안으로 뉴욕 증시의 주요 주가들이 폭락했다는 내용이었다. 그린스펀과 크루그먼의 염려가 적중한 것인가? 경제학 교과서를 다시 써야 한다는 경제학자들과, 그럴 필요가 없다는 경제학자들 가운데 누가 더 '유식한'지는 시간이 가려줄 터이다.

•1999년 5월 2일

■ 후기 ■

NAIRU : Non-Accelerating Inflation Rate of Unemployment. 1990년대 후반 미국 경제는 생산성 향상과 노동 시장의 '유연화'를 토대로 나이루가 4~5% 수준으로 떨어지고 반면에 잠재 성장률은 3~4%로 올랐다. 그러나 2000년대 들어서 경기 침체와 재침체 불안이 다시 확산되면서, 나이루의 상향 조정과 잠재 성장률의 하향 조정이 거론되고 있다.

제3이 아닌 것을

1973년 석유 파동 이후 세계 경제가 불황의 늪에서 허우적거릴 때였다. 하루는 미국의 포드 대통령과 소련의 브레즈네프 수상과 유고의 티토 원수가 하느님 앞에서 각자 걱정거리 하나씩을 여쭈었다.

"미국이 언제쯤 불황에서 벗어나겠습니까?"

"50년쯤 걸릴 거다."

하느님의 이 대답에 포드는 "저는 그날을 결코 보지 못하겠네요"라며 울음을 터뜨렸다.

"소련이 언제쯤 미국을 따라잡겠습니까?"

"100년은 기다려야 할 게야."

이 말씀에 브레즈네프 역시 "저는 그날을 결코 보지 못하겠습니다"라며 울먹였다.

"유고의 디나르가 언제쯤 강세 통화가 되겠습니까?"

티토의 질문에 이번에는 하느님이 갑자기 울음을 터뜨리며 "나는 그날을 결코 보지 못할 거야"라며 탄식하셨다. 티토가 죽은 뒤 유고 연방은 인종과 신앙 분쟁으로 갈가리 찢어졌는데, 아마 오늘의 코소보 비극을 보시고는 하느님마저 또 다른 의미의 울음을 터뜨리셨을 것 같다. 예전의 유고는 자본주의도 아니고 사회주의도 아닌 '제3의 길'을 표방했었다. 자본주의와 사회주의의 장점만을 취합해서 독자적 발전의 길을 모색한다는 논리였다. 그러나 이왕의 경험으로 보면 그것은 제1의 길이나 제2의 길보다 훨씬 어려운 과제였다. 민족 분쟁으로 덧칠된 코소보 사태만 하더라도 그 경제적 배경은 코소보 내의 금광 쟁탈전이었으나, 더 깊이 살피면 제1의 길을 순순히 따르지 않은 데 대한 강대국의 보복과 응징일 수도 있다. 역시 제3의 길을 꿈꾸던 1968년 체코 '프라하의 봄'이 소련 탱크에 짓밟힌 것도 제2의 길에 대한 항명 때문이었다.

이런 전력을 가진 제3의 길이 지금 영국과 독일에서 한창 유행이다. 물론 영국과 독일의 말발이 유고와는 비교도 안 되고, 그 주먹이 역시 체코와는 비할 바가 아니므로 제3의 길이란 깃발만 가지고 양자를 견주는 것은 정말 말도 안 된다. 그러나 나는 좀 달리 생각한다. 엉뚱한 얘기로 들리겠지만 그 구호의 정직성이란 측면을 한번 따져보고 싶기 때문이다. 비록 실패했을망정 동유럽의 제3의 길은 적어도 그 주장에서는 정직했었다. 그리고 그것만이 스스로 살길이라고 굳게 믿었었다. 그러나 지금 서유럽이 내세우는 제3의 길은 전혀 정직하게 보이지 않는다. 그것이 진정 살길이라고 믿는지, 아니면 노동당과 사민당이라는 체면 때문에 그런 변명을 앞세우는지조차 의심스럽기 때문이다.

영국 노동당의 토니 블레어 총리와 독일 사민당의 게르하르트 슈뢰더 총리는 지난 8일 런던에서 「유럽: 제3의 길, 새로운 중도」라는 제목의 공동 선언을 채택했다. 알다시피 제3의 길은 블레어의 등록 상표이고, 새로운 중도는 슈뢰더의 신상품이다. 이 선언은 두 총리의 최측근 인사가 반년 동안의 막후 작업을 통해 만들어낸 작품이라고 한다. 그 구체적인

용도나 활용 방법과는 별개로 그것이 과연 그들의 말대로 21세기 '유럽 좌파의 길'인지 여러모로 의문이다.

나의 의문은 무엇보다 거기 담긴 논리와 레토릭에 있다. 시장 사회가 아닌 시장 경제를 지지한다는 이 선언문은 무엇보다 먼저 사회 정의 실현을 평등의 요구로 혼동하는 '도그마'와 시장의 결함을 정부가 시정해야 한다는 '강박 관념'을 비판하고 나섰다. 솔직히 나는 그들이 내세우는 시장 사회와 시장 경제가 어떻게 다른지 모르거니와, 빈부 격차 완화를 통한 사회 정의 실현이 왜 도그마이며 시장의 실패를 정부가 고치는 일이 어째서 강박 관념인지도 알 길이 없다. 나아가 이 문건에는 공공 지출이 정의의 척도가 아니므로 세금을 인하하고, 사회 보장이 고용 창출의 발목을 잡기 때문에 현행 복지 제도를 개혁—사실상 개악—하며, 개인의 자유와 창의로 경제의 역동성을 높이기 위해서 노동 시장의 유연성을—그러니까 해고의 자유를—제고하겠다는 등등의 말씀이 포함되어 있다. 그들이 진정 그렇게 생각한대도 그거야 그들의 자유이므로 내가 트집잡을 일이 아니다.

다만 내가 헷갈리는 점은 제1의 길보다 훨씬 더한 제1의 길을 가지고 왜 굳이 제3의 길이라고 둘러대느냐는 것이다. 본인들은 이 노선이 결코 신자유주의가 아니며, 야만적 방임주의와도 다르다고 주장한다. 그래 해고의 자유를 늘리기 위해 복지 혜택을 줄이겠다는 발상이 정녕 제3의 길이라면, 그들이 피하려고 한다는 제1의 길은 대체 어떤 것인가? 종래의 사회민주주의는 적어도 '사회'에 방점이 찍혔고, 그래서 사회주의와 8촌쯤으로 생각해왔다. 그러나 이들이 자처하는 사민주의는 사회주의와 사돈의 8촌보다도 더 멀어졌다. 그래서 유럽의 언론들은 제3의 길을 사회민주주의 아닌 '사회자유주의'라고 빈정댔지만, 실은 신자유주의를 뛰어넘는 '첨단 자유주의'라고 해야 옳을지 모른다. 좌파가 아무리 변해도 좌파의 이름으로는 그런 길을 가지 않을 것이다. 제3이 아닌 것을 제3으로 팔아먹는 무질서와 혼동이 어서 바로잡히기 바란다.

•1999년 6월 17일

아셈의 두 행사

철부지(哲不知) 로고의 티셔츠를 입은 학생들이 특별히 모실(?) 데가 있다기에 어정어정 따라간 곳이 교정에 차린 주유소(酒有所)였다. 연전의 어느 대학 축제에서 철학과 학생들과 어울린 철부지 향연을 나는 아직도 유쾌한 기억으로 간직한다. 철부지의 철학, 그 반어적 익살이 재미있지 않은가.

25개국 정상이 참석하는 제3차 아시아유럽정상회의(ASEM)가 오늘 서울에서 개막된다. 세계의 진로를 좌우하는 강대국 원수로는 유일하게 미국 대통령이 초대받지 못했다. 미국이 빠진다는 이유로 동아시아경제회의(EAEC) 창설조차 집요하게 반대하던 터에, 그 동아시아 국가들과 유럽연합(EU)이 한데 모였으니 아셈을 바라보는 미국의 심사가 썩 편치는 않을 터이다. 카터 행정부에서 안보 특별보좌관을 지낸 즈비그뉴 브레진스키 교수는 그의 저서 『거대한 체스판』(삼인, 2000)에서 미국이 현재의 세계적 패권(global supremacy)을 유지하려면 무엇보다 유라시아 대륙의 향배를 경계해야 한다고 주장했는데, 바로 그 유라시아 국가들이 아셈으로 회동한 것이다.

아셈 회의장 내의 체스 경기야 정상들의 몫이고, 나의 관심은 차라리 장외(場外)에서 벌어질 '거리의 행사'에 있다. 국내외 220여 민중 단체와 시민 단체가 3만 명 규모의 '서울 행동의 날' 시위를 계획하고 있기 때문이다. 이 집회를 봉쇄하고 요인을 경호하기 위해 경찰 역시 4만여 병력으로 '사상 최대의 작전'을 펼칠 예정이다. 근엄한 정상들의 눈에 거리의 행사는 기껏해야 철부지들의 축제로 비칠지 모른다. 철학도한테 특별히 빌린(!) 이 철부지 호칭을 거리의 주인공들은 과히 섭섭히 여기지 말기 바란다. 시애틀-프라하-서울로 이어지는 세계화 반대 시위는 솔직히 그 철부지 객기와 혈기가 아니고는 도무지 가능하지 않기 때문이다. 그렇지 않고서야 어찌 노벨상에 빛나는 이 평화로운 나라에 노숙과 물감 세례를 마다 않고 몰려오겠는가? 그것도 제 돈을 들여서!

세계 28억의 인구가 하루 2달러 이하의 소득으로 살아간다. 1달러로 버티는 사람도 12억이니, 지구 인구의 1/5이 이 돈으로 먹고 입고 자는 것은 물론 병을 고치고 교육까지 받아야 한다. 반면 세계의 최고 갑부 3인의 재산이 43개 최빈국의 국내총생산보다 많고, 200대 부자의 재산을 합치면 빈민 24억의 소득을 웃돈다. 이 참담한 모순이 물론 세계화만의 책임은 아니다. 그러나 세계화가 '결과적으로' 그런 불평등을 부추기고, 그 격차 해소에 필요한 노력을 기울이지 않은 것은 사실이다. 세계화 태풍이 몰아치기 시작한 10년 전에 비해 실제로 소득이 줄어든 나라가 무려 80개국이므로 세계화는 곧 '빈곤의 세계화'였던 셈이다. 시위대가 겨냥하는 것은 실러의 시구와 베토벤의 선율이 어우러진 합창 교향곡처럼 "인류가 형제가 되자"는 그런 세계화가 아니다. 오히려 초국적 금융 자본이 개도국 경제를 거덜내고, 경쟁력 향상과 구조 조정의 명분으로 근로자를 내쫓는 세계화, 요컨대 신자유주의라는 이름의 '막가파' 세계화에 반대하는 것이다.

이번 아셈의 의제는 신자유주의도 아니고 세계화도 아니다. 그러나 거기 모인 정상들은 신자유주의 세계화와 그 결과에 책임을 느껴야 할 사람들이다. 적어도 철부지 시위대의 외침을 외면해서는 안 될 사람들이다. 그러나 그것조차 한낱 희망 사항이라면……. 지난해 시애틀 세계무역기구(WTO) 각료회의 당시 기자를 회담 대표로 오인한 주최측의 실수로 우연히 밀폐된 회의장에 들어간 『가디언/옵서버』 특파원은 기막힌 기사 하나를 송고했다. 화염병이 날고 최루 가스 자욱한 거리의 소란과는 전혀 딴판으로 많은 대표들이 졸고 있었고 "생명의 유일한 신호는 장관이 그의 여성 보좌관과 사랑의 밀어를 나누는 듯한 어느 라틴 아메리카 대표단이었다. 저 멀리 풍선껌을 부는 사람도 보였다. 저개발국 대표들은 열심히 그들의 단골 메뉴를 내놓았지만, 선진국 메뉴와는 그 요구의 격차가 너무 커서 도저히 메워질 수 없을 것 같았다." 아셈 정상 누구도 풍선껌을 불지 않을 것이다. 다만 세계화가 이미 거스르기 힘든 현실이라면, 거기 맞서는 거리의 행사도 이제 '현실'이 되었다. 회의장 안팎의 이 안타까운 현실 격돌에도 불구하고 나는 건국 이후 최대의 국제 행사라는 서울 아셈에 한 점 얼룩이 없기를 간절히 바란다.

•2000년 10월 20일

아시아여 단결하라

세계화와 지역화가 서로 보완적이냐 대립적이냐의 논쟁은 거기 참여하는 경제학자들조차 '영구 미제'의 연구 과제로 치부한다. 이론적 공방이야 아무래도 상관없지만 현실의 경제 질서를 만들어내는 국제 기구들은 그토록 느긋하지 못하다. 예컨대 과거의 관세무역일반협정(GATT)이나 오늘의 세계무역기구(WTO)는 그중 어느 한쪽으로 결론을 내고, 그에 맞춰 세계 경제를 이끌어가야 하기 때문이다.

미국이 주도해서 북미자유무역지대(NAFTA)를 결성하자 세계화 주창자들은 그런 지역 경제 통합이 세계화 추세에 대한 역행이라고 이의를 제기했었다. 그러나 미국은 유럽연합(EU)의 지역화를 예로 들어 자신의 행동을 변호했다. 가트든 세계무역기구든 과연 어떤 강심장이 있어 나프타와 유럽연합에 반칙 카드를 들이대겠는가? 결국 미국과 유럽의 지역화는 세계화 추진과 충돌하지 않는다는 식으로 어물쩍 넘겨버리고 말았다. 세계 질서란 이처럼 강자의 말발과 그 뒤의 주먹이 다스리는 법이다. 비록 그것이 현실일지라도 거기 남은 문제가 있다. 미국과 유럽의 지역화 논리가 어째서 아시아에는 허용되지 않느냐는 의문 때문이다. 허용이라니? 뭉치고 싶으면 뭉치는 것이지, 젠장 뭉치는 것도 누구한테 허가 받고 뭉쳐야 하느냐는 역정이 치밀어 오르지만 글쎄 세상사가 어디 맘대로 되던가?

1998년 말레이시아의 마하티르 총리는 동아시아경제회의(EAEC) 창설을 제의했다. 동남아국가연합(ASEAN)과 한국·중국·일본 등 동북아 국가들이 역내의 경제 협력을 도모하자는 구상이었다. 세계 경제의 변방 남미마저 남부시장(Mercosur) 결성으로 지역화의 첫발을 내디뎠으나, 아시아만은 경제 통합의 사각 지대였다. 여기는 적어도 두 가지 이유가 있다. 그 하나는 통합의 구심력 일본과 역내 국가들 간에 얽히고 설킨 역사적 악연이다. 더 정확히 말하면 형태를 달리한 그 악몽 재연에 대한 경각심 때문이다. 사실 일본은 아시아통화기금(AMF), 미야자와(宮澤) 플랜, 한일자유무역지대 창설 제안 등 아주 적극적인 자세를 취했다. 반면 역내 국가들로서는 거기서 얻을 이익을 충분히 계산하면서도, 경제력 격차에 따른 공포—일본에 다시 먹히는 것이 아니냐는 공포—때문에 이 제안들을 덥석 수락하기 어려웠던 것이 사실이다.

다른 하나는 미국의 견제이다. 북미 대륙을 어디로 떠메다 놓을 수 없는 한, 미국은 특정 지역 상호(商號)의 역외 기구에 끼여들 자격이 없다. 그러나 땅으로 안 되면 물이 있으니, 유럽 대신 대서양을 내세우고 아시아 대신 태평양을 들고 나왔다. 미국은 유럽 국가가 아니지만 북대서양조약기구(NATO)를 창설하고, 아시아 국가가 아니면서도 아시아태평양경제협력체(APEC)에 가입한 것은 바로 이런 궁리의 소산이다. 그러나 아시아 국가로 한정된 동아시아경제회의에는 이런 편법조차 불가하다. 21세기 경제의 패권을 놓고 유럽연합의 추격을 따돌려야 하는 미국으로서는 일본과 중국이 앞장설 동아시아의 경제 통합이 결코 반가울 리 없다.

소련이 붕괴된 오늘 중국 봉쇄는—최소한 중국과 일본의 격리는—당분간 미국 대외 정책의 영순위 관심사라고 해도 과언이 아니다. 더구나 마하티르 총리는 국제통화기금 처방과 미국의 훈수를 정면으로 비난하는 '기피 인물' 아닌가? 그래서 사력을 다해 막은 것이다.

지난 아세안+3 정상 회담에서 김대중 대통령은 '동아시아경제협력체' 창설을 제의했다. 이를 위해 연구 그룹을 구성하고 내년 회의에 시안을 보고토록 하는 등 구체적인 작업 일정까지 제시했다. 이런 구체적 협력 제안이 처음 나온 2년 전에 비해 동아시아의 정세가 크게 변한 것은 아니지만, 그래도 몇 가지 차이가 눈에 띈다. 먼저 동아시아 경제에 엄연히 존재하는 '남북 문제'를 고려할 때, 아세안을 설득하는 일에 일본이나 중국보다는 한국이 한층 편안한 상대라는 점이다. 나아가 반미 낙인이 찍힌 마하티르 총리 대신 미국 신임이 두터운 김 대통령이 나선 것도 유리한 여건이다. 이번 제안이 김 대통령의 독자적인 구상인지, 미국과 어떤 사전 교감의 결실인지 나로서는 확인할 길이 없다. 물론 일본과 역내 국가들의 '과거 청산'을 비롯해 중·일 양국의 패권 행사에 대한 불안감 해소 등 앞에 놓인 숙제와 장애가 많다. 그럼에도 이 지역 경제의 단결과 협력은 가히 공존을 위한 자구책으로 성큼 다가섰다. 빙글빙글 도는 지구에 임자가 따로 없다면, 약육강식의 세계화 노도 속에 동아시아도 제 몫을 찾아야 할 것 아닌가?

•2000년 12월 1일

화약 냄새 유감

"엄마, 나 오늘 홈런 쳤어"라며 신나게 아들이 뛰어 들어오면 "애야, 참 잘했구나" 하고 칭찬하는 것이 우리네 상식이다. 그러나 어머니는 조용하게 되물었다: "그럼 안타는 누가 쳤니, 그래서 너희 팀은 어떻게 됐지?" 43대 미국 대통령으로 취임한 조지 부시의 할머니 도로시 여사의 자녀 교육법이 그랬단다. 엄마의 질문에 따라 우리 팀이 이겼느니 졌느니, 아무개가 안타를 쳤느니 말았느니 한참 보고하고 나면 자신의 홈런 자랑은 김이 빠지기 십상이었다.

오치 미치오(越智道雄)의 『와스프』(살림, 1999)는 미국의 지배 계층이 어떻게 형성되고 또 세습되는지를 묘사한 책이다. 저자는 특별히 엘리트 양성을 위한 가모장(matriarchy) 교육의 중요성에 주목한다. 그 전형적인 사례가 부시 가문인데, 도로시의 며느리 바버라 여사는 남편과 아들을 대통령으로 만든(!) 미국 역사 초유의 여성이다. 자신의 득점보다 팀의 승패를 먼저 생각하고, 그래서 개인보다 조직을 앞세우라는 와스프(WASP)의 윤리는 누구라도 본받을 만하다. 그러나 그것이 지배 계층 내에서만 통용되고, 지배 국가 내에서만 유효한 규범이라면 피지배 계층이

나 주변 국가들로서는 오히려 경계할 대상이다.

부시는 그의 취임 연설에서 "우리는 도전 받는 것 이상으로 방위력을 구축할 것"이라고 선언했다. 안보와 평화에 대한 미국의 결심을 내외에 알리는 취임의 수사로 듣자면 별로 걸릴 것이 없다. 그러나 단어 하나 하나에 대단한 의미가 실렸을 세계 최강국 대통령의 취임사 구절이라면 얘기가 달라진다. 대체 미국에 도전하는 자가 누구인가? 이미 '사탄의 제국' 소련은 붕괴했고, 동유럽조차 나토와 '군사적 동반자' 관계를 체결하는 판국이다. 물론 미국이 자의로 지목한 불량배 국가들(rogue states)이 있다. 설사 그들의 깡패 짓(?)이 사실일지라도 그것이 과연 방위력을 증강할 만큼 위협적인가? 예컨대 북한이나 이라크가 미사일을 날린다고 해도, 미국은 그것이 자국 영토나 관할 지역에 닿기도 전에 이 나라들을 불바다와 잿더미로 만들어버릴 무기가 무진장 쌓여 있지 않은가?

취임사의 그런 단호한 선언과 결의 뒤에 즉시 "새 세기가 새로운 공포에 시달리지 않도록 대량 파괴 무기에 맞서겠다"는 각오를 밝혔다. 새로운 공포든 낡은 공포든 거기 시달리지 않는 삶은 절대로 바람직하다. 그럼에도 대량 파괴를 사전에 저지하거나 사후에 보복할 '초대량 파괴' 수단이 무엇이냐는 질문은 아주 중요하다. 무엇보다도 클린턴 정부가 드러낸 기술적 실패에도 불구하고 부시 자신이 강행을 다짐한 국가미사일방위(NMD) 체제가 있다. 유럽연합의 반대는 말할 것도 없고, 중국과 러시아를 자극하여 새로운 군비 경쟁을 촉발할 이 위험한 도박은 한마디로 전쟁이 없어도 평화 따위는 인정하지 않겠다는 오만과 만용의 표출이다. 전역미사일방위(TMD) 구상 역시 별다른 실익도 없이 전략적 요충 국가들에게 막대한 비용과 위험 부담을 강요할 공산이 크다.

부시의 취임사 가운데 가장 당혹스런 대목은 "적들은 실수하지 말아야 할 것"이라는 경고였다. 도대체 누가 미국의 적이고, 또 어떻게 하는 것이 실수란 말인가? 미국의 기술과 자본을 빌려 '핵무기 해체'에 나선 러시아가 당분간 미국의 적이기는 어렵다. 미국의 대만 지원에 심사가 끓고, 미국의 반대로 세계무역기구 가입조차 미뤄지는 중국 또한 아직은 미국의 적일 수가 없다. 적국 용의자 명부에 중동의 강경파 국가들이 들어 있겠지만, 미국은 다국적 군대까지 편성해서 혼내준 전례가 있다. 중국과 러시아가 미국에 미사일을 날리면 그것은 실수가 아니라 지구의 종말이다. 그리고 죽지 못해 환장하지 않은 한, 이란이나 리비아가 미사일 발사 따위의 자해(自害) 공갈을 감행할 턱이 없다.

결국 있지도 않는 적을 만들어내고, 변변한 적이 아닌데도 자꾸 그 위험을 강조하는 이유는 무엇인가? 반세기 전의 아이젠하워는 '군산 복합체'의 위협을 경고했고, 경제학자들은 '항구적 전시 경제'의 위험을 강조했다. 적이 없으면 가상적(假想敵)이라도 만들어서 무기를 팔아라, 그래야만 미국 경제가 수요 부족의 공황에서 벗어난다는 것이다. 세계화가 시대의 모토로 등장한 오늘 군비 증강 주술에 묶인 세계 최강국 대통령의 취임사에서 풍기는 '화약 냄새'는 정말 유감이다. 미국의 홈런보다 세계의 승리를 함께 생각하자는 권고 따위는 아무래도 편치 않은 모양이다.

•2001년 1월 26일

거품에서 현실로

"여러분은 내가 말한 것을 알아들었다고 믿을지 몰라도, 나는 여러분이 들은 것이 내가 말한 것이라고 생각하지 않는다." 앨런 그린스펀 미국 연방준비제도이사회(聯準理) 의장의 의도적 실언인데, 아마도 농담 비슷하게 진심을 전한 것 같다. 말투가 거슬리기는 해도, 시치미 떼고 속내 감추는 연기부터 배웠을 고위 공직자의 태도치고는 오히려 솔직한 느낌마저 든다. 미국 경제를 좌지우지하는 최고 실력자이고 보니 농담에조차 심각한 해설 기사가 뒤따르곤 한다.

그러나 해설 없이 알아들은 말도 있다. 이를테면 "연준리의 고유 업무는 주가를 부양하는 것이 아니라, 실업을 감소시키고 인플레이션을 억제하는 일"이라는 주장이 그러하다. 신경제 10년 호황으로 미국 경제가 아주 잘 나갈 때 사람들은 그것을 그린스펀의 공으로 돌리기를 주저하지 않았다. 그러나 최근 호황에 먹구름이 끼고 경기가 삐걱대자 사람들은 재빨리 그린스펀 처방의 약발이 다한 것 아니냐고 뒷말이 무성하다. 그러나 그렇게만 생각할 것은 아니다. 증권 투자자들이 그에게 보내는 볼멘소리가 높을수록 역설적으로 미국 경제는 꿈 깨고 현실을 바로 보게 되기 때문이다. 연준리는 주식 투자로 잃은 돈을 대신 물어주는 곳이 아니며, 주가를 떠받치기 위해 금리를 내리라는 따위의 철없는 요구는 이제 그만 끝내라는 그의 경고는 더할 나위 없이 옳다.

그린스펀의 이런 통찰은 미국 증시만이 아닌 미국 경제 전반의 건강진단에 꼭 필요한 절차이다. 선진국 경제의 일반적 애로는 쓰고 싶은 만큼 만들어내지 못하는 것이 아니라, 만들어낸 만큼 쓰지 않는 데에 있다. 케인스의 유식한 표현을 빌리자면 '과소 소비' 혹은 유효수요 부족의 불황이 그것이다. 그 원인은 나라마다 많이 다른데 일례로 일본은 돈이 있어도 저축을 위해 쓰지 않는 경우이고, 미국은 쓰고 싶어도 돈이 없어서 참는 경우이다. 사실이 그렇다면 어디서 갑자기 '공돈'이 생길 때, 일본의 소비는 큰 변화가 없지만 미국은 엄청나게 소비가 늘어난다. 그런데 주식 투기로 느닷없이 떼돈이 공돈처럼 굴러온 것이다. 실제로 들어온 것이 아니라, 장부로만 들어온 것인데 실제라고 믿은 것이다. 한창 때 미국 주가에 40% 정도의 '거품'이 끼었다니까 투자자가 이 거품 소득에 정신을 잃을 만도 하다. 이 거품을 믿고 번 것 이상으로 마구 쓰다보니 빚이 늘어나고 가계 저축은 적자를 냈다. 신경제 호황은 바로 이 거품 소득에 의한 소비 과열이 밑천이 됐다.

정보 기술(IT)의 발전은 이 거품 확산에 톡톡히 한몫을 했다. 그러나 그 정체는 여전히 불명한데 예컨대 생산 자극으로 부가가치 증대에 기여하는 효과와, 정보의 차별적 확산으로 사실상 분배 불평등을 심화시키는 역효과를 차분히 검토하지 못한 실정이다. 이 기술만 믿고 수익 기반조차 점검하지 않은 채 나스닥 투전판을 휩쓴 닷컴 열풍은 결과적으로 매우 불행한 경험이었다. 작년 1월 무려 250달러까지 치솟았던 인터넷 기업의 총아 야후(Yahoo)의 주가는 현재 16달러 선으로 떨어졌다. 솔직히 나는 야후 주식의 적정가가 얼마인지 모른다. 그러나 250달러 수준에서의 소비와 16달러 수준에서의 소비가 미국 경제에 가하는 충격의 차이만은—10년 호황에 해마다 무역 적자가 기록을 깨뜨리는 역설만은—분명히 알고 있다.

주식 거품이든, 정보 기술 거품이든 그것을 만들어낸 돈의 출처가 궁금하다. 국내 요인으로는 부유층 감세와 무지막지하게 노동자 해고를 단행한 '레이거노믹스 폭행'이 있다. 해외 요인으로는 헤지 펀드를 앞세워 신흥 시장(emerging market)을 초토로 만든 금융 세계화 작전을 들 수 있다. 투기 자본은 동남아에서의 외환 위기처럼 한바탕 국물을 챙기고는 미국으로 돌아가 증시를 받쳐주었다. 그러나 이런 행운이 영원할 수 없다는 데에 경착륙(硬着陸) 위험이 도사리고 있는 것이다. 그저께 연준리는 올해 들어 벌써 세 번째로 연방 기금 금리를 0.5%포인트 내렸다. 교과서가 맞는다면 이로써 주가가 올라야 하는데, 금리를 더 많이 내리기를 바랐던 증시 투자가들의 반발로 주가는 오히려 떨어지고 말았다. 이제 그린스펀은 미국 국민이 그의 말을 제대로 알아듣도록 분명히 말할 책임이 있다. 중앙은행 '빽으로' 전대를 채우려는 투기꾼의 못된 버르장머리를 고치기 위해서도, 나아가 거품은 꺼지게 마련이고 투기로는 국민 경제가 살 수 없다는 평범한 사실을 가르치기 위해서라도 아주 분명하게 말해야 한다.

•2001년 3월 23일

부시-블레어 탱고만은

"우리는 블레어 정부가 아주 형편없는 정부라고 욕하면서 시간을 보내고 싶지는 않다. 블레어 정부는 지난 시기의 정부보다 훨씬 더 낫다. 그리고 상당히 많은 일을 했다. 만약 내일이 선거라면 우리 모두 이 정부에 다시 표를 던질 것이다. 그러나 지금 우리가 밝혀내고자 하는 것은 블레어 정부가 좌파의 오랜 전통에 입각해서 어떤 일을 하려고 노력하고 있는가 하는 점이다." 1998년 에릭 홉스봄(Eric Hobsbawm)이 한 좌파 세미나에서 행한 발언이다(『제3의 길은 없다』, 당대, 1999).

홉스봄의 예언은 내일 아닌 3년 뒤의 선거에서 정확히 들어맞았다. 지난주 영국 유권자들은 노동당에 표를 던져 블레어 정부에 승리를 안겨주었기 때문이다. 하원 전체 659의석 가운데 노동당은 413개를 차지함으로써 지난 선거에 비해 오히려 6석이 줄어들었다. 그러나 보수당 18년의 집권을 뒤집은 1997년 선거의 압승을 이번에 다시 실현했고, 나아가 노동당 101년의 역사에서 최초의 연임을 기록했다니 블레어로서는 충분히 흥분할 만하다. 불과 3년 전만 해도 유럽연합(EU) 15개국 가운데 우파 정권은 스페인과 아일랜드뿐이었으나, 현재는 이탈리아와 오스트리아와

룩셈부르크가 가세해서 모두 다섯 나라로 늘어났다. 좌파 퇴조의 시류에 맞서 좌파 간판을 지킨 영국 좌파의 돌출은 대견스럽기까지 하다. 글쎄 생각해보라. 대처 같은 사람이 다시 총리가 되어서 부시-대처 탱고가 세계를 휩쓰는 그 끔찍한 현실을!

홉스봄이 평한 형편없지 않은 정부, 그래서 골수 마르크스주의 사학자가 공산당 대신 표를 던질 노동당은 과연 어떤 정부인가? 먼저 블레어의 당내(黨內) 개혁이다. 전통적으로 노동당은 막강한 노동조합회의(TUC)의 원내 '거수기'라고 해도 과언이 아니었는데, 그는 이를 고쳐 전당 대회에서 행사하던 노조 지분을 90%에서 50%로 감축했으며, 노조의 지구당 헌금을 막고 이를 중앙당으로 돌림으로써 노조와 특정 정치인의 유착을 원천적으로 차단했다. 이렇게 변신한 신노동당(New Labour)의 개혁에 대고 구좌파가 '노동 없는 노동당'이라고 성토하는 것은 결코 무리가 아니다. 그리고 당외(黨外) 설득이 있다. 국내총생산의 41%를―프랑스와 독일은 각기 53%와 48%나 되지만―공공 지출로 사용해온 '큰 정부'의 오류에 대한 반성을 비롯해, 국영 기업 민영화와 '일하는 복지'(workfare) 약속에 재계가 안도한 것도 블레어 승리의 발판이 되었다.

다음으로 블레어의 성공과 좌파 전통의 관계이다. 좌파면 어떻고 우파면 어때, 국민을 편하게 하면 됐지 식의 시각에서 보자면 홉스봄의 이의 제기는 그야말로 생트집에 불과하다. 그러나 그의 항의가 실은 좌파가 아니면서 좌파의 탈을 쓰고, 그래서 좌파의 대의를 그르쳐서 안 된다는 지적이라면 신중히 들어둘 필요가 있다. 대처 시대는 끝났다는 노동당의 CM송에도 불구하고, 블레어가 '바지 입은 대처'라는 인식은 여전히 지워지지 않는다. 이를테면 전통적인 보수지 『타임스』가 노동당의 개혁을 지지하는 대신, 진보적 경향의 『가디언』이 그 개혁을 걱정할 만큼 노동당의 진로에 대한 기대는 제멋대로가 아니라면 그야말로 엉망진창이다. 좌냐 우냐 논쟁은 단순한 입씨름이 아니다. 유로(euro) 가입 같은 구체적 현안을 놓고 독일과 프랑스의 사민당 정권과 논의하는 과정에 좌파의 정체성 문제가 한결 중요해질 수 있다.

블레어의 등록 상표 '제3의 길'은 이번 선거에 등장하지 않았다. 그러나 그의 이념 코치 앤서니 기든스(Anthony Giddens)는 제3으로 부르든 말든 영국이 그 길로 들어선 것은 기정 사실이라고 역설한다. 블레어는 자신의 노선을 급진 중도(radical center)라고 표현한다. 중도는 중도지 거기무슨 수식어가 붙으면 중도의 순수성을 잃고 만다. 더욱이 프랑스의 조스팽 내각은 강력한 좌파에 의해, 독일의 슈뢰더 정부는 녹색당에 의해 그래도 그 급진성이 담보된다. 블레어의 급진에는 그런 안전판이 없으며, 기껏해야 중도파 인기주의가 있을 뿐이다. "신노동당은 재선 성공이 아니라, 다른 기준에 의해 역사와 민중의 심판을 받을 것"이란 홉스봄의 악담성(?) 경고가 여전히 유효하다면, 나로서는 그 다른 기준의 하나가 미국의 영국 아닌 유럽의 영국이면 좋겠다. 레이건-대처, 클린턴-블레어의 신자유주의 설교에 세계가 많이 지쳤기 때문이다.

•2001년 6월 15일

정말 자신 있는가

혼네(本音)와 다테마에(建前)는 대강 속말과 겉말쯤으로 풀이될 텐데, 흔히 일본인의 이중 성격을 야유하는 대명사처럼 쓰인다. 본심을 숨기고 밖으로 내놓는 인사말만 믿었다가는 낭패하기 십상이라는 뜻이다. 그런데 고려대 김현구 교수는 거기서 야유나 비판 이상의 '역사성'을 찾으라고 권고한다. 100여 사무라이 군벌(大名)들이 혈투를 벌이던 전국 시대(1467~1568년)의 최고 덕목은 한마디로 살아남기(生殘)였다. 조카가 원군을 청하더라도 알았다고 답한 뒤, 전쟁터에서는 오히려 강한 상대에 붙어 조카를 치는 것이 그 시대의 슬픈 도리였다. 이렇게 형성된 다테마에와 혼네의 관습은 그들의 일상적 존재 방식으로 각인되었을 터인즉, 국외자의 이중성 시비는 한낱 췌언에 불과하다는 것이다.

이런 맥락에서 보자면 역사 교과서 왜곡 논란은 간단히 풀릴 문제가 아니다. 일본 정부의 수정 거부는—출판사에 대한 수정 지시 거부는—강자의 교만이기에 앞서 그들 나름대로 논리를 갖추었다는 점에 주목해야 한다. 사실과 해석이 '틀렸다'고 우리가 지적한 부분에 대해 일본은 '다르다'고 응수한다. 더구나 그것이 어떤 의도를 숨긴 억지의 소산이 아니라 일본 학계의 검토를 거친 결과라고 내세우고 있다. 그들의 주장대로 틀린 것이 아니고 다른 것이며, 그런데도 고쳐야 한다면 그것은 외세의 간섭에 대한 굴복이(!) 된다. 신진당의 오자와 이치로(小澤一郞) 당수는 일본의 정치 개혁을 외치며 자민당에서 뛰쳐나온 인물인데, 그런 사람조차 "한국에서의 대일 비판은 한국의 잘못된 역사 교육 때문"이라고 내뱉는 마당에, 저네 역사를 저희가 볶아먹든 지져먹든 모르는 체하는 것이 차라리 상책 아니냐는 생각도 든다.

전국 시대의 원죄 외에 현대사의 오류도 있었다. 예의 그 반공 신드롬이 말이다. 마오쩌둥(毛澤東)이 중국을 석권하고 한반도에서 전쟁이 돌발하자, 미국은 동북아 안보와 일본의 재무장을 서둘렀다. 반공의 맹우로 군국주의 세력과 제휴한 것은 사실상 예고된 수순이었다. 재벌이 부활하고, 전범은 석방되어 정계로 진출했다. 그들의 혈관에 도도히 흐르는 파시스트 광기는 재무장, 헌법 개정, 부전(不戰) 결의 반대를 필두로 식민지 정당화 망언, 신사 참배, 교과서 왜곡 등 아주 잡다하게 터져 나왔다. 반공의 보루로서 독일 역시 상황이 다르지 않았다. 그러나 나치 잔당은 반공의 우군이 아니라 역사 청산을 위한 사냥감이었을 뿐이다. 코뮤니즘과 함께 파시즘을 억누른 연합군의 독일 점령 정책은 무엇보다 스탈린과 유대인과 드골이 두려웠기 때문이고, 파시즘으로 코뮤니즘을 막으려던 일본의 경우는 미국을 필두로 이승만과 장제스(蔣介石) 및 그 후계들의 '레드 콤플렉스' 단견에도 일말의 원인이 있다. 정권이 아니라 나라가 문제였는데……

야스쿠니(靖國) 신사는 A급 전범들의 위패가 봉안된 곳이다. 일본의 눈으로는 충신의 사당이니 총리의 참배가 하등 잘못일 리가 없다. 오히려 참배하지 않는 것이 이상하다. 1985년 '전후 정치의 총결산'을 내걸고 나카소네 야스히로(中重根康弘) 총리가 이미 참배한 적이 있다. 요정을 내려면 그때 냈어야 옳다. 그리고 또 저네 총리가 저희 신사에 죽어도(?) 참배하러 가겠다는 데에 우리가 결사적으로 막아야 하는지도 의문이다. 신사 참배를 반대하고 교과서 왜곡을 비판하는 세력은 그래도 사회당과 공산당을 비롯한 진보적 지식인들이다. 극우 지한파(知韓派) 나카소네와의 국내 연줄은 많겠지만, 이들 진보 세력과의 연대는 완전히 막혀 있다. 우리가 무엇보다 먼저 반성할 점의 하나가 이 부분일 듯하다.

솔직히 나는 일본의 횡포보다 우리의 대응이 더 걱정스럽다. 교과서 논란에 대한 결의 표시로(?) 대통령이 일본 여당 간사장 접견을 취소했다면, 뒷날 아무리 급해도 그들을 통해 투자 협력 따위를 애소하지 않을 자신이 서야 한다. 그리고 대사를 소환했으면 흐지부지 귀임시키지 말았어야 앞으로 우리의 결단이 무겁게 보인다. 일본 상품에 대한 불매 운동을 벌이기 전에 저들의 기계와 부품이 없으면 공장이 멈추는 현실도 살펴야 한다. 문화 개방 연기? 초등학생 학용품에서 여고생 잡지에까지 침투한 저들의 위력을 보고 나서 하는 말인가? 정말 자신 있으면 크게 한번 '본때'를 보이기 바란다. 그게 자신 없다면 스스로 퇴로를 막고 대드는 실수는 피해야 한다. 제풀에 나가떨어질 때를 기다릴 만큼 상대는 기왕의 경험을 통해 벌써부터 사태의 결말을 읽고 있지 않는가? 이제 우리가 저들의 혼네와 다테마에 전술을 배울 차례이다.

•2001년 7월 13일

15년 소원은 풀었으나

상하이 어느 식당에서 맥주를 시켰더니 296밀리리터짜리 칭다오피주 (靑島啤酒) 한 병에 20위안이고, 640밀리리터짜리는 15위안이었다. 가격이 잘못된 것으로 생각하고, 우리는 종업원을 불러 '훌륭한 손님'의 자세로 그 잘못을 일러주었다. 그러나 그는 그게 맞는다면서, 다만 작은 병이 더 "예쁘기 때문에" 값이 비싸다고 했다. 설사 작은 병의 재질이나 디자인이 더 좋더라도 손님이 그 병을 가져가지 않는다면 그런 가격 산술은 잘못이다. 아무튼 술보다 병이라니 맥주 회사든 식당 주인이든 유머 감각이 대단하다.

중국이 세계무역기구(WTO)에 143번째 회원국으로 가입했다. 1986년 관세무역일반협정(GATT) 시절에 가입 신청을 냈으니, 세기를 바꿔 15년 만에 꿈을 이룬 셈이다. 세계 무역 8대국으로 인류 1/5의 시장을 고의로 돌려놓은 것은 애초에 옳지 않은 처사였다. 인권 문제 등속의 시비가 있었지만, 인권과 무역의 상관 관계도 애매할 뿐더러 거기 미국과 중국의 '힘 겨루기' 게임이 곁들였던 것이 사실이다. 아무튼 중국으로서는 "될 것이 된 것"이고, 세계에는 "올 것이 온 것"이다. 베이징의 '迎接 WTO'

의 전광판이 가리키듯이 중국의 WTO 영접 열기는 아주 뜨거운 듯하다. 일례로 현재 4700억 달러 정도의 무역 거래가 2005년에는 7000억 달러로 껑충 뛰어오른다는 따위의 기대에 한껏 부풀어 있다. 국제 기구 하나에 가입함으로써 국내총생산이 2%나 늘어날 전망이라니 대단한 경사임이 분명하다. 그 예언의 실현 여부를 떠나서 희망 사항으로라도 해로울 것이 없으렷다.

그 밋밋한 감상 속에 문득 상하이 식당의 맥주 값이 떠올랐다. 세계무역기구의 칼 같은 '글로벌 스탠더드'가 그 어수룩한 유머를—산술과 장사를—가만두지 않을 것이다. 그 칼에 걸릴 것은 시시한 맥주 값 따위가 아니다. 관세율 인하 같은 대어(大魚)가 있다. 1990년대 초반 40%에 머물던 중국의 평균 관세율이 현재 15% 수준으로 떨어졌다. 2005년까지 이를 다시 9%대로 내리고, 정보 기술 관련 제품에는 아예 관세를 없애야 한다. 그 동안의 개방 실습에서 제법 면역이 생겼겠지만, 보호 무역에서 본격적인 자유 무역으로 체질을 바꾸는 데는 위험이 많이 따른다. 개방 초기의 '비교 우위'에 힘입었던 무역 흑자는 1998년을 고비로 줄어들기 시작했으며, 세계무역기구 가입 이후에는 오히려 적자로 돌아설 전망이다. 외국인 투자는 아직도 왕성하나 여기서도 '중국 탈출' 기미가 나타나고 있다. 작년 한 해 상하이 한 곳에서만 1000개 이상의 외국 기업이 봇짐을 쌌다. 특히 농업은 최대의 취약 부문으로 미국의 '개방 미사일'에 완전히 노출된 상태이다. 앞으로 비관세 장벽을 허물고 오직 관세로만 버텨야 하는데, 당장 밀과 면화 등의 주요 농작물에서만 1000여 만의 실업자가 예상되는 판이다.

중국의 시장 경제 학습에는 엄청난 비용이 든다. 선전(深圳) 경제 특구의 관리들은 건물까지 지어주며 외자 기업을 유치하는 이웃 둥관(東莞)

의 태도를 크게 탓했다. 쑤저우(蘇州) 공업원구(園區)의 책임자 역시 자신들보다 더 싸게 분양하는 신설 단지의 출현에 불만을 터뜨렸다. 내가 하면 적정 경쟁이고 공정 거래지만, 남이 하면 과당 경쟁이고 불공정 거래가 되는 것이다. 세계무역기구 가입으로 이런 '과당' 경쟁과 '불공정' 거래가 일상의 생존 원리로 등장한다. 여기서 부지하려면 교과서 학습 이외에 현실에서의 시행 착오를 통한 과외 수업이 필요하다. 그중에도 당장 5000만이 늘어날 실업에 대한 수업료가 가장 비쌀 듯하다. 또 '민주화' 비용이 만만하지 않다. 시장 경제의 효율을 높이려면 화끈하게 풀어야 한다. 시장 원리와 공산당 통제의 어정쩡한 동거로는 시장도 질식하고 공산당도 죽는다. 1989년에는 천안문 광장을 피바다로 만들면서 민주화 요구를 눌렀으나, 앞으로 다시 그런 '용기'와 요행에 기대려는지는 적잖이 의문이다.

세계무역기구 가입의 소원을 풀었으니 이제 2008년 올림픽이 남았다. 글쎄 치러보면 알겠지만 운동 경기의 경제적 효과 따위의 현란한 설교는 별로 믿을 것이 못 된다. 마치 블랙홀처럼 빨아들이는 중국의 외국인 투자라든가, 한국 산업의 경쟁력 상실과 공동화(空洞化) 우려를 생각하면 "올 것이 온 데" 대한 우리의 초조는 절박할 수밖에 없다. 그러나 교역량 700억 달러 규모이던 1986년의 중국보다 4700억 달러인 오늘의 중국에서 얻는 것이 더 많다면, 그들의 세계무역기구 진출을 경계하면서도 축하해야 하리라.

•2001년 12월 14일

연횡보다 합종이

미국의 신학자 라인홀드 니버(Reinhold Niebuhr)는 세계 평화를 이루는 두 개의 질서가 있다고 했다. 그 하나는 어떤 강력한 맹주가 다른 나라들을 누르고 힘으로 평화를 보장하는 팍스 로마나(Pax Romana) 체제이고, 다른 하나는 비슷한 힘을 가진 나라들이 어느 하나의 독주를 막고 합의를 통해 평화를 유지하는 견제와 균형(checks & balances) 체제이다. 현재의 세계화 질서 아래 모든 고래와 새우들이 공평한 기회를 누리는지, 아니면 몇몇 고래의 기득권 싸움에 새우등이 터지는지 그 판단은 독자에게 맡기겠다.

작년 11월 김대중 대통령은 싱가포르에서 열린 아세안+3 정상 회담에서 동아시아경제협력체 창설을 제의했었다. 그리고 관련 보고서 작성을 13개 회원국 26명의 학자로 구성되는 동아시아비전그룹(EAVG)에 위임했다. 그때 나는 세계화 시대에 아시아의 이익을 지키는 자구책의 하나가 이 지역의 경제 통합이라는 글을 썼었다. 동아시아의 협력과 단결 논의가 새로운 것은 아니다. 마하티르 말레이시아 총리가 동아시아경제회의(EAEC) 발족을 제창했었고, 일본 역시 아시아통화기금(AMF) 창설을 제의했다. 역내 국가들이 그 필요성을 인정하면서도 미국 때문에 주저했었다. EAEC는 미국을 제쳐놓는 '패씸죄'에 걸렸고, AMF도 국제통화기금(IMF)에 대한 '반역 음모' 아니냐는 의심을 받았기 때문이다. 복제 인간을 만들어내는 기술로도 땅덩이를 옮기지는 못하는 모양이다. 그런 재주만 있으면 총성으로 지새는 이스라엘과 아랍 국가들을 멀찍이 떼어놓을 수도 있고, 미국이라면 사족을 못쓰는 어느 나라를 로스앤젤레스—당분간 뉴욕은 금물이니—앞바다쯤에 떠메다 놓을 수도 있을 텐데 말이다. 궁즉통(窮卽通)! 미국은 육지 대신 바다를 내세워—일례로 아시아태평양경제협력체(APEC)를 통해서—아시아에 들어왔다. 그러나 아시아나 동아시아로 명패를 박을 때는 이런 편법마저 통하지 않는다.

정부는 5일 브루나이에서 개최되는 아세안+3 정상 회담에 위의 비전 그룹이 준비한 6개 분야의 57개 권고 사항을 제출할 예정이다. 그중에는 동아시아자유무역지대(EAFTA), 동아시아투자지역(EAIA), 동아시아통화기금(EAMF) 설립 등 굵직하고 묵직한 제안들이 포함되었다고 한다. EAEC가 EAFTA와 EAIA로 성형 수술을 하고, AMF가 EAMF로 주민 등록을 옮겼지만 미국이 불청객이란 사정은 변함이 없다. 그러나 김 대통령은 마하티르 총리와 달리 미국한테 '기피 인물'이 아니고(!), 한국 또한 일본과 달리 미국에 반역 음모(?)를 꾀할 리가 없으므로 이번 비전그룹의 보고서는 미국의 반발에 부닥칠 소지가 적다는 것이다. 예컨대 EAMF는 절대로 IMF의 라이벌이 아니고, 금융 위기에 안전망 노릇이나 하는 보완 장치일 뿐이라고 미리 '알아서 기는' 마당에, 9·11테러 이후 여러 모로 걱정이 많을 미국이 전처럼 "무조건 안 돼"만으로 밀어붙이기는 어렵지 않겠느냐는 '김칫국' 전망이 나오기 때문이다.

니버의 심심한 강의보다 한층 더 흥미진진한 현실이 있었다. 기원전 4

세기 일곱 나라가 천하의 주인을 다투던 중국의 전국 시대에 소진은 약소국들이 힘을 합쳐서 강대국에 맞서는(合衆弱以攻一强) 합종책을 역설했다. 반면에 장의는 강대국을 섬기며 그의 도움으로 이웃 약소국을 누르는(事一强以攻衆弱) 연횡책을 설파했다. 모두가 난세를 살아가는 약자의 계책이지만, 합종의 약점은 새우 진영 내부의 이해 충돌로 동맹이 깨지기 쉽다는 것이고, 연횡의 약점은 고래한테 도움 받는 대가로 그의 요구를 계속 들어주다가 마침내 속국이 된다는 데에 있다. 아무래도 내 귀에는 연횡보다 합종이 솔깃하게 들린다.

다시 한번 나는 동아시아의 협력과 단결이 절대로 필요하다고 생각한다. 그것이 미국에 적대적일 이유가 없다. 동북아 경제의 재도약 방안을 묻는 질문에 최근 미국의 제프리 삭스(Jeffrey Sachs) 교수는 "아시아가 통합된 경제 체제를 갖추는 것이다. 그래서 미국 경제의 영향을 크게 받지 않는 체제를 구축했으면 한다"라고 대답했다. 한 · 중 · 일 3국의 교역이 더욱 확대되어 '지역 경제 블록'으로 발전하라는 그의 조언은 현대판 합종책이다. 미국의 영향에서 벗어나 지역 경제 블록을 만들라니, 그 말만으로도 불온하기 짝이 없다.

"나 지금 떨고 있니?"

"떨 것 없다니까!"

•2001년 11월 2일

그들이 던지는 숙제

현대의 민주 국가는 대통령의 임기를 단임이나 중임으로 제한한다. 장기 집권을 막으려는 것이다. 그러나 대통령을 지냈다는 이유만으로 다시는 대통령을 못하게 한다면, 그것도 공정한 처사는 아닐지 모른다. 더구나 그가 아주 유능한 인물일 경우에는 그런 공민권 제한(?)이 국가적 손실이 된다. 독재는 막되 능력은 살리는 무슨 묘안이 없을까?

베네수엘라 헌법이 이런 고민을 풀어준다. 대통령 퇴임 뒤 10년이 지나면 재출마 권리를 인정하기 때문이다. 법이 그렇다는 것이지 전임 대통령의 치적을 10년이나 고이 기억했다가 그에게 투표할 사람이 과연 몇이나 되랴? 이런 우리네 선입견과 달리 근래에도 그런 대통령이 둘이나 있었다. 1988년 선거에서 카를로스 페레스는 퇴임 10년 만에 다시 정권을 잡았고, 1993년 선거에서 라파엘 칼데라는 25년 만에 다시 권좌에 올랐다. 베네수엘라에서 태어나지 못해 원통할 사람이 우리 사회에도 한둘이 아니겠으나, 그들의 컴백은 완전히 스타일을 구겼다. 페레스는 공금 유용으로 탄핵되고, 칼데라는 국제통화기금에 긴급 지원을 구걸했기 때문이다. 쇠가죽처럼 질긴 재집권 야심 못지 않게 유권자의 인심도 별난 것이 사실이다. 그 질기고 별난 취미들을 이어주는 고리가 인기(人氣)라는 화상이고, 이를 바탕으로 정객의 선동과 유권자의 열광이 한판 어우러진 부흥회가 바로 민중주의(populism)이다.

인기가 허기를 면해주지는 못한다. 그래서 민중주의는 제법 과격한 개혁을 약속하게 마련이다. 개혁 대상은 가진 자들(haves)이고, 개혁의 레토릭이 강할수록 그 반대편(have-nots)의 박수가 클 것은 정한 이치이다. 개혁으로 가진 자의 몫만 나누려고 하다가는 기득권층의 결사적 반격에 부닥친다. 다행히도 베네수엘라는 매장량 세계 6위, 수출액 세계 4위의 석유라는 천혜의 선물이 있었다. 주변 국가들에 비해 민중주의 성공의 물적 기반이 그만큼 두터웠으나 결과는 엉망이었다. 국내총생산의 20%, 정부 예산의 50%에 이르는—지난 20년간 누계로 3000억 달러가 넘는—석유 수출 대전(petro-dollar)이 인기 위주의 '전시(展示) 효과' 사업에 탕진되고, 이 과정에 부패가 만연했기 때문이다. 물보다 기름이 흔할 이 나라가 1980년대 들어 유가의 지속적 인상, 자동차 최고 속도 80킬로미터 제한, 주유소 영업 시간 단축, 승용차 7부제 시행 등의 '유류 긴축' 조치를 취했으니 그야말로 코미디 소재가 아닌가?

지난 12일 군부의 강요로 퇴진했다가 51시간 뒤에 복귀한 우고 차베스 대통령 역시 민중주의 신앙의 열렬한 전도사이다. 경제 실정에 항의하는 가두 시위로 최소한 16명이 죽고 300명이 다치는 참변 속에서도 그는 국영 방송을 통해 장밋빛 열변을 2시간이나 토했다. 1992년 공수 특전단의 차베스 중령은 페레스 정권을 전복하려다가 실패했다. 그는 실패한 쿠데타와 2년 복역을 오히려 개혁의 상징으로 내세워 1998년 대통령 선거에서 낙승을 거둔다. 민중주의의 말로가 대개 그러하듯이 그도 여기서 자만한 듯하다. 일례로 "나의 반대파가 보지 못한 것은……우고 차베스가 그냥 차베스가 아니라 베네수엘라 민중이란 사실"이라고 기염을 토했다. 정치 외압에서 벗어나려는 국영 석유회사(PdVSA)를 "위스키 마시며 질탕하게 노는 호화 별장"이라고 몰아치며 낙하산 인사를 강행했다. 인구의 96%가 가톨릭 신자인 나라에서 성직자를 향해 "그리스도의 길을 걷지 않는다"고 퍼부었으니 이승은 물론 저승에서도 구원받기 어렵게 생겼다. 그러나 그것은 약과이고, 정말로 중죄가 있다. 하필이면 쿠바의 카스트로, 리비아의 카다피, 이라크의 후세인, 이란의 하타미 등 '악의 싹'들을 골라가며 친구로 사귀었기 때문이다. 9 · 11테러의 복수에 대해서도 그는 "테러를 통한 테러와의 전쟁"이라고 비꼬면서 미국의 심사를 건드렸다. 죽으려고 환장한(!) 것이다.

민중을 지지파와 반대파로 가르고, 노조마저 적으로 돌린 차베스의 극단적 민중주의는 당연히 역공을 불렀다. 사흘 천하 쿠데타 배후에 미국 국무부와 국방부가 있었다는 소문이 소문 아닌 사실로 굳어지는 듯하다. 지난 2월 21일 『파이낸셜 타임스』는 1980년대 군부 독재로부터 성공적으로 정권을 회수한 라틴 아메리카의 민간 정부들이 근자에 자유주의 개혁의 실패로 과거의 민중주의와 권위주의 체제로 회귀한다고 지적했다. 신자유주의에 좌절하고 민중주의도 대안이 아니라는 그들의 고민이 우리에게 던지는 숙제는 무엇인가?

•2002년 4월 19일

악연에서 선연으로

"카터는 선하고 도덕적인 사람이 분명하다. 대통령에서 물러난 이후 그의 경력은 이를 더욱 확실하게 보여준다. 그러나 대통령으로서는 분명히 실패한 사람이다." 네이슨 밀러는 그의 저서 『이런 대통령 뽑지 맙시다』(혜안, 2002)에서 미국 최악의 대통령 10인을 뽑으며 그 수위에 카터를 올렸다. 역대 42명의 대통령 가운데 그의 치적이 꼴찌라는 말씀이다. 그러나 퇴임 뒤에 가장 훌륭하게 활동하는 대통령이 누구냐는 앙케트에서 카터는 득표율 38.9%로써 클린턴·부시·레이건·포드를 누르고 단연 1등이었다. 대통령보다 전직 대통령으로의 인기가 더 좋다는 사실이 달콤할지 씁쓸할지 여부는 본인만 아는 비밀일 터이다.

그 카터가 지금 미국의 전·현직 대통령으로는 사상 처음으로 쿠바를 방문하고 있다. 14일자 국내 신문들에 대문짝만하게 실린 카터와 카스트로의 악수 사진을 대하며 나는 양인의 악연(惡緣)을 떠올렸다. 악연이라면 미국과 쿠바의 업이겠지만, 미국 대통령과 쿠바 국가평의회 의장이 그것을 피할 길은 없었다. 카스트로는 비록 실패한 것이기는 하지만 카터가 추구한 '도덕 정치'에 높은 점수를 주고 있었다. 그러나 미국 대통령들한테 쿠바는 아무리 두들겨 패도 좋은 '동네 북'이었고, 북소리가 클수록 반공 단체와 쿠바 망명자들로부터 지지도가 올라갔다. 1978년 카터는 쿠바가 세계의 독버섯 같은 존재라고 몰아붙였다. 독버섯의 새 버전이 '악의 축'일 텐데, 독이든 악이든 말은 험했지만 물밑으로는 수판질에 바빴다.

미국 외교관 웨인 스미스는 당시 아바나에서 카스트로와 만나고 있었다. 서로 몸집이 비슷하고, 모두 구레나룻을 기르고, 똑같이 쿠바 여송연을 즐기는 이들은 얘기가 통했다. 쿠바가 정치범을 석방하고 그 가족들의 출국을 허용하는 대가로 미국은 경제 봉쇄 철회를 비롯한 관계 개선을 약속했다. 그해 연말 쿠바는 3000여 명의 정치범 석방과 2300여 명의 출국 허가를 발표했고, 미국도 의약품 수출과 항공로 재개를 검토함으로써 관계 개선이 실현되는 듯했다. 그러나 미국 정부 대표단이 정치범 출국을 돕기 위해 아바나에 도착할 무렵, 미국 안보를 결정적으로 위협할 소련제 고성능 전투기가 쿠바에서 '새로' 발견됐다는 보도가 느닷없이 터져 나왔다. 뭐가 될 만하면 어김없이 마(魔)가 끼는 이런 장면은 우리에게도 생소하지 않은데, 이를테면 핵무기를 탑재할 당시의 미그-23 시비 대신 핵탄두로 장전할 현재의 대포동 미사일 시비 정도가 다르다면 다를지 모르겠다. 카스트로는 1년 전부터 쿠바 영공을 날고 있는 것이 무슨 비행기인지조차 가리지 못할 만큼 미국 중앙정보국이 멍청하냐고 대들었지만, 카터는 쿠바 해안에서 정찰 비행과 군사 훈련을 명함으로써 화해의 발길을 돌렸다.

1979년 카스트로는 유엔 총회 연설을 위해 뉴욕을 방문했다. 쿠바의 수상이자 비동맹회의 의장인 그를 케네디 공항 관리들이 30분이나 붙들어놓고 시시덕거렸다. "폭탄은 가난하고 병들고 무지한 사람을 죽이겠지만, 기아와 질병과 무지를 없앨 수는 없습니다"라는 카스트로의 연설은 기립 박수를 받았지만, 그럼에도 "우리는 공산주의 압제로부터 자유를 찾아 나선 망명자들에게 열린 가슴과 열린 두 팔을 내밀 것입니다"라는 카터의 쿠바 탈출 선동은 막 도리가 없었다. 카스트로는 보트 피플을 막는 대신 "떠나려는 마지막 한 사람까지 여권을 내주겠다"고 공언했다. 이런 배짱은 탈출 난민을 잡아다가 수용소에 가둔다는 어디의 누구와 많이 다르다. 망명 대열이 장장 12만을 넘어서자, 마침내 난민 수송 금지 명령으로 카터가 먼저 손을 들었다. 열린 마음에도 한도가 있었던 모양이다. 카터의 재선 실패로 양인의 악연은 끝났지만, 뒤이은 레이건 정부는 쿠바에 차라리 재앙이었다. 전직 대통령 카터의 민간 외교 활동에 현직 대통령 부시는 심기가 몹시 불편한 듯하다. 카터의 방문 직전 미국 국무부는 쿠바의 생물학 무기 개발을 거론했고, 이에 카스트로는 올림픽 메달 수준의 거짓말이라고 반박했다. 이런 의혹 공방도 어디서 많이 듣고 있다.

아바나 대학 연설에서 카터는 세계 최강국 미국이 먼저 경제 제재 철회와 여행 자유화 조치를 취하라고 주문했다. 그렇다고 쿠바 쪽 관심사만 전한 것은 아니니, 그의 '등록 상표' 인권 문제를 거론하고 '반체제' 인사들을 만났으며, 특히 미국이 생화학 무기 개발 연구소로 의심해온 유전생명공학센터를 방문하기도 했다. 그럼에도 부시 정부는 쿠바 여행 제한 강화, 반체제 세력 지원 확대 등의 강경 조치를 20일쯤 발표할 예정이라고 CNN방송이 전했다. 현직을 이길 전직은 없으므로 카터와 카스트로의—미국과 쿠바의—악연이 쉽게 선연(善緣)으로 바뀌기는 어려우리라. 실제로 부시는 이란·이라크·북한 등 악의 축 지명에 이어서, 리비아·시리아와 함께 쿠바를 '악의 축 후보' 명단에 올려놓고 있다. "지미 카터 전 대통령은 아무것도 이루지 못하는 조지 부시 현 대통령보다 더 많은 것을 이룰 것"이란 웨인 스미스의 기대가 맞더라도, 42년 전운 덮인 카리브해의 풍랑은 여전히 험할지 모르겠다.

•2002년 5월 17일

■ **후기** ■

　노르웨이의 노벨위원회는 2002년 노벨 평화상 수상자로 지미 카터를 선정했다. 전년의 수상자 김대중 대통령을 둘러싸고 수상 로비니 공작이니 온갖 불쾌한 소문이 나돌던 터라 카터의 수상 소식이 한결 돋보였다. 지구촌 곳곳에서 벌어지는 분쟁의 해결사 노릇을 자임한 노력과 공로에 대한 보답이라는 시상 이유도 설득력이 있었지만, 집 없는 사람에게 집을 지어주는 해비타트(Habitat) 운동에 손수 톱과 망치를 쥐고 참여한 그의 모습은 한층 더 멋이 있었다. "카터를 수상자로 선정한 것이 조지 부시 대통령에 대한 비난으로 해석될 수도 있다"는 노벨위원회 군나르 베르제 위원장의 너무 친절한(?) 설명이 옥에 티가 될 수도 있지만, 그렇게 해서라도 이라크에 대한 부시의 무력 행사가 중지된다면 그 티가 카터한테 별로 섭섭하지 않을(!) 듯하다.

달러와 주먹

미국의 군사 예산은 세계 군비 지출의 1/3이 넘고, 미국 다음 9개 강대국의 지출 총액보다 많다. 그래서 어떤 적대국들도 감히 도전할 수 없는 절대적 우위를 점하고 있다. 미국이 자의로 '불량배 국가'라고 지목한 나라들이 있지만, 이들이 정말 미국 안보에 중대한 위협이 되는지에 대해서는 국제 사회에 말들이 많다.

그러나 경제력은 형편이 다소 다르다. 일례로 미국의 국내총생산은 세계 전체의 1/3이 안 되고, 9강 전체 규모에도 크게 못 미친다. 그렇다고 미국 경제가 그 경제력만큼만 힘을 쓰는 것은 아니다. 경제적 경쟁은 폭탄만 사용하지 않을 뿐, 그 냉전적 대결은 열전 못지 않게 집요하다. 요즘 경제계 일각에 V자와 W자를 놓고 '경기 타령'이 한창이다. 1990년대 신경제 전개로 종래의 경기 순환은 끝났고, 그래서 경제학 교과서를 다시 써야 한다고 기염을 토하던 사람들이 있었다. 10년 호황 끝에 신경제 행진이 주춤하면서 이들의 믿음도 흔들렸으나, 9·11테러 악몽을 딛고 경기가 살아나자 이들은 용기를 되찾았다. 연말을 고비로 미국 경제가 본격적인 회복기에 들어섰다고 믿는 사람들은 V형을 주장하고, 일시적

회복 뒤에 새로운 불황을—소위 경기 재침체(double dip)를—걱정하는 사람들은 W형을 내세웠다. 이런 맥락에서 보자면 V형 경기는 신경제 예찬자들이 간직한 미련의 산물이기 쉽고, W형 경기는 구경제에 숙달된 고집의 소산일지 모르겠다. 금주 갑자기 세계 증시를 강타한 미국발 금융 불안은—금융 불황 징후는—후자의 손을 들어주는 느낌이다.

1달러가 1,015유로까지 떨어졌다. 추락하는 모든 것은 날개가 있다는데 최근의 달러 추락에는 날개조차 없는 모양이다. 연말이나 되어야 1달러=1유로 시대가 오지 않겠느냐던 외환 전문가들의 느긋한 점괘가 무색하게 당장 이번이 벌어질 판이다. 1달러=1유로 형성에 무슨 특별한 의미가 있는 것은 아니지만, 그래도 달러와 맞먹자는 유로가 미국으로서는 자존심을 상하는 일임에는 틀림없을 텐데 부시 대통령은 달러 하락을 방치하겠다는 의사를 밝혔다. 나는 달러 약세 '원죄'의 하나를 멀리 신경제에서 찾는다. 신경제는 정보 기술 혁신과 증시의 거품이 만들어낸 공모의 산물이다. 리카도 이래 구경제가 숭배하던 수확 체감 원리를 끝장내고 '수확 체증'의 새 시대를 열었다고 자부하던 정보 기술은 애초의 기대만큼 고용과 소득에 기여하지 못했다. 그 신기루에 들떠 주가가 과도하게 부풀었으며, 이 거품을 담보로 가계는 마구 소비를 늘렸다. 그 통에 급증한 해외 수입으로 지난해 미국의 상품 수지는 무려 4300억 달러의 적자를 기록했다. 그런데도 버틴 것은 외자 덕분이었다. 장사는 거덜났지만 빚을 얻어 파산을 면한 것이다.

외자 유입에는 증시의 호황이나 '강한 달러'가 요청된다. 테러와 회계 부정 같은 장외 요인들이 주가 유지에 부담을 주었고, 경기 부양을 위한 연준리(FRB)의 금리 인상 보류 방침은 강한 달러에 제동을 걸었다. 증시에 거품이 빠지면서 미국 경제는 외자 이탈과 '약한 달러' 국면으로 돌아선 것이다. 달러가 약하면 상대 화폐는 강하게 된다. 강한 유로가 수출에는 부담이 되겠지만, 전체 교역의 68%가 역내 거래인 유럽연합(EU)은 물가 안정과 외자 유입의 재미가 제법 쏠쏠한 달러 약세를 은근히 반기는 표정이다. 강한 원화 역시 더 강한 엔화 때문에 채산성 악화에도 불구하고 아직은 수출을 과중하게 압박하지 않는단다. 그러나 원화 절상 속도가 엔화를 앞질러 원/달러 환율이 내년에 1100원까지 떨어지리라는 예측마저 나도는 판이어서 마냥 엔고(円高)의 겉불을 쬘 수만은 없게 생겼다. 더욱이 달러의 직접 사격권 밖에 있는 약한 위안화(元低)의 추격은 한층 심할 전망이다.

1985년 레이건 정부는 달러의 강제 절하를 위해 선진 5개국(G-5) 중앙은행들을 의무적으로 시장에 개입하도록 하는 소위 플라자 협정을 체결했다. 상대국들은 인위적 환율 조작보다 긴축을 통한 미국의 무역 적자 해소를 바랐지만, 그들 모두의 주먹보다 더 센 미국의 주먹에 굴복하는 수밖에 없었다. 구경제 불황 탈출에는 강한 주먹으로 약한 달러를 만들어냈지만, 신경제 불황 탈출에서는 약한 달러로 강한 주먹을—수출 강공을—노리는 듯하다. 약한 원으로 우리가 수출을 늘린 것처럼 미국도 약한 달러로 수출을 늘릴 권리가 있다! 다만 이웃을 괴롭히는 주먹 같은 것이 없이도 가능한 국내 긴축은 왜 항상 논외 사항인지 그것은 묻고 싶다.

•2002년 6월 28일

제5부

시장 원리 빠진
시장 경제

너무 비싼 수업료

유대인 아낙이 랍비를 찾아와서 온갖 고민을 하소연했다. 웃다가 울다가 몇 시간이나 푸념을 늘어놓고는 마침내 이렇게 말했다.

"이제 속이 후련하네요. 두통이 싹 없어지는 것 같습니다."

"웬걸요. 이제는 내 머리가 아파 오는데."

사람의 걱정을 듣고 고통을 덜어주는 일이 천직인 랍비의 머리 아픈 것쯤이 뭐 그리 대단하랴? 아무리 푸념해도 두통이 가시지 않고, 남의 걱정에 나의 골치만 아픈 경우도 숱한데 말이다. 삼성자동차 현안을 대하는 나의 심정이 그렇다. 삼성·채권단·정부 모두가 두통을 호소하지만, 그 고민을 해결할 뾰족한 방법이 없다. 삼성자동차 근로자와 부품 업체를 비롯한 선의의 피해자들은 머리 아픈 정도가 아니라 생계를 위협받는 절박한 처지에 놓여 있다. 그런 사태를 바라보는 국민 역시 가슴만 답답할 뿐이다.

나는 이 글이 부를 '오해'를 다소 짐작한다. 그럼에도 먼 후일의 복기(復棋)를—글쎄 세월의 청문회라고 해도 좋다—위해서 내 생각을 정리한다. 미리 밝히지만 나는 시대의 유행인 '경제 논리'라는 화상을 별로 좋아하지 않는다. 그러나 그것을 대신할 다른 기준이 마땅찮을 때 차선의 대안으로 수락해야 하는 현실마저 거절하지는 않는다. 삼성자동차 문제는 당초 경제 논리를 경시한 외부 개입에서 시작되었다. 그리고 고통을 덜어줄 랍비로서 덥석 정치 논리에 기댄 것이 불찰이었다. 이때의 경제 논리는 정치 논리의 반대 개념이다. 1994년 삼성이 자동차 사업에 진출할 당시 동종 업계는 물론 정부 안에도 반대가 심했다. 수출 위주와 인력 스카우트 자제라는 약속이 있었지만, 그것을 허용한 정부 쪽의 계산으로는 부산 지역에의 공장 유치라는 정치적 고려가 앞섰다.

국제통화기금 한파로 경제가 위축될 대로 위축된 작년 2월 삼성자동차는 제품 생산을 개시했다. 중복 투자와 과잉 설비가 환란의 원흉으로 성토되던 당시 삼성의 신참 자동차는 도마 위의 '미운 오리'일 수밖에 없었다. 그리고 빅 딜(big deal)이 나왔다. 이것도 경제 논리보다는 정치 논리의 소산이었다. 재벌간의 사업 교환으로 중복 투자의 낭비를 줄이자는 발상 자체는 경제 논리로도 나무랄 수가 없다. 그러나 그 과정을 정치가 주도한 것은 '결과적으로' 잘못이었다. 차라리 시장에 맡겼던들 오늘의 분란과 피해를 크게 줄였을지 모른다. 비록 정치가 개입하더라도 대우의 삼성자동차 인수 구도가 최선의—하다못해 차선의—선택인지는 여전히 의문이다. 본래 자동차는 현대로, 반도체는 삼성으로, 석유화학은 엘지로의 수퍼 딜(super deal) 시나리오가 있었다는 소문도 있다.

삼성자동차의 부채를 경영 실패의 물증으로 질책하는 것은 적어도 경제 논리로는 온당하지 않다. 자동차와 같은 장치(裝置) 산업은 엄청난 초기 투자가 필요하고, 소위 '손익 분기점'까지의 적자는 애초에 예상된 손실이기 때문이다. 그리고 정부가 발설한 빅 딜 논의도 부채를 가중시킨 요인의 하나가 되었다. 휴업 기간의 손실은 말할 것도 없고, 미구에 생산이 중단될 차를 새로 구입할 사람이 어디 있겠는가? 기아자동차 경우와는 달리 삼성자동차의 부채는 소위 '협조 융자'나 워크아웃 따위의 구제 금융 없이도 상환이 가능하다는 점에서 일정한 구별이 필요하다.

삼성그룹 자체 해결을 위한 계열사 동원의 편법은 경영 부실과 주주 이익 침해라는 부작용을 초래한다. 그래서 총수의 사재 출연이 거론된 것이다. 그 이면에는 정부의 강력한 독려가 있었겠지만, 이것이 또 암초에 걸렸다. 이번에는 언론과 시민 단체의 포화를 맞았다. 삼성생명 주식을 팔아 삼성자동차 빚을 갚겠다는 이건희 회장의 제의는 비상장 주식의 상장에서 생기는 엄청난 특혜를 노린 암수(暗數)라면서, 상장을 통한 부채 해결 논의에 재갈을 물렸기 때문이다. 비상장 삼성생명 주식의 상장 자체를 반대하는 것인지, 그 주체가 이 회장이기 때문에 반대하는 것인지 그 전말은 확실하지 않다. 혹시 9000원에 산 삼성생명 주식을 70만 원에 파는 것이 문제라면, 5000원짜리 SK텔레콤 주식이 160만 원으로 팔리는 것도 문제삼아야 한다. 나아가 보험회사 자산이 계약자의 몫이기도 하기 때문에 상장의 이익을 나누어야 한다면, 예컨대 은행 자산 역시 예금자의 몫이기도 하기 때문에 주주는 주식 거래 이익을 예금자와 나누어야 옳다. 형식 논리로 따지자면 대출 고객도 그 이익 분배에 빠져서는 안 될 것이다.

채권단은 아주 '막가파'의 논리를 들이댄다. 아침 다르고 저녁 다른 것이 세상 인심이기는 하지만, 그들의 인심에는 차라리 쓴웃음밖에 날릴 것이 없다. 삼성의 신용을 믿고 담보조차 없이 허겁지겁 돈을 빌려줄 때는 언제이고, 상장도 하기 전에—상장 시가가 얼마인지 알기도 전에—다른 재산을 더 내놓아야 한다고 대들 때는 또 언제인가? 삼성이 신청한 법정 관리가 허가되면 일정 기간 채무가 동결된다. 그것이 초조할 터이다. 그러나 기업 이미지 보호를 위한 원모 심려든, 여론의 팔매를 피하려는 궁여지책이든 삼성은 법정 관리 신청에도 불구하고 부채 상환을 약속했다. 결국 법이 여론과 정서에 밀린 셈인데, 이 해법마저 자꾸 틀어지고 있다.

그리고 또 부산 경제 지원이 남았다. 문을 닫는 마당에 문닫은 뒤의 지역 경제까지 도와야 하는 현실이 적이 잔인하지만, 근로자와 협력 업체에 대한 국내 최고 기업의 '도덕적' 책임 이행이라는 점에서 불가피한 측면이 있다. 그러나 청산이 최상책이라는 전문가들의 의견이 옳다면, 제삼자 인수를 통해 억지로라도 가동시키려는 궁리는 또 한번 정치가 경제 논리를 죽이는 행위가 된다. 그러니까 기업은 내놓되 문을 닫아서는 안 되고, 그 뒷감당까지 하라는 것이다. 그냥 두면 죽이 되든 밥이 되든 알아서 할 텐데 빅 딜이 막았고, 사주의 사재를 털어 빚을 갚겠다는 제안은 특혜 시비에 휘말리고 있으며, 손을 털고 나서도 지역 경제 회생의 부담을 적잖이 떠맡아야 하는 이 '억울한' 현실 앞에 삼성으로서는 하고 싶은 말이 많을지 모른다. 실패의 '수업료'로는 너무 비싼 것이 사실이다. 피해자가 누구든, 가해자는 비경제 논리말고 따로 없다. 유감스럽게도 경제에는 두통을 대신 앓아주는 랍비가 없다.

• 1999년 7월 15일

■ 후기 ■

1999년 8월 삼성자동차 부채 3조1000억 원을 보전해주는 대가로 16개 채권 금융단은 이건희 회장의 삼성생명 주식을 보관하기로 했다. 그가 내놓은 350만 주의 시세는 2조4000억 원이고, 현금화 약정 시기는 2000

년 말이었다. 그러나 증시 상장 결정권을 쥔 재경부가 몸을 사리고, 상장 이익을 보험 계약자들과 나누어야 한다는 시민 단체들의 '거친' 항의에 2002년 10월 현재까지 현금화 약속이 지켜지지 않았다. 그 뒤의 주가 하락으로 2조4000억 원 회수가 무망한 형편이며, 그 결과 엄청난 공적 자금이 추가로 투입되었다는 논란이 국회에서 제기되었다.

소위 빅 딜 정책은 1999년 12월 김대중 대통령 당선자 시절에 논의가 시작되고, 1998년 7월 정·재계 간담회를 거쳐 이해 9월 전경련의 발표 형식으로 공식화했다. 그러나 정부 관리로는 최초로 2002년 9월 전윤철 경제 부총리가 "빅 딜이 좋은 시책은 아니었다"고 토로했다. 주가 하락과 경영 부실 등으로 부채의 출자 전환에 따른 대출금 회수가 어려워졌고, 그래서 18조 원을 날렸다는 국정감사에서의 추궁도 나왔다. 빅 딜 지원에 따른 금융 기관 부담을 줄이기 위해 추가로 공적 자금을 쏟아 부어야 했으니, 빅 딜 실패로 인한 국고 낭비가 18조 원에 이른다는 국회의 추궁이 턱없이 과장은 아니다.

미친 듯이, 더욱더 미친 듯이

튤립은 16세기 콘스탄티노플을 거쳐 유럽에 퍼졌다. 그 이름조차 터번 (turban)이라는 터키 말에서 나왔다고 한다. 처음에는 고상한 취미를 과시하는 귀족층 정원의 완상용 화초였다. 사회의 풍조라는 것이 대개 그렇듯이 지체 높은 양반들이 즐기는 취미는 아랫것들한테도 선망의 대상이 된다. 그래서 중류층도 슬금슬금 제집 마당에 이 꽃을 심기 시작했다. 튤립이 이렇게 신분을 가르는 상징이 되자, 이것을 기르지 않는 사람은 자연 하층민 대접을 받게 되었다. 수천만 원대의 고관 부인네 모피 옷도 아니고, 수십억 원을 호가하는 투기 졸부들의 호화 아파트도 아닌 그야말로 꽃 한 송이 때문에 괄시 당하고 싶은 사람이 어디 있겠는가? 그래서 사람들은 '미친 듯이' 이 신분 상승의 꽃을 구하려고 했다.

여기까지는 그런 대로 아름답게 보인다. 내막이야 어떻든 다른 것도 아닌 꽃 기르기 경쟁이니 그것을 타박할 수야 없지 않은가? 그러나 이 아름다운 얘기를 망쳐버린 화상이 있으니, 그게 곧 경제의 개입이었다. 꽃과 경제는 결코 어울리지 않는 배필이지만, 사람의 욕심이 그만 그렇게 만들어버렸다. 수요가 공급을 앞지를 때 가격이 오르는 것은 시장이 가르치는 상식이다. 너도나도 달려드는 바람에 튤립 구근(球根) 값이 천정부지로 치솟자, 사람들은 '더욱더 미친 듯이' 이 보물을 사 모으기 시작했다. 고상한 취미 흉내는 뒷전이고 이제는 투기가 목적이었다. 자고 나면 튤립 얘기이고, 자다가도 튤립 꿈을 꾸었다. 부자는 땅과 집을 팔고 하려는 점심을 거르며 튤립 투기로 덤벼들자, 암스테르담의 증권거래소는 튤립 거래를 아예 상장 종목으로 내걸었다. 돈부터 받고 물건은 나중에 건네주는 현대판 '선물 거래'가 판을 치는가 하면, 이 북새통에 상인들은 이중 삼중 계약으로 돈을 챙긴 뒤 부도를 냈다. 1634년 네덜란드의 '튤립 공황'은 이렇게 시작되었다.

증권 투기가 꽃처럼 아름다울 수는 없다. 그러나 그것도 시대의 유행이라면 굳이 비난할 이유가 없다. 투기와 투자의 다른 점은 '부가가치' 생산 여부에 있다. 고스톱 판에서 누가 1000원을 따면 다른 누군가는 반드시 1000원을 잃게 마련이다. 증시도 그렇다. 그러나 두부 공장에 1000원을 투자하면 1000원 이상의 가치를 생산한다. 주주·회사·소비자 누구도 잃지 않고 이익을 얻기 때문이다. 유식한 말로 투기는 영합(zero-sum) 게임이지만, 투자는 양합(positive-sum) 관계이다. 투기로 모두 부자가 된다면, 복덕방과 증권 회사만 있으면 될 것이다. 집을 지어야 복덕방이 뒤따른다는 이치는 초등학생도 알고 있다. 그런데 이 '빌어먹을' 투기가 국제통화기금(IMF) 탁치가 끝나기도 전에 기승을 부린다. 작년 6월 270포인트까지 떨어졌던 종합주가지수가 현재 1000포인트를 넘나든다. 그중에는 일약 22배까지 뛴 주식도 있으니 이 통에 한몫 잡은 몇몇 졸부는 IMF 치세야말로 태평성대라고 읊조리리라. 그래서 치마 부대가 증시 객장을 메우고, 학생은 등록금을 들고 투전판으로 내달으며, 직장인의 컴퓨터 단말기는 증권 시세표를 누비고 있다. 이 벼락부자 열풍에 집과 땅이 문제고, 점심 따위가 상관이랴! 염치고 나발이고 저도 모르게 모두들 환장한 것이다.

　가격 조작은 투기의 에이비시에 속한다. 투기꾼들은 멀쩡한 튤립에다 등급을 매겨 가격 차별화 작전을 펼쳤다. 당시 유럽 제일의 해상 강국이던 네덜란드에서 해군 제독의 인기는 오늘의 마이클 잭슨 못지않았다. 약삭빠른 상인들은 제독의 이름을 빌려 '리프킨 튤립'이니 '반 데르 아이크 튤립'이니 멋대로 만든 혈통 증명서를 시중에 뿌렸다. 황소 한 마리 값이 100플로린이던 시절 리프킨 튤립 뿌리 하나에 4400플로린이었다니 그 족보의 위력을 짐작할 만하다. 황소 1000마리를 팔아 튤립 뿌리 40개를 사고도 득의의 웃음을 터뜨렸다는 기록으로 미루어 당시 네덜란드는 투기를 넘어 광기가 번득이는 사회였다. 한번은 수입 화물을 싣고 온 선원에게 수고의 뜻으로 주인이 훈제 청어 한 마리를 내주었더니, 그는 무심코 선주 사무실의 '양파' 하나를 들고 나가 기분 좋게 점심 식사를 마쳤다. 나중에 알고 보니 그 양파는 '셈페르 아우구스투스'라는 튤립 구근이었다. 어떤 고지식한 프랑스 경제학자의 계산에 따르면 그 값이 현재의 우리 돈으로 4000만 원이나 된다. 상인은 즉석에서 졸도했고, 4000만 원짜리 점심을 먹은 선원은 이유도 모른 채 포청에 갇혔다.

　그로부터 세기가 네 번이나 바뀌는 오늘 이 땅에서 리프킨 수익증권과 반 데르 아이크 펀드가 이름을 바꾸어 판을 친다. 한쪽에서는 주식 투기로 모두가 중산층의 반열에 올라서자고 장밋빛 장래를 부추긴다. 다른 한쪽에서는 그렇게 중산층이 늘어나면 빈곤이 줄어야 할 텐데, 빈민의 대열은 오히려 늘어나지 않느냐고 되받아 친다. '바이 코리아' 감언을 퍼뜨린 어느 분의 점괘대로 수년 내에 주가 지수가 6000포인트로 오르더라도 사회의 소득 격차가 그만큼 더 벌어진다면 그것이 반가울 수만은 없다. 1억 원으로 석 달 만에 17억 원을 땄다는 성공 사례가 베스트 셀러 목록에 오르는 세태에 부처님말고 구미가 동하지 않는 사람이 몇이나 되겠는가? 빚더미에 올라앉은 기업조차—그 빚으로(?)—투기에 열을 올린다니, 우리 사회 역시 350년 묵은 네덜란드 망령에 홀린 것인가? 문제는 4000만 원짜리 튤립 뿌리를 걸터듬는 거부의 탐욕이 아니다. 4000원짜리 점심을 먹으면서도 튤립 횡재를 바라는 서민의 애달픈 꿈이다.

증시가 잘되면 공장이 잘 돈다는 말씀을 난들 모르지 않는다. 그러나 이런 경험도 있다. 어느 재일 평론가의 기고(『서울경제』 6월 28일)에 따르면 '재(財) 테크'는 그 원산지 일본에서조차 사어가 되어버렸다. 재 테크 노름에 골몰한 기업들은 채무·설비·인원의 '과잉 3형제'로 엄청난 고통을 받는 반면, 우직하게 기술 개발에 힘쓴 기업들은 헤이세이(平成) 장기 불황을 거뜬히 이겨내고 있다는 것이다. 가계 역시 주식과 부동산 투기는 옛말이고, 무금리에 가까운 은행 저축을 찾는단다. 보통예금으로 100만 엔을 맡기면 연간 이자로 100엔짜리 동전 4개가 돌아온다는데, 우리 돈으로 치면 1000만 원 예금에 이자가 4000원 꼴이다. 세계 최고의 저축률을 자랑하는 일본식 '애국' 방법을 나는 여기서 찾는다.

1637년 위험을 알아차린 네덜란드의 투기꾼들은 얼른 튤립 구근을 팔아치웠고, 그래서 '대박'을 기다리던 사람들은 '피박'을 쓰고 말았다. 파산 속출로 사회가 들끓자, 결국 정부가 '봉'으로 나서 거래액의 10%를 대신 물어주었다. 정직한 노동과 정직한 보수, 그것은 사람 사는 사회의 변함없을 진리이다. 사람이 땀의 가치를 잊으면, 돈의 가치도 모르게 된다. 행여 그것이 시대에 뒤떨어진 '구지식인'의 푸념으로 들릴지라도, 나는 그 구시대의 지혜를 거듭 외칠 작정이다.

•1999년 8월

세계는 좁고 돈줄은 적다

술자리의 화제로 대우 사태가 도마에 올랐다. 원인 진단에서 사후 전망까지 모두가 한마디씩 거들었다. 그중 누군가가 "세계는 좁고 돈줄은 적어서 대우가 당한 거야. 달나라에 은행 서너 개만 있었어도 버티는 건데……"라고 이죽거렸다. 평소 그런 농담을 즐기지 않는 그 친구의 성품으로 미루어 대우 침몰에 나름대로 무언가 치밀어 오르기도 하고 안타깝기도 해서 그랬을 터이다. 시정의 분위기가 그렇지 않은가? 세계 경영의 내막이 고작 그런 것이었느냐면서 대우한테 속았다는 분노의 소리가 있는가 하면, 다른 재벌은 뭐 크게 다를 줄 아느냐면서 대우가 이 고비를 잘 넘기기 바란다는 동정적 여론도 있다.

나는 『세계는 넓고 할 일은 많다』는 김우중 회장의 패기를 존경한다. 세계가 넓은 것도 관심 밖이고, 할 일을 찾지도 못했던 1960년대 그의 동시대인 대부분에게 대우의 창업과 성장은 가히 하나의 신화였다. 무엇보다도 때가 맞았다. 군사 정권이 '결사적으로' 밀어붙인 정부 주도형 개발, 해외 지향적 성장 정책에 가장 특혜를 받은 기업이 대우라고 해도 과언이 아니다. 부자에 대한 시선이 곱지 않았던 박정희 정권은 대우의 성적표가 마치 자신의 경제 정책에 성패를 가리는 신임 투표라도 되는 듯이 앞뒤를 재지 않고 '무지막지하게' 대우를 도왔다. 이어 율산·제세·대봉 등 '무서운 아이들'이 대우의 길을 따랐으나 모두가 실패하고 말았다. 정권은 대우 하나로 족하다는 생각이었는지 모르겠다.『옛날, 옛날, 한 옛날』의 이야기책에 묻힌 지 오래지만, 이들의 달빛 전설은 대우 신화 구술(口述)에 빼놓을 수 없는 대목이다.

대우 좌초에 나 역시 분노와 연민의 감정이 엇갈린다. 그러나 그것이 달나라 은행 따위와는 무관하다는 생각이다. 대우의 비극은 정부의 고위 관계자가 설득했다는 대로 "시대가 변한" 것을 김 회장이 수긍하지 않은 데 있다. 그 시대의 변화와 관련해서 나는 특히 두 가지 사실을 주목한다. 하나는 정부가 시장을 요리하던 시절이 끝났다는 것이고, 다른 하나는 금융이 경제를 지배하는 시절이 왔다는 것이다. 나는 이런 변화를 앞장서서 맞아들일 생각은 없지만, 현실이 그렇게 돌아간다는 점은 순순히 받아들인다. 먼저 정부의 자금 조달 여력이다. 금융계 구조 조정 명목으로 국회 동의를 받은 공적 자금 64조 원 가운데 52조 원을 우선 급한 불을 끄는 데 디밀었지만, 부실 청산까지 앞으로 얼마가 더 들어갈지 아무도 모른다. 30조 원 정도의 추가 투입이 필요하다는 정부 일각의 전망에, 국민은 밑도 끝도 없이 '세금 먹는 하마' 부실 은행 지원에 반발하고 나섰다. 외세의 이해가 또 있다. 대우의 해외 채권단이 정부 보증을 요구한 행위는 아주 무례하지만, 국내 채권단과 동등하게 취급하라는 주장은 정당하다.

달나라 차관을 들여다가 대우에 빌려주어도 그것이 근본적인 해결책이 될 수는 없다. 그쪽 채권단이 아무리 어수룩해도 이자와 원금 상환을 잊을 리 없으며, 그런 점에서는 영악한 지구 채권단과 같을 것이기 때문이다. 김 회장은 금융 귀재라는 말을 듣고 있으며, 재계 중심의 은행 신설 구상을 밝힌 적도 있다. 그런 그가 금융에 발목을 잡힌 것은 몸에 붙은 버릇, 즉 은행 돈은 내 돈이라는 사고 때문일지 모른다. 자금 상환 압박이 가중되자 대우는 금리에 프리미엄을 붙여 회사채와 기업어음을 마구 발행했다. 높은 이자의 새 빚으로 묵은 빚을 갚는 '60년대식' 배짱으로 밀어붙였지만, 그것이 30년 뒤 국제통화기금 치하의 시장 상황에서는 더 이상 통하지 않았다. 행여 그 도박이 성공했다면 대우는 위기를 넘겼을지 모르나, 우리 경제는 엄한 반성과 수술의 기회를 놓쳤을 것이다. 시장 논리를 주문(呪文)처럼 내세우는 재벌이 바로 그 시장 때문에 무너지는 현실은 정녕 우리 재계의 참담한 역설이다.

나는 채권단이 발표한 대우의 장래를 크게 신용하지 않는다. 계열사 매각이든 분리든 그 각본대로 실행될지 의문이려니와, 김 회장의 역할과 거취도 여전히 모호하기 때문이다. 과거 수차의 재산 헌납 발언이나 대선 출마 논란 등 그의 '페인트(feint) 모션'을 기억하는 사람들한테는 그 약속의 신뢰도가 그리 높지 않은 것이 사실이다. 대우의 운명보다 중요한 일이 국가 경제의 장래에 대한 영향이다. 대우의 전자·조선·자동차 사업이 모두 외국에 넘어갈 모양이다. 어쩐 셈인지 채권단과 정부는 내놓아도 쉽게 팔리지 않을 것은 '매각' 대상으로 분류하고, 내놓기 무섭게 팔려나갈 것은 '해외 매각'으로 발표한다. 이자와 매매 차익을 노리는 금융 자본과 달리, 외자의 내국 기업 장악은 국민 경제에 엄청난 위험을 동반한다. 수입처 다변화 폐지로 일제 가전 제품이 홍수처럼 밀려오는데, 여기 '미국계' 대우전자가 합세할 판이다. 조선 사업의 해외 매각은 세계 수위의 선박 건조량을 다투는 '조선 한국'의 경쟁력에 구멍을 낸다. 그리고 대우 공장에서 만들어내는 GM자동차의 위력과 공세는 국내 자동차 산업에 치명적 타격을 가할 것이 분명하다. 귀 빼고 뭐 빼면 당나귀한테 남는 것이 없는데, 이것 주고 저것 주면 우리 경제는 대체 무얼 먹고 살려는가? 대우는 가도 숙제는 남는다.

●1999년 8월 19일

바로만 걷는다면

못 가에 게가 기어가고 있었다. 그런데 평소의 제 버릇대로 옆으로 기는 것이 아니라 앞으로 기는 것 아닌가? 이 희한한 광경을 보고 개구쟁이들이 모여들어 시끄럽게 떠들었다. 소란을 참다못해 게가 한마디 내쏘았다: "그래, 나 좀 취했어." 멀쩡하면 비뚜로 기고, 취하면 바로 기는 게의 '보행 질서'는 하늘이 정한 것이니 우리가 시비할 일이 아니다. 그러나 사람이 만든 질서에 이런 것이 있다면 당연히 바로잡아야 한다.

기업의 목표는 돈을 버는 데 있다. 그러나 돈을 버는 데도 마땅히 지켜야 할 질서가 있다. 최근 우리 경제의 주요 논란으로 떠오른 재벌 개혁역시 이 질서를 바로 세우려는 것이 목적이다. 재벌 개혁은 두 갈래로 추진되고 있다. 그 하나는 경영 구조 개선이다. 한 예로 과다한 채무를 줄여서 부채 비율을 낮추는 작업이 이에 속한다. 다른 하나는 지배 구조 개선이다. 이를테면 순환 출자를 금해 총수 중심의 선단식 소유 관행을 막으려는 노력이 그러하다. 여기 절대로 필요한 것이 기업의 투명성 향상이다. 국제통화기금 관리 아래 하도 혼이 난 터라 부채 비율 축소에는 재계도 동의했으며, 5대 재벌의 연말 목표인 200% 이하 달성이 적어도 두

세 기업에서는 가능할 듯하다. 문제는 총수 위주의 지배 구조이다. 순환 출자 편법은 출자 총액 제한으로 막을 수 있다. 이 제도는 벌써 시행하다가 외환 위기 이후 기업의 부담을 완화한다는 뜻에서 잠시 유보한 상태이다. 따라서 다시 시작하면 그만인데, 정부는 그 시기를 2002년으로 잡고 있다.

선단식 경영이 지배 구조 논란의 전부가 아니다. 총수의 독단적 결정이 기업에 엄청난 손실을 초래할 때라든가, 총수의 주주권 행사가 기업의 투명성을 저해할 경우가 또 있다. 이런 문제들은 법이나 제도로 쉽게 막을 수도 없는 것이 아니어서 해법 찾기가 한층 더 어렵다. 일례로 주총에서 사실상 총수의 지명으로 선임된 사내(社內) 이사들이 총수의 심중을 거스르며 의사 결정을 주도하기란 솔직히 엄청난 모험이고, 대개는 가능하지도 않은 도박이다. 밥줄이 정의감보다 무서운 현실은 참으로 치사하지만, 그 치사한 현실이 우리네 삶의 집합이라면 참고 견디는 수밖에 다른 도리가 없다. 더욱이 지배 구조는 소유 문제와 밀접히 연관되어 있다. 재산이 신성 불가침의 우상으로 행세하는 자본주의 사회에서 소유와 관련된 시비는 자칫 국시를 부정하는 반체제 행위로 오해되기 십상이다. 그래서 어렵다. 무엇인가 좀 고치기는 고쳐야겠는데, 이념과 체제와 색깔을 앞세워 시비를 거니 자꾸 망설여지는 것이다.

여기에 묘수가 나왔다. 소유는 건드리지 말고 지배 구조만 다소 손대자는 절충의 산물인 사외(社外) 이사 제도가 그것이다. 전문성을 갖춘 각계 대표가 이사회에 참석해서 총수의 오판과 전횡을 예방하고 경영의 투명성을 제고하려는 발상이다. 이런 '외압'의 시각으로 보자면 사외 이사는 기업에 반갑지 않은 불청객일 뿐이다. 정부가 시키니까 따르기는 하지만, 내심 불만이 적지 않을 터이다. 취해야 바로 기는 게처럼 사외 이사의 간섭이 성가시기 때문이다. 반면 부족한 지식과 정보를 보충하려는 목적으로 이 제도를 적극 활용하는 경우도 없지 않다. 소비자나 시민 단체 혹은 해당 분야의 권위자를 사외 이사로 초빙하여 전문성을 보강하고 회사 밖의 요구를 청취하려는 것이다. 취하지 않아도 바로 걷는 기업한테 사외 이사는 고마운 손님이다.

정부는 자산 1조 원 이상의 기업에 대해 사외 이사 비율을 현재의 1/4에서 1/2 이상으로 늘리는 구상을 밝혔다. 이대로 되면 현재 1800여 명의 사외 이사가 4000명 정도로 늘어난다. 재계의 반발은 예상한 것이었다. 기업의 비밀이 새고, 엉뚱한 얘기가 나오고, 의사 결정이 늦어지는 등 피해가 엄청나다는 주장이다. 반면 제도 도입을 강력히 내세운 시민 단체 역시 불만스런 표정이다. 절반이란 숫자가 중요한 것이 아니라 선임 절차가 문제라는 것이다. 사외에서 뽑더라도 총수의 거수기만 고른다면 말짱 헛일이라는 반론이다. 사실이 그렇다. 중요한 것은 제도가 아니라 제도의 내실과 운영이다. 예컨대 포항제철은 이사회 회의 광경을 그대로 녹화해서 종업원과 주주에 공개하고 있다. 그러니 사내 이사든 사외 이사든 한심하게 처신할 할 수가 없다. 반면 SK 텔레콤은 유상 증자처럼 중요한 안건을 이사회 전날에야 사외 이사들한테 알렸단다. 완전히 핫바지로 취급한 것이다. 5대 재벌의 사외 이사는 현재 125명이다. 대학 교수가 51명으로 제일 많고, 변호사가 19명으로 그 다음이다. 한 달에 한번 정도 이사회에 참석하며, 보수는 200만~300만 원 수준이란다. 비뚜로 걷는 기업을 취하게 만들어서라도(?) 바로 걷게만 한다면, 그 후한 보수가 아까울 턱이 없다.

•1999년 9월 16일

참 이를 어째야 쓸꼬

갓 입소한 신병이 내무반 냉장고 앞을 지나가다가 차려 자세로 경례를 붙였다. 연병장으로 나와서는 지프를 향해 또 경례를 붙이는 것 아닌가. 이상히 여긴 장교가 그를 불러 세웠다.

"냉장고와 지프에 경례를 하는 이유가 뭔가?"

"예, 제너럴한테는 경례를 붙이라고 배웠기 때문입니다."

냉장고 상표가 제너럴 일렉트릭이고, 지프가 제너럴 모터스 제품이므로 그는 교육받은 대로 제너럴(general)에게 경례를 했던 것이다. 모든 제너럴을 장군으로 생각하고 '일렉트릭 장군'과 '모터스 장군'한테 경례한 초년병의 실수를 구태여 나무라지 말자.

누가 지어낸 익살이겠지만 이 제너럴 일렉트릭 회사가 세계에서 가장 존경받는 기업으로 뽑혔다. 지난해에 이어 올해에도 종합 성적 1위로서 연속 우승이니 고지식한 신병의 경례가 아니더라도 모든 소비자의 박수를 받아야 마땅하다. 미국의 경제 전문지 『포천』은 매년 세계의 '존경받는' 기업을 발표하는데, 이 존경에 대한 기준이 아주 엄격하다. 매출액이 가장 많다든가, 수익률이 가장 높다는 따위의 단일 지표가 아니다. 이를테면 경영 실적, 기업 혁신, 재무 구조, 제품 개선, 투자 가치, 인재 육성, 사회 기여, 국제 안목 등 온갖 성적과 품행이 다 포함된다. 그러니까 수능 점수만으로는 안 되고, 학생부 평가가 뛰어나야 하는 것이다. 직장 선호도 조사에 따르면 우리 학생들이 취직하고 싶은 최고 기업 역시 자산이나 매출이 가장 많은 최대 기업과 반드시 일치하지는 않는 것으로 나타난다. 아무튼 존경이 '덩치'에 앞서는 추세는 기업의 풍토 개선이라는 문제와 관련하여 무척 반가운 일이다.

토머스 에디슨 전기 회사를 모태로 1892년에 설립한 제너럴 일렉트릭은 고유의 흘림체 로고(*GE*)를 앞세워 오랫동안 전기와 전기 제품 업계에 가히 황제로 군림했다. 전기에서 전자로 시대가 바뀌면서 가전 업계를 휩쓸었고, 정보 통신이 시대의 총아로 떠오르자 1986년 NBC방송을 소유한 RCA 회사를 인수했다. 이 회사의 냉장고와 세탁기는 우리한테 잘 보이지만, 그밖에 잘 보이지 않는 제품으로는 비행기 부품과 원자로 등이 있다. 회사 최대 고객의 하나가 미국 국방부라는 점에서 '보이지 않는 손'의 힘도 막강할 듯하다. 방송을 가졌으니 권언 유착의 탈선도 있을 테고, 군수 산업이라면 정경 유착의 비리가 터져 나올 만도 하다. 그런데도 가장 존경받는 기업이란 평판을 유지하는 것을 보면 회사 이미지 관리를 위한 노력과 노하우가 대단한 것 같다.

제너럴 일렉트릭에 이어 마이크로소프트 회사가 2위, 코카콜라 음료가 3위에 올랐다. 상위 25대 기업 가운데 미국계가 22개이니 기업 존경에도 지역 차별이 있는 것인가? 일본의 소니 전자와 도요타 자동차가 각각 14등과 16등을 차지했고, 독일의 다임러-크라이슬러 자동차가 24위에 들었을 뿐이다. 운동장에서 정치판까지 판정 시비야 흔한 일이다. 존경 판정에 설마 존경스럽지 못한 요소가 끼여들었을까마는 어쩐지 뒷

맛이 썩 개운하지 않은 것은 사실이다. 이 존경 싸움도 부침이 심해서 작년에 4위였던 월트 디즈니 회사는 올해 21위로 곤두박질했고, 반면 IBM은 24위에서 6위로 껑충 뛰어올랐다. 비아그라 선풍으로 지난해 8등을 달리던 화이저 제약이 올해는 13등으로 쳐지고, 유전자 연구에 심혈을 기울인 머크 제약이 화이저를 제치고 12등에서 10등으로 올랐다.

어디다 명함을 내밀겠는가마는 한국 기업은 종합 평가에서 김칫국조차 마시지 못했다. 그러나 부문별 평가에서는 선전한 기업들이 있어서 그나마 위안이 된다. 금속 제조 부문에서 포항제철이 3위에 올랐고, 전자 부문에서는 삼성전자가 16위에 들었다. 포항제철은 조강(粗鋼) 생산 실적이 세계 1위였고, 삼성전자 역시 메모리 반도체 수출이 세계 수위를 달렸음에도 불구하고 존경 등수는 한참 뒤로 밀려났다. 자동차 부문에서 대우자동차가 15등에 끼인 것은 참으로 의외의 일이다. 세계 자동차 업계에서 15번째로 존경받는 기업인데도 시대를 잘못 만나 무너진 것인지, 세계 경영의 껍데기만 보고 채점을 잘못한 것인지 그 내막은 우리가 어떻게 헤아릴 길이 없다.

존경이 어렵다면 실속이라도 차려야 하는데, 이것마저 쉽지 않다. 홍콩의 시사 주간지 『아시아 위크』가 조사한 아시아 1000대 기업에 따르면 그 국별 1위는 단연 680개를 차지한 일본이었다. 호주에 이어 한국은 3등, 싱가포르에 이어 중국이 5등을 차지했다. 그러나 매출액 기준으로 평가한 상위 20대 기업은 일본이 18개, 중국이 2개로 싹쓸이했다. 한국 기업으로는 삼성이 22위, 대우가 24위에 올랐을 뿐이다. 중국에도(?/!) 밀린 것이다. 존경이 힘들면 돈이라도 벌든가, 존경도 버리고 돈도 놓친다면 참 이를 어째야 쓸꼬?

• 1999년 11월 18일

그렇게 혼이 나고도

오래 전 외지에서 읽은 익살 한 도막을 소개한다. 어느 사내가 정신과 의사를 찾아가서 심각하게 방문 사유를 설명했다.

"사실은 제 아우의 일로 왔는데요. 녀석은 자꾸 자신을 암탉으로 생각한답니다."

"그래요? 그러면 동생에게 닭이 아니라 사람이라고 분명히 말씀하십시오."

"어이구, 그건 안 됩니다. 나는 지금 달걀이 필요하거든요."

"……."

신통치도 않은 이 얘기가 불현듯 생각난 것은 투신사 지원에 대한 정부 발표를 듣고 난 뒤의 일이다. 암탉을 생각하든 달걀을 생각하든 그것은 그들 형제에게 맡기자. 그러나 멀쩡한(?) 정부와 기업이 그런 놀이를 흉내내선 안 된다. 그러나 유감스럽게도 지금 열심히 따라가고 있다. 마침내 정부는 한국투신에 3조 원, 대한투신에 1조9000억 원의 공적 자금을 투입하기로 결정했다. 양대 투신사의 부실 규모 5조5000억 원 가운데 모자라는 6000억 원은 자산 매각과 점포 정리 등의 자구 노력을 통해 마련하기로 했다. 이렇게 하면 모든 부실을 걷어내고 회사가 되살아날 것인지 여전히 의문이지만, 아무튼 그것은 이왕의 수칙대로(!) 그때 가서 걱정하면 된다. 그러니 오늘은 어제의 걱정(?)과 당장 눈앞의 걱정만 하자. 정부의 투신 지원은 이번에 쏟아 붓는 4조9000억 원이 전부가 아니다. 지난 연말 공공 자금 3조 원을 밀어 넣었으니, 사실은 8조 원 가까운 돈을 퍼붓는 셈이다. 여기 자구 노력을 담보로 긴급 자금을 대주기로 한 현대투신에 대한 지원은 빠져 있다.

8조 원이란 액수도 엄청나지만, 도대체 어쩌다가 그런 돈을 들이밀게 되었는지가 더 궁금하다. 형과 아우의 잘못이 함께 있다. 먼저 정부는 꼬치에서 곶감 빼듯 틈만 나면 투신을 우려먹었다. 일례로 국민주 선풍이 한창이던 1989년 연말 정부는 느닷없이 투신사로 하여금 거의 무제한으로 증권을 사들이도록 했는데, 한국은행 특융(特融)을 담보로 해서 그때 들어간 돈이 자그마치 2조7000억 원이었다. 그리고 다음해 1월 소위 3당 통합이란 정계 대지진이 일어났다. 그러나 정부가 올려놓은 주가 덕분에 일확천금과 장밋빛 내일의 꿈에 젖은 '국민 투자가'들은 그 지진에 조금도 흔들리지 않았다. 사실 이것이 투신 부실의 원흉이 되었다.

그렇다고 투신 자체의 잘못이 면제되는 것은 아니다. 금융계 구조 조정을 위해 정부가 64조 원이나 되는 공적 자금을 만들어 사활의 싸움을 벌이던 재작년과 작년 투신사들은 어처구니없이 대우 채권을 마구 팔고 사들였다. 부실 채권으로 휴지가 될 위험을 뻔히 알면서도 이자 몇 푼 더 준다는 미끼에 스스로 걸린 것이다. 한탕 치고 얼른 빠지면 나만은 괜찮을 것이란 영악한 사행심과, 그래서 어느 녀석이 걸려들면 그것도 그의 팔자 소관이라는 뻔뻔스런 변명이 그렇게 만든 것이다. 아무튼 대우와 관련한 양대 투신사의 손실이 3조4000억 원인데, 이것은 이번에 투입하는 지원 자금의 70%에 이른다. 정부가 빼 먹으니 우리도 빼 먹자는 배짱이었을까? 국민을 거덜내는 이 탈선과 망동에 시대의 유행어 '도덕적 해이'가 오히려 부끄러울 지경이다.

투신이란 막말로 돈놀이 거간(居間)이다. 여유 있는 사람들의 돈을 모아다가 주식과 채권을 사고 팔아 길미를 붙여주는 곳이다. 그렇다고 아무나 기웃거리는 데가 아니다. 밥 걱정, 집 걱정 따위는 물론이고 돈 걱정조차 없어야 드나들 자격이 있다. 걱정이라면 글쎄 돈 불릴 걱정이나 있을까? 사채를 놓자니 찜찜하고, 은행에 맡기자니 성에 차지 않고, 그래서 투신을 찾는 것이니 한마디로 부자들의 팔자 좋은 걱정이다. 부자의 걱정과 빈자의 걱정을 구태여 나누자는 것이 아니라, 정부가 과연 돈놀이 걱정까지 떠맡아야 하는지를 묻고 싶은 것이다. 투신 부실이 금융 불안을 부르고, 금융 불안이 경제 마비로 이어진다는 사실을 나도 모르지 않는다. 그렇다고 정부 책임의 해법까지 옳은 것은 아니다. 결과만 생각해서 원인의 잘못을 눈감아주어야 한다면, 대마불사(大馬不死) 따위의 해괴한 소신과 배짱이 판을 쳐도 막을 길이 없기 때문이다.

지난 4월 14일 뉴욕 증시가 주가 대폭락으로 경기(驚氣)를 했다. 그 여파는 곧 세계의 주요 증시로 퍼져나갔는데, 당시 한국 정부와 미국의 통화 당국이 취한 태도는 극명하게 달랐다. 미국 언론이 '피의 금요일'이라고 부른 이날 다우 지수는 5.66%, 나스닥 지수는 9.67%가 떨어졌다. 그결과 투자가들은 두 시장에서 각기 7000억 달러와 5000억 달러를 잃어버렸다. 그 광란의 일주일 동안 111억 달러를 날렸다는 빌 게이츠가 아니더라도 투자가의 눈에 핏발이 섰음직하다. 바로 그런 판에 앨런 그린스펀 연준리(FRB) 의장은 "미국 증시의 (호황) 기조가 무너질 수도 있다"면서 불난 집에 부채질을 해댔다. 많은 사람들이 무분별한 신용 투자에 열광한다고 비판하면서, 그는 "어떤 경우에도 중앙은행이 나서서 구제하지 않을 것이란 점을 명심하라"는 야박한 경고와 함께 금리 인상 위협을 그치지 않았다. 핏발 선 눈에 아예 고춧가루를 뿌린 셈이다. 그래도 그가 무슨 테러 따위를 당했다는 말은 없고, 다음날 시장이 안정을 찾았다는 기사가 전해졌다.

4월 17일 한국의 주가 역시 거래소 시장에서 11.63%, 코스닥 시장에서 11.40%가 떨어졌다. 각기 32조 원과 4조 원의 평가 손실이 뒤따랐다. 이때 만약 한국은행 총재가 나서서 증시가 무너져도 한은은 구할 생각이 없으니 투자가들은 알아서 하라고 했다면, 대체 어떤 일이 벌어졌을까? 아마도 '행장실 습격 사건' 따위의 실력 행사는 물론이고 벌떼 같은 여론의 포화에 결례의 말씀이나 그의 모가지가 몇 개라도 배기지 못했을 것이다. 다행히 습격 사건도 없었고, 모가지도 무사하다. 그도 그럴 것이 폭락 직후 대통령은 증시 안정 대책을 마련하라고 지시하고, 경제 부처 장관들은 즉시 대책을 마련했기 때문이다. 각종 연금과 기금에서 20조 원을 투입하고, 투신과 보험 등 기관 투자가들에게 1조 원 어치의 주식 매입을 유도하는―사실은 지시하는―내용이었다. 주가가 폭락하는 판에 주식을 매입하라는 것은 결국 투신(投信)에 투신(投身)을 강요하는 짓이다. 그렇게 혼이 나고도 여전히 정신을 못 차린 것이다. 다음날 주가는 정부의 입이 찢어질 만큼 사상 최대 폭으로 뛰어올랐다. 물론 제 힘으로 오른 것이 아니라 정부의 쇼크 요법으로 오른 것이다. 그 약효가 가시자 주가는 다시 떨어지고 말았다.

주가를 억지로 올려놓고 투기판의 이익을 챙겨주는 정부는 세계 어디에도 없다. 그 별난 걱정을 유달리 우리 정부는 하고 있다. 공적 자금 64조 원은 벌써 다 썼다. 앞으로 40조 원 정도는 더 있어야 금융 산업의 구조 조정을 마칠 수 있단다. 더 들고 덜 들고는 오히려 부차적인 문제이다. 이번에 크게 들이면 다음에는 안 들어가야 정상인데, 그게 그렇지 않아서 납세자의 분통이 터진다. 지금 정부가 하는 짓을 보면 이번에 아무리 크게 들여도 다음에 또 들어가게 생겼다. 암탉도 아닌 금융에서 달걀을 궁리나 하고 있다면, 그런 질환은 정신과 치료로도 속수무책일 터이다.

●2000년 6월

굴뚝과 수출

그 학생은 1200원짜리 점심을 한 달에 20번쯤 학교에서 먹는다. 왼손에서 휴대 전화가 떨어지는 법이 없는 그는 월 5만 원 정도의 요금을 내는데, 한 달 용돈은 20만 원 남짓하단다. 기성 세대로서 나는 그의 '가계비' 지출 구조가 영 마음에 들지 않았지만, 그중에도 가장 걸리는 것이 점심이었다. 그래서 어이 전화 줄이고 점심 좀 나은 거 먹으면 안 돼 하고 말을 건넸더니 그는 멋쩍은 듯이 씨익 웃고 말았다. 영양가가 한결 나아 보이는 교직원 식당의 점심은 1800원이다.

한 달 점심 값의 두 배가 넘는 학생의 전화료 지출을 놓고, 나는 우리 농업과 통신 산업의 장래를 견주며 탓하려는 것이 아니다. 적잖은 가정에서 통신비 지출이 식비를 넘는 것이 현실임에도 그런 비교는 옳지 않다. 다만 이런 질문은 가능하리라. 우리가 먹고 살 주력 산업이 무엇이냐는 문제와 관련해서 '굴뚝' 산업과 정보 기술 산업의 관계는 어떠해야 하는가? 한걸음 더 나가면 오프라인 산업과 온라인 산업의 관계 정립이 될지 모르겠다. 배고픈 것이 무엇인지를 직접 배로(!) 체험한 우리 세대 대부분은 먹고 마시는 동물적 삶을 의사 소통의 문화에 앞세우지 않을 수가 없다. 굶는다고 전화통을 씹어 먹을 수는 없으며, 허기진 배를 전화 통화로 채울 수는 없지 않은가? 물론 우리도 '배부른 돼지'를 경멸할 줄 알고, 전화기를 팔아 밀과 고기를 수입하는 방법도 안다.

그러나 경제 계산은 결코 동물적이지 않다. 쌀이 전화보다 사람의 생존에 한층 더 중요할지라도, 쌀 생산의 부가가치가—쉽게 말해서 소득이—통신 서비스보다 적다면 경제는 단연 쌀 대신 전화기를 선택한다. 문제는 정보 기술의 부가가치 생산 효과인데, 그것이 아직 확실하지 않다. 소득 증대보다는 오히려 소득 불평등의 원흉이라는 원성이 높다. 그렇다면 길은 뜻밖에 가까운 데 있을지 모른다. 그 하나는 부가가치 생산이 확실한 쪽으로 눈을 돌리는 방법인데, 한마디로 '정보 기술 산업의 굴뚝화'가 그것이다. 이를테면 가입자 확보 경쟁보다는 연구개발(R&D)과 인프라 확장에 주력함으로써 전래의 굴뚝 못지 않게 고용을 증대하고 소득을 창출하는 것이다. 황금 알을 낳는다는 휴대 전화기의 부품 국산화 비율이 55%에 불과한 실정이라니, 굴뚝 보호 애국심(?)이 굴뚝 같이 절실하다.

다른 하나는 소득 불평등을 해외로 이전하는 방법이다. 밖으로 드러내서 할말은 아니나, 무역 의존도가 압도적인 우리 경제에서 그것은 피하기 어려운 현실일지 모른다. 국내의 계층간 불평등과 국가간 불평등을 동시에 완화하는 길이 있다면 세계가 함께 노력해야 하지만, 그런 요행이 가능하지 않다면 국내 현안부터 해결해야 하지 않겠는가? 세계의 소득 총액에서 교역 가능한 부분의 비율은 단기적으로 큰 변화가 없을 텐데, 그것을 누가 많이 차지하느냐는 싸움이 곧 수출 전쟁이다. 다행히도 정보 통신은 상대적으로 일찍 눈을 돌린 덕으로 우리가 제법 '비교 우위'를 갖춘 분야이다. 영상을 겸한 차세대 통신(IMT-2000)이 또 한바탕 국내 시장을 뒤흔들겠지만, 그것도 '현세대' 통신처럼 미구에 수요가 바닥날 것이다. 사정이 그렇다면 출구는 단연 세계 시장인데, 여기서 '정보 기술 산업의 수출 특화'가 절실해진다. 세계의 빈부 격차를 걱정할 만큼 느긋하지 못한 형편에서 반주변부(semi-periphery)의 우리 경제가 취할 선택은 이것이 최선이렷다.

이 따위 상식을 기업이나 정부가 모를 리 없다. 문제는 그 상식에 숨은 허점으로서, 예컨대 정보 기술을 비롯한 '신산업'은 신주처럼 모시고, 전통적인 굴뚝 산업은 서자로 내치려는 시대의 유행 말이다. 날씬한 통신 기기와 날렵한 통신 서비스 사업의 해외 수주가 우리 경제에 미치는 중요성을 모르는 바 아니나, 동시에 시커먼 굴뚝과 시끄러운 공장을 통한 섬유 수출이 작년도 무역 흑자 166억 달러 가운데 137억 달러로서 1위를 차지했다는 사실도 잊어서는 안 된다. 행여나 신산업 육성에 묻혀 굴뚝이 막힌다면 그런 불행이 없으며, 나는 이런 걱정이 정말 기우(杞憂)이기를 바란다.

충남 아산의 외암리 민속 마을에는 툇마루 밑으로 굴뚝을 낸 집이 있다. 주인의 설명으로는 그것이 고려 적 굴뚝 형태로서 방을 데우는 데는 지붕 위의 굴뚝보다 한결 효과적이란다. 새하얀―완전히 타서 불날 걱정이 없는―연기가 연못과 정원을 덮었다가 하늘로 피어오르는 광경이 아주 일품이었다. 그래 정보 기술을 팔아먹되 말뚝 같은 뚝심으로 굴뚝 간직하기, 이것이 한국 경제에 보내는 나의 첫 번째 고언이다.

•2001년 5월 18일

자본의 유전자 확인

4,000,000,000,000원대 큰손. 지난 22일 『중앙일보』에 실렸던 '미국 캐피털 그룹, 한국 증시에 버팀목'이란 기사 제목이다. 편집자의 시각 메시지 해학은 근사했지만, 나는 0의 숫자를 한참이나(!) 세어보고야 그것이 4조 원임을 알았다. 3250억 달러의 자산 운용으로 세계 금융 시장을 지배하는 이 미국 회사는 삼성전자·포항제철·현대자동차 등 국내 굴지의 기업 주식 4조 원 어치를 소유함으로써 증시에 막강한 영향력을 행사한다는 내용이었다.

자본에 국경이 없다는 말은 두 가지 의미가 있다. 한편으로 그것은 자본의 목적이 돈을 버는 것이므로 어디든지 돈 있는 곳이 고향이라는 뜻이다. 그러니까 돈 버는 일에 방해가 된다면 국경쯤 허물어도 좋다는 '세계화' 강요의 함의가 엿보인다. 다른 한편으로 그것은 돈만 벌리면 조국쯤은 얼마든지 버려도 좋은(?) 자본가의 행태를 가리키기도 한다. 이 해석에 따르면 자본가는 성향적으로 '비애국' 집단이다. 거기서 이런 변주가 가능하다. 자본은 의당 달러이고 원은 '엽전'에 불과하며, 공기업은 의당 외국에 팔아야 하기 때문에 국내 매각은 재벌의 문어발을 늘릴 뿐이라는 따위의 강박 관념 말이다. 그래서 외자가 국내 증시를 좌우하고 내국 기업을 접수하면 구조 조정에 성공한 것이고, 거기 우려를 표하면 세계화를 거역하는 옹졸한 국수주의자로 몰리게 된다.

돈에는 꼬리표가 없다. 외자든 내자든 사람 쓰고 물건 만들어내면 됐지 자본에 웬 국적 타령이냐는 반론은 일견 그럴듯하다. 그러나 과연 그렇기만 한가? 일례로 미국 자본이 멕시코에서 퍼내는 석유는 멕시코 국내총생산에 잡힌다. 외자 덕분에 멕시코는 '통계상' 그만큼 부자가 되지만, 이윤 송금으로 일어나는 국부 유출은 그 계산에서 빠진다. 그게 어찌 멕시코만의 산술이랴? 12조5000억 원의 공적 자금을 들이부은—앞으로 얼마가 더 들어갈지 모르는—은행을 5000억 원 받고 외국에 파는 희한한 나라도 있는데! 자본의 국적을 묻지 말자는 미국에서도 노동부는 미국 땅에 공장 짓고 일자리를 만들면 미국 기업이라고 내세우지만, 자유무역의 전도사 무역대표부(USTR)는 임자가 미국인이라야 미국 기업이라고 맞서는 형편이다.

1980년대의 등록 상표는 무엇보다 저항이었다. 그때는 나도 "노동자는 조국이 없다. 애초에 없는 것을 빼앗을 수는 없지 않은가"라는 그 유명한 구절을 암송하며, 도매금으로 자본의 국적을 조소했었다. 그러나 국제통화기금(IMF) 관리에 즈음해 알짜배기 기업을 외국에 팔고 소유자의 국적에 상관없이 국내 기업으로 대하라는 대통령의 엄명이 나오면서 나는 이 소신을 버렸다. 외자의 무참한 '기업 사냥' 앞에 미국 노동자처럼 한국 노동자도 조국이 있으며, 미국 자본가와 달리 한국 자본가는 조국이 있어야 한다고 느꼈기 때문이다. 27일 현재 SK텔레콤의 외국인 지분은 47%, 삼성전자는 57%, 포항제철은 59%에 이르고 있다.

그리고 변변한 은행 가운데 내국인 소유가 몇이나 되는가? 5개 부실

은행 퇴출로 은행 구조 조정이 본격적으로 이뤄졌던 1998년 6월 외국인이 1대 주주인 은행은 한 곳도 없었다. 그러나 오늘 주택은행의 외국인 지분은 65.4%, 국민은행은 64.5%, 한미은행은 59.5%, 외환은행은 58.8%, 신한은행은 52.1%, 제일은행은 51.0%, 하나은행은 36.2%나 된다. 이중에 국민은행·한미은행·외환은행·제일은행·하나은행은 1대 주주가 외국인이다. 그 3년 동안 외국 은행 국내 지점의 여·수신 점유율은 1.8%에서 43.7%로 졸도할 만큼 늘어났다. 나라 경제를 이렇게 거덜내고도 정부는 'IMF 극복' 찬송가 보급에 바쁘다. 무조건 외자를 막자는 것이 아니라, 외자 맹신으로 인한 내자 이용 기회의 박탈을 막자는 말이다.

내자가 없으니 외자에 매달리고, 내자를 긁어모아야 몇 푼이나 되느냐는 고정 관념이 경제를 망치고 있다. 국내총생산 4500억 달러 가운데 34%를 저축하는 세계 12위 규모의 우리 경제에 자생적 축적이 가능하지 않다면 대체 어느 나라가 가능할 것인가? 증시로, 은행으로, 부동산으로 투기를 노리며 다람쥐처럼 몰려다니는 떼돈이 있고, 사회 일각의 '제로 금리' 탄식에 은행이 '대출 세일'에 나서는 판이다. 그 돈을 생산으로 끌어들이지 못하고 달러에만 굽실거리는 정권의 외세 의존적 체질이 문제 중의 문제이다.

개발 연대의 외자는 그래도 길 닦고 공장 지은 생산 자본이었다. 그러나 오늘의 외자는 한탕하고 달아나는 투기 자본이 주류이다. 초등학생의 돼지 저금통이 미덕이던 시절 우리한테는 어서 외국 빚 갚고 떳떳이 살자는 결의가 있었다. 그러나 그 저금통을 우습게 여기면서 우리는 '외국인 투자'라는 참으로 두려운 상전을 모시게 되었다. 증시와 대외 신용이 그들의 손아귀에 놀아나고, 노조마저 그들의 발길에 숨을 죽여야 했다. 국제통화기금 탁치를 통해 우리는 국제 투기 자본의 노리개—노예—설움을 뼈저리게 맛보았다. 자본이든 자본가든 국적의 유전자 확인이 중요한 이유가 여기 있다. 엽전(葉錢)을 존중하라! 그것이 우리 경제에 보내는 나의 두 번째 고언이다.

• 2001년 6월 29일

머리와 가슴 사이에

  월마트에 의류를 공급하는 방글라데시 청소년 노동을 문제삼아 1993
년 미국 상원은 수입 금지를 의결했다. 그래서 청소년들은 행복하게 가정
과 학교로 돌아갔는가? 천만에! 한층 더 나쁜 일을 하거나, 때로는 매춘
으로 몸을 팔았다. 지난 4월 캐나다 퀘벡에서의 미주 정상 회담과 그 반
대 시위에 즈음해서, 폴 크루그먼(Paul Krugman) 교수는 22일자 『뉴욕 타
임스』에 그렇게 썼다. 개도국의 저임금을 '가슴으로' 비난할 것이 아니
라, 저임금 수출에 의한 고용 증대를 '머리로' 계산하라는 말씀이다. 노
벨 경제학상의 유력한 후보라는 그의 글을 읽으면서 나는 마음이 편치 못
했다. 글쎄 그게 아닌데, 그래서 한번 치받고 싶은데 마땅히 잡을 꼬투리
도 없고 해서 마치 화장실에 갔다가 그냥 나온 변비 환자 기분이었다.

  그런데 폴 스위지(Paul Sweezy)가 펴내는 진보적 잡지 『먼슬리 리뷰』 6
월호의 편집자 서문에 「자본주의를 위한 프로 권투 선수: 폴 크루그먼
대 퀘벡 시위자들」이란 제목으로 이 얘기가 실려 있었다. 편집자들도 그
의 글을 읽고 변비 증세를 느꼈을까? 그러나 반론은 기대만큼 날카롭지
못했다. 일례로 1998년 미국·캐나다·쿠바를 제외한 북미와 남미 전체

의 대외 적자는 배당과 이자 지급 540억 달러를 합쳐 모두 900억 달러에 이르러서, 크루그먼의 낙관과는 달리 무역과 투자가 빈부 격차를 넓힌다는 것이었다. 오히려 나는 인민의 기본 욕구 충족에 수출도 중요하지만, 그럴 때 "빈국에서 구조 변화의……가능성은 무시되고 만다"는 구절에 눈길이 갔다. 머리만으로 현실을 수락하면, 가슴이 필요한 어떤 현실 탈피도 가능하지 않다는 말씀이렷다.

개혁이니 구조 조정이니 한참 시끄러운 국내 경제에도 이것은 변함없는 진리일 듯하다. 개혁으로 어느 하나도 잃지 않고, 모두를 다 얻는다면 누가 그 개혁을 마다겠는가? 관련 기업에 상처만 남긴 '빅 딜'은 전혀 실속이 없었고, '워크아웃'의 살생부 역시 제 살에 제가 맞은 꼴이었다. 이번이 '마지막'이라는 약속을 수도 없이 되풀이하며 계속 끌려 들어가는 정부의 현대그룹 지원은 한국의 대외 신인도를 바닥으로 떨어뜨렸다. 특히 대우그룹 처리와 현저히 다른 차별 대우는 편파성 시비마저 낳고 있다. 글쎄 그것이 이헌재 장관과 진념 장관의 차이인지, 정권 전반과 후반의 차이인지, 세계 경영과 북한 커넥션의 차이인지, 대우와 현대의 차이인지 온갖 추측이 무성하다. 다만 하나 확실한 것은 인체든 정부 정책이든 머리가 가슴을 대신할 수 없듯이, 가슴도 머리를 대신할 수 없다는 사실이다.

1997년 연말 국제통화기금 탁치가 시작되면서 우리 경제에 몇 개의 '돌격 목표'가 생겼다. 예컨대 부채 비율 200% 이하, 국제결제은행(BIS)의 자산 건전성 비율 8% 이상, 순자산 대비 출자 총액 25% 이하의 기준이 그러했다. 부채 비율 200%와 201%에 실질적으로 어떤 차이가 있는지 모르겠으나, 그 목표 달성을 위해 기업은 엄청난 희생을 치렀다. 때로는 자산 재평가 따위의 편법도 있었지만, 알짜배기 자산을 해외에 팔아서 그 수치를 채운 경우가 적지 않았다. 그런데 불과 3년 만에 이 고지를 포기할 작정이다. 여야는 정책협의회에서 부채 비율 완화를 비롯한 각종 돌격 목표를 다시 검토하기로 합의했기 때문이다. 한번 정했으면 절대로 바꾸지 말아야 한다는 말이 아니라, 그렇게 간단히 바꿀 요량이라면 정할 때 한층 신중했어야 한다는 뜻이다. 가슴으로 정하고 가슴으로 폐하는 정책 운영의 파행이 정작 머리가 필요한 개혁을 방해하고 있다.

　나이키 공장에서 생기는 이득을 취하려면 다국적 기업의 족쇄를 탓해서 안 된다는 크루그먼의 주장은 일단 옳다. 마찬가지로 개혁이 성과를 거두려면, 그것으로 잃는 것을 두려워해서 안 된다는 반론도 옳아야 한다. 경기 부양을 위해 구조 조정을 미루느냐, 구조 조정을 위해 경기 부양을 늦추느냐의 판단은 일차적으로 정책 당국의 과제이다. 내가 보기에 정부는 이 숙제를 잘못하는 것 같다. 경기는 정권의 인기와 직결되며, 더욱이 내년에는 대통령 선거가 잡혀 있다. 하루 살기가 힘겨운 사람들은 조속한 경기 회복을 바라고, 한 표가 아쉬운 정권은 그에 맞춰 인기 위주의 시책만 고를 것이다. 머리를 버린 가슴만의 정책, 그게 바로 무책임한 포퓰리즘 아닌가?

• 2001년 8월 24일

돈보다 물건이 앞서야

"레닌은 옳았다. 현존 사회의 토대를 파괴하는 데에 화폐를 타락시키는 것보다 더 교묘하고 더 확실한 수단은 없다." 레닌이 어디서 그런 짓을 했는지는 알 수 없으나, 케인스가 어디서 이 얘기를 했는지는 알고 있다. 1919년의 저작 『평화의 경제적 귀결』인데, 야유든 진심이든 케인스가 레닌을 눈여겨봤다는 점이 나로서는 아주 놀랍다. 그 다음으로 놀라운 것은 자칫 돈을 잘못 다스렸다가는 사회가 무너진다는 양자의 공통된 인식이다. 돈이 무언가? 기껏해야 물감 칠한 종이 조각인데, 그게 사회를 무너뜨린단 말이지?

돈은 누구나 다 받는다. 예수님 말씀이나 부처님 말씀도 다 받아들이지 않는 세상에, 어디서든지 받는 그런 기막힌 물건이 있다는 것이 정말 희한하다. 누가 그런 궁리를 비벼냈을까? 누구나 다 받기 때문에 돈은 무엇이라도 살 수 있다. 화폐의 일차적 기능은 이처럼 실물과의 교환에 있으며, 여기 고장이 생기면 경제 질서가 무너지고 만다. 설익은 경제 원론 강의처럼 들리겠지만, 나는 이 원론의 외면이야말로 지금 세계 경제가 처한 가장 심각한 문제의 하나라고 생각한다. 돈은 물건 생산이나 교환을 통해서 버는 것이 정도(正道)이고, 돈이 직접 돈을 버는 것은 외도(外道)이기 때문이다.

　은행에서 이자를 받는 것도, 증시에서 투기 이익을 챙기는 것도 다 돈이 돈을 버는 행위이다. 그러나 거기는 모두 그 돈들이 생산 과정으로 흡수되어 실물 증대에 기여한다는 암묵적 합의가 전제되어 있다. 이런 전제가 붕괴할 때, 즉 화폐의 세계와 실물의 세계가 단절될 때 우리는 돈이 행사하는 엄청난 보복을 각오해야 한다. 그런데 돈은 돈대로 놀고, 실물은 실물대로 노는 것이 오늘의 현실이다. 초국적 금융 자본은 투기와 투자의 벽을 허물고, 그래서 돈으로 돈 버는 방법과 실물 생산으로 돈 버는 방법의 차이를 없애버렸다. 돈을 벌어가는 쪽의 계산으로는 어떤 방식이든 하등 문제될 것이 없다. 그러나 돈을 벌어가게 해주는 쪽의 사정은 크게 다르다. 투기로는 소득을 빼앗길 뿐이지만, 투자라면 그래도 생산 증대의 '고물'이 떨어지기 때문이다. 우리의 실력으로는 투기 만능의 세계화 추세를 거역하기가 사실상 불가능하다. 여기 개방 반대가 유효한 대안일 수 없다면, 최소한 개방 만세 아닌 '개방 조심' 정도의 합의는 있어야 한다.

　그러나 국내 경제로 시야를 좁히면 사정이 다르지 않겠느냐는 것이 나의 희망 사항이다. 나처럼 '구지식인'의 눈으로 보자면 주가 지수 1포인트를 올리는 것보다는 쌀 1가마나 철강 1톤을 늘리는 것이 훨씬 더 중요하다. 그러나 사회의 관심이나 정부의 노력은 그 반대이다. 주가가 얼마나 오르고 떨어졌는지는 실시간대로 중계하고 정책 당국이 즉각 관심을 표명하지만, 쌀과 철강 생산에 대해서는 그런 성의를 보이지 않는다. 돈과 실물에 대한 이런 차별이 나로서는 대단한 불만이고, 국가 경제 전반에도 이것은 엄청난 부작용을 초래한다. 명색이 경제 칼럼을 쓰는 나마저 내용을 구분하기 힘든 각종 금융 상품이 하루가 멀게 쏟아진다. 돈에 대해, 돈 임자에 대해서는 이렇게 배알조차 빼버리고 온갖 '아첨'을 다한다. 그러나 물건과 물건 만드는 사람에게는 전혀 딴판으로 규제와 호령 일색이다.

돈은 피와 같아서 고루 잘 돌아야 경제가 튼튼해진다는 말씀을 나도 듣고 있다. 그러나 310조 원에—국내총생산의 60%에—이르는 단기 부동(浮動) 자금이 은행으로 갈까, 증시로 갈까, 부동산으로 갈까를 놓고 배부른 흥정을 하는 판에 금융이 산업의 혈액이라는 식의 점잖은 설득은 별 성과가 없을 것 같다. 개발 독재 시대처럼 무슨 명령이나 무슨 조치를 통해서 강제로 끌어낼 수는 없겠지만, 그렇다고 계속 돈의 비위만 맞출 수도 없는 노릇이다. 당근을 내놓을 것이라는 전망이 앞설 때 돈은 장롱에서 버티지만, 결코 당근 따위는 없다는 결심이 알려지면 제 발로 나오게 마련이다. 실질 이자율이 영(零)에 가까운데도 돈을 빌려쓰지 않는 소위 유동성 함정(liquidity trap) 현실이 그렇지 않은가?

나는 "재무부가 덜 거만하고 산업부가 더 유능하기 바란다"는 1925년 처칠의 발언이 현재도 여전히 유효한 통찰이라고 생각한다. 집이 있어야 복덕방이 따르듯이, 돈은 생산에 복종해야 한다. 돈에 끌려 다니지 말고 돈을 산업으로 끌어들이는 지혜의 발견, 이것이 우리 경제에 보내는 나의 세 번째 고언이다.

•2001년 9월 7일

원생한국 일투주식

"정부는 경제 경기(競技)가 활기차고 규칙대로 진행되는지 유의해야 한다. 그러나 심판은 경기에 참여해서 안 되는데, 그럴 경우 누가 심판을 심판하겠는가?" 경제 예측의 토대가 모형(models)이냐 시장(markets)이냐 를 논하면서 제임스 램지(James Ramsey)가 결론 대신 던진 반문이다. 심판이 선수가 돼서는 안 된다는 것은 초등학생도 아는 상식이다. 심판의 잘못에 관중들이 야유하고 항의할 수는 있지만, 그렇다고 오심이 즉시 번복되지는 않는다. 하물며 그 심판이 막강한 정부 권력일 때 감히 누가 심판하려 들겠는가?

되느니 안 되느니 시비가 분분하던 주식 투자 '신상품'이 내일 선보인다. 이로써 근로자나 자영업자가 5000만 원 한도로 주식에 투자하면 이자와 배당에 대한 비과세 혜택을 비롯해 첫해에는 투자액의 5.5%, 이듬해는 7.7%만큼 세금을 공제 받는다. 이런 계획을 내놓고 마구 밀어붙인 여당이나, 거기 못 이기는 척하며 미적미적 따라간 야당이나, 그것이 안은 문제점을 충분히 알면서도 입 다물고 합의에 응한 정부나 모두 초등학생 수준의 상식을 어기고 있다. 물론 이것은 올해 연말로 끝나는 기존의 '근로자 주식 저축' 제도의 연장이고 확대일 뿐이라고 변명할지 모르겠다. 그러나 1023만 근로자의 46%가 면세점(免稅點) 아래서 허덕이는 형편에 이것이 과연 누구를 위하고 또 무엇을 노린 것인지 분명히 따져봐야 한다.

애초의 구상은 주식 투자에서 손실이 발생할 경우 그 손실 전액을 세금으로 보전하는 것이었다. 그런데 기네스북에 오르는 사태를 염려했기 때문인지 막판에 취소했다. 주식 투자만이 아니라 벤처 투자의 손실마저 보상하자는 '봉이 김선달' 같은 대책이 거론되기도 했다. 정말 '우리 나라 좋은 나라'이다. 기네스북쯤이야 못 본 체하면 그만이나, 주식 투자 손실을 정부가 물어준다면 전세계의 증시가 요절복통을 할 것이다. 이때의 요절과 복통은 웃어서 생긴 것 못지 않게 샘내고 부러워서 생긴 것이기 쉽다. 고려에 태어나서 금강산을 한번 보는(願生高麗國 ─見金剛山) 소원 대신 한국에 태어나서 주식 투기 한번 해보는(願生韓國 ─投株式) 비원 말이다. 어이, 농담하지 말라고! 허 참, 농담이 아니라니까!! 당장 내일이라도 세계무역기구가 외국인 차별 금지 조항을 들이대며 혜택 개방을 요구할 경우 자칫 우리 정부는 국내 증시에서 들어온 전세계 투자가의 손실을 국고 풀어 도와주게 생겼다.

정색으로 말하겠다. 주식 투자가 본인의 책임 아래 이뤄지고, 이익이든 손실이든 그것도 자신의 책임이란 사실을 여야는 물론 정부가 모를리 없을 터이다. 그런데도 이런 무리를─억지를─강행하는 이유가 무엇인가? 내 기억이 맞는다면 임명 통보 직후─그러니까 취임 직전─진 념 부총리는 기자와의 간담에서 인위적인 증시 부양은 절대 없다고 밝혔다. 그때는 문제를 바로 보는 듯했는데, 요즘은 틈만 나면 주가 타령이다. 그 뒤 경제학 공부를 달리 한 것인지, 부총리보다 더 높은 어떤 곳의 뜻과 힘이 그의 소신을 꺾은 것인지 그 내막은 나도 모른다. 특히 9·11 테러 이후 대통령이 '주식 안 팔기, 주식 사 주기' 얘기를 꺼내고, 이에 따라 증권사 사장단 주도로 '1인 1통장 갖기' 같은 별난 운동을 벌였다. 주식 투자가도 대한민국 국민인 이상 대통령이 관심을 보이는 것이 무슨 잘못은 아니다. 다만 5000만 원 어치 주식을 굴리는 사람들의 형편보다 더 시급히 굽어살필 현안은 없는지 그것이 궁금하다. 그래서 내년 선거를 노린 포석이라는 따위의 유언비어가 난무하는 것이리라.

주가 상승이 경제에 미치는 순기능을 누가 모르겠는가? 그러나 정부가 억지로 주가를 띄우고 마구 국민을 증시로 끌어들이는(?) 정책은 그 장기적인 효과도 의문이지만, 자칫 '전국민의 투기화'를 부추길 위험이 크다. 심판은 심판으로 끝나야지 선수를 겸해서는 안 된다. 주식 투자는 까놓고 말해 투기 행위이다. 그래서 말인데 "세상에 선량한(innocent) 주식 거래 따위는 없다." 주식 투기에서 돈을 잃고는 모두 선량한 피해자(!)임을 호소하지만, 내막이 정말 그토록 선량하느냐는 일침이다. 이것이 내 말이라면 팔매를 던져도 좋지만, 그의 이름이 명문 대학에까지 박힌 미국 대법원 판사 루이스 브랜다이스(Louis Brandeis)의 말이니 팔매를 그치고 귀를 기울여야 하리라.

• 2001년 10월 19일

해외 매각 광상곡

　나는 경제에 국경이 있다고 믿으며, 없으면 만들어야 한다고 생각한다. 그래서 외환 위기 당시 알짜배기 기업부터 외국에 팔라는 대통령 말씀을 아주 못마땅하게 여겼었다. 세계화를 거스르고 나라 경제의 어려움도 모르는 나는 정말 구제 불능의 위인이다. 게다가 또 광상곡(rhapsody)이라니……. 5월 1일자 경제 신문들은 하이닉스반도체 매각 실패와 대우자동차 매각을 머릿기사로 올렸다. 종합지들의 지면도 비슷했다. 그중에도 하이닉스를 앞세운 것은 기사로서의 비중 때문이겠지만, 그 편집 속에 왠지 매각 실패에 대한 한탄과 대우자동차 매각에 대한 안도의 손길이 느껴졌다면 나의 과민 탓일까?

　하이닉스에 나는 좁쌀 한 톨의 개인적 이해도 걸린 것이 없다. 그러나 어서 팔아치우라는 식의 보도를 대할 때마다 짜증이 치솟았다. 그러니 하이닉스라면 경기(驚氣)를 하는 정부와 채권단의 심사가 오죽하겠는가? 나는 "채권단이 의도적으로 보복하지만 않는다면 독자 생존도 가능하다"는 하이닉스 자체 보고서의 타당성 여부를 판단할 능력이 없다. 다만 회생에 필수적이라는 128메가D램 가격의 4달러 유지 여부는 오직 시장만이 안다는 사실은 잘 알고 있다. 그것은 정부도 채권단도 모르는 비밀이다. 그 모르는 장래를 담보로 계속 돈을 쏟아 부을 수는 없는 노릇이나, 그 모르는 장래에 미리 '사망 선고'를 내려서도 안 되는 것 아닌가? 가뜩이나 문제투성이 기업을 외국에 파는 마당에 정부와 채권단과 하이닉스는 서로 손발을 맞추기는커녕 오히려 '적전 분열'을 빚었다. 마이크론 테크놀로지가 들이민 양해각서가 통과되지 않으면 신규 지원 거부는 물론 기존 대출금 회수에 나설 수밖에 없다는 채권단의 압박은 결과적으로 누구를 돕는 것인가? 하이닉스가 말 안 들으면 판돈을 걷어들일 테니 마이크론 마음대로 패를 내라는 신호 아닌가?

정부 진노와 채권단의 보복을 무릅쓰고 각서를 부결시킨 하이닉스 이사진의 배짱(?)과 면모가 궁금했다. 10명의 이사 가운데 8명이 외국에서 공부하고 미국 기업에 근무했으며, 나머지 2명도 명문 대학 출신으로 정부와 은행의 고위직을 역임했었다. 한마디로 나처럼 세계화 물정에 어둡거나 국부 유출 따위를(!) 걱정하는 샌님들이 아니었다. 그리고 그 각서 내용이 얼마나 무리했기에 채권단 추천의 미국인 이사가 통과 반대에 앞장섰겠는가? 메모리 부문의 헐값 매각과 비메모리 잔존 법인의 과다한 채무 부담이 부결의 핵심 사유라면, 그래서 팔아도 남는 것이 없고 더구나 팔지 못한 나머지가 버틸 수도 없다면, 세계 3위의 반도체 회사를 함부로 팔지 말자는 결론은 당연한 것 아닌가? 하이닉스 회생 여부는 앞으로 시장이 알아서 할 일이라는 정부와 채권단의 냉소에는 비수가 숨어 있다. 그러나 나는 '빅 딜' 폭거로 사태를 이 지경으로 만든 원죄의 책임은 누가 져야 하는지 그 대답이 듣고 싶다. 그것은 결코 냉소로 대할 일이 아니며, 비수는 그 대답 뒤에 써도 늦지 않는다. 그러나 정부는 "해외 매각만이 최선"이라고 못박고 법정 관리 반대, 전환사채 조기 교환, 이사진 교체를 흘리며 재협상을 구걸하는 형편이다.

　대우자동차 매각은 대우그룹 구조 조정의 매듭이라는 점에서도 정부와 채권단은 앓던 이가 빠진 기분이리라. 매각 조건은 아쉽지만 매각 자체는 다행이라는 평가에 나는 적잖이 헷갈린다. 제너럴 모터스(GM)는 인수 대금 17억 달러 가운데 12억 달러는 10년 거치 주식으로 채권단에 맡기고, 신설 법인에 들여오는 돈은 4억 달러에 지나지 않는다. 대우자동차의 국내외 부채 120억 달러 가운데 5억 달러를 GM이 떠맡는 대가로 채권단은 20억 달러의 운영 자금을 빌려주기로 했다. 요컨대 채권단은 10년 동안 땡전 한푼 건지지 못하고, 자본금과 운영 자금 22억 달러를 새로 내놓아야 한다. 그런 특혜를 국내 기업 제치고 왜 GM에만 베푸는지 그 대답도 듣고 싶다.

　1953년 미국 하원에서 찰스 윌슨(Charles Wilson)은 "수년 동안 나는 국가의 이익이 GM의 이익이고, 그 역도 사실이라고 생각했다"고 말했다. 방점이 주문(主文)에 찍히는지 그 역(逆)에 찍히는지는 논란이 많다. 아시아 2위, 세계 7위의 한국 자동차 시장에 GM의 공략이 본격화할 판이다. GM의 이익이 한국의 이익이 될지 그 반대가 될지 그저 랩소디인데도 걱정이 많다.

•2002년 5월 3일

천당과 이자 사이에

낙타의 바늘귀 통과보다 어려운 것이 부자의 천당행이고, 그 부자 대열의 선두에 고리 대금업자들이 있다. 이자는 사탄의 유혹이므로 빚쟁이들은 천당이든 이자든 하나만 섬겨야 한다. 말씀은 그랬으나 현실은 딴판이었다. 이자 없이는 땡전 한푼 빌릴 수 없는 것이 세상 인심이었고, 더욱더 큰일로는 교회가 빚쟁이를 천시한 결과 부자 헌금자들이 발을 끊은 것이다. 그래서 교부(教父) 신학자들이 타협안을 내놓았다. 배고픈 사람에게 빌려준 돈에는 이자를 받으면 안 되지만, 장사할 사람에게 빌려준 돈에는 이자를 받아도 좋다고 말이다. 교리와 현실을 절충한 탁견으로 들리지만 사실은 탁상공론이었다. 배고픈 사람도 배가 고프다고 해서는 돈을 빌리지 못하므로 장사한다고 거짓말을 했고, 전주(錢主) 역시 상대가 배고파서 빌리려는 것을 뻔히 알면서도 장사한다는 말을 해야 돈을 꾸어주었기 때문이다. 그러니까 하느님만 모르실 뿐 모두가 짜고 치는 고스톱이었다.

아퀴나스 이후의 가톨릭 '경제 신학'은 이렇게 엉거주춤한 상태에서 종교개혁을 맞았다. 여기서 나도 그만 헷갈린다. 이자는 성경 말씀에 어굿나는 악이므로 한층 엄격하게 막아야 했는지, 아니면 이미 되돌리기 힘든 현실이므로 순순히 풀어야 했는지……. 역사는 하느님 전의 복종 대신 세속과의 타협 쪽으로 기울었고, 캘빈은 이런 개신교 윤리에서 자본주의의 정신을 찾았다. 하느님 '빽으로' 막으려던 것을 신학이 터놓은 것이다. 그러나 2002년 한국의 사채(私債) 시장에도 그런 경험이 온당한지는 적이 의문이다. 단순히 이자를 내느냐 마느냐가 아니라, 캘빈마저 졸도할 연리 120%의 이자를 무느냐 마느냐가 문제이기 때문이다. 그것도 평균 금리가 그렇고 무려 250%에 이르는 이자도 있단다. 근자에 국회를 통과한 대부업 관련 법률에 따르면 3000만 원 이하의 사채 이율은 70%로 제한된다. 정부는 최고 금리를 더 내릴 수도 있다고 엄포를 놓고, 사채업자들은 지하 영업이나 폐업 위협으로 맞서고 있다.

시대의 조류로 따지면 규제는 악이고 방임은 선이다. 그러나 아무리 방임이 좋아도 절도(節度)가 있어야 한다. 이를테면 도둑에게 절도(竊盜)의 권리마저 허용할 수는 없는 법이다. 120%의 금리는 이미 이자가 아니고 절도에 해당하며, 200%가 넘는 '살인 금리'에는 어떤 죄목도 모자란다. 금리 규제의 필요를 십분 인정하면서도 선뜻 강행하지 못하는 이유는 거기 따르는 부작용, 즉 급전(急錢) 차단에 대한 공포 때문이다. 단돈 얼마만 구하면 가족의 수술비를 대고, 신용 불량자로 몰리지 않고, 가게 문을 닫지 않아도 되는데……그 억울한 사연들을 어찌 다 이르랴. 바로 이런 '함정'을 볼모로 사채업자들이 활개치는 것이다. 국회가 법을 만들고 정부 단속이 날고 뛰어도 채무자의 숨통을 우리가 쥐고 있는데 너희가 어쩌랴 하는 배짱 말이다. 굳이 영세민 보호의 명분을 앞세우지 않더라도 이런 횡포는 엄히 다스려야 한다.

역사적으로 보아도 돈보다 먼저 생긴 이자를 무슨 '소탕 작전'으로 도려내기는 어렵다. 1972년 8 · 3조치라는 군사 정부의 주먹으로 사채를 동결한 적도 있고, 그 뒤 투자금융이라는 이름의 단자(短資) 회사 설립을 당근으로 내밀며 사채 양성화를 유도한 적도 있었다. 그러나 사채는 독버섯처럼 다시 살아났다. 당국의 추산에 잡힌 사채만도 80조 원으로 국내총생산의 15%에 이르고, 230만 신용 불량자 대부분이 사채를 썼거나 앞으로 써야 할 형편이란다. 전달 빚을 이 달 수입으로 갚고, 이 달 빚을 내달 수입으로 막아야 하는 사람들은 아마도 이런 꿈을 수도 없이 꾸었을 것이다. 누가 한번만—단 한번만—갚아준다면 이 지긋지긋한 빚의 사슬에서 벗어날 텐데 하는 간절한 소원 말이다.

이 철없는 꿈에서 얻을 것이 있다. 그 하나는 정상 수입이 있을 경우 채무자 능력에 맞춰 상환 기일을 늘려주는 '개인 워크아웃' 시도이다. 누가 대신 갚아주는 것은 아니지만 스스로 갚도록 숨길을 터주는 것이다. 다른 하나는 그래도 멋대로 쓰다가 다시 올가미에 걸리면 신용 사회로의 복귀가 어렵도록—사실상 사회 매장이 되도록—혹독하게 책임을 묻는 일이다. 툭하면 꺼내는 신용 불량자에 대한 선심성 사면 따위는 가급적 줄이고 또 그 옥석을 가려야 옳다. 10월 대부업법 시행은 급전 융통의 격정 속에서도 몇몇 긍정적 변화를 예고하고 있다. 우선 사채 금리 인하에 따른 고객 이탈을 막기 위해 상호저축은행들이 경쟁적으로 금리를 내릴 전망이다. 그리고 9월 시행으로 다가온 대출 정보 공유 제도를 겨냥한 신용카드 업계의 대비인데, 일례로 전화나 인터넷을 통한 대출 신청에서 입금까지 45초가 걸린다는 어느 회사의 카드 대출(card loan) 같은 열린 서비스는 고리 사채의 견제구가 될 만하다.

•2002년 8월 23일

　사채업자들의 말로는 전주가 따로 있고, 또 떼이는 돈이 많아서 70% 이자로는 정상 영업이 어렵다는 것이다. 아무튼 정부는 시행령을 통해 최고 금리를 66%로 제한했다. 단순한 엄포가 아니라 4%만큼 '실탄'을 발사한 셈이다. 국내 사채 시장을 주무르는 일본계 회사들은 이 정도 금리 수준이면 해볼 만하다는 태세이다. 더욱이 은행에 대금업 진출을 허용함으로써 사채를—이렇게 되면 이미 사채가 아닌데—둘러싼 시장 쟁탈이 한층 치열해질 전망이다.

■제6부■

눈물과
계산의
민족 변증법

복제에서 변이로

존경하는 사람의 책을 읽지 말고 감명 받은 책의 저자를 만나지 말라는 서양 격언이 있다. 나는 윤소영 교수를 알고, 그의 책 『신자유주의적 '금융 세계화'와 '워싱턴 콘센서스': 마르크스적 비판의 쟁점들』(공감, 1999)을 읽음으로써 이 권고를 어겼다. 이 책은 마르크스주의 연구를 위해 1994년 진보적 성향의 소장 학자들이 만든 '과천연구실'의 11번째 업적이다. 진보가 신자유주의 술상의 안주로 씹히는 이 방자한 시대에 마르크스주의라는 이단(異端)의 과실을 깨무는 이들의 모험은 주위를 부끄럽게도 하고 적잖은 위안을 주기도 한다.

먼저 저자 얘기를 하자. 윤 교수는 1980년대 계간지 『현실과 과학』을 매개로 민중민주주의 논쟁을 주도했으며, 그 뒤 『이론』 지상에 아마도 우리 사회과학계 최초로 알튀세르의 이론을 본격 소개하고, 근자에는 '공감이론신서' 시리즈를 통해서 포스트모더니즘과 신자유주의 오염을 집중적으로 비판하는 '벤처' 학문의 첨단 주자이다. 겉으로 보면 별 관련 없는 듯한 이런 연구 대상의 변화가 때때로 '변절'의 궤적이 아니냐는 논란을 남기는 것이 사실이다. 사실 저자는 몇 차례 자기 항변의 글을 쓰기도 했다. 그러나 내가 읽기로 소재는 바뀔망정 목표와 지향, 즉 제2 인터내셔널로 절단된 좌파 이론과 운동의 재결합이란 그의 집요한 모색에는 한치도 변함이 없었다.

그리고 책이다. 제1부에서 저자는 자본주의 발전의 역사적 경향을 검토하기 위해 체계적 축적 순환과 이윤율 변동을 관찰한다. 체계적 축적의 특정 국면에서 이윤율 저하 경향이 저지되면 경제에 황금기가 도래하고, 반대로 이 경향이 관철되면 공황으로 돌변한다. 이런 방법론은 마르크스의 고전에만 익숙한 사람한테는 마르크스 경제학에 '의제 마르크스주의' 경제학을 접목한 것이라는 오해를 부를지 모른다. 그러나 나 자신은 마르크스 경제학의 이런 '영토 확장' 교섭을 매우 적극적으로 이해한다. 세계 경제의 헤게모니 동요로 체계적 축적이 위기에 봉착하고, 이왕의 군사적 케인스주의 처방이 초민족 법인 자본의 금융 세계화에 종속되는 상황이 곧 신자유주의라는 저자의 설명 역시―케인스 경제학자들은 몹시 분개하겠지만―그 생소한 논의만큼이나 참신한 설득력을 선사한다.

제1부에서 다룬 주요 개념과 논거에 대한 부연 설명 부분을 빼면, 제2부의 백미는 단연 우리 대학과 학문의 '미국화' 현상에 대한 애도 표명이다. 미국 교육계 일각의 개탄대로 백치(白痴) 학자를 양산하는 미국 경제학의 '유전자 복제'를 우리 경제학이 그대로 답습한다는 것이다. 어차피 그렇게 복제될 수밖에 없었던 저자 자신이 그 유전자를 변화시키기까지의 고단한 역정 진술은 한 지식인의 내밀한 고백 성사에 해당한다.

제3부의 키워드 '워싱턴 콘센서스'는 현대판 『요한 묵시록』이다. 하나는 예언이고, 하나는 현실이란 점이 다를 뿐이다. 저자는 동아시아의 당면 위기가 강대국 '음모'의 산물이라고 섣불리 대들지는 않지만, 그 음험

한 각본이 우리한테 그대로 전개되는 사실만은 강한 의혹의 시선으로 바라본다. 외환 위기와 국제통화기금 개입을 '내 탓이오' 자성과 함께 금융 자본의 세계화 작전 맥락에서 파악해야 한다는 저자의 관점에 나 역시 전적으로 동의한다.

박식을 넘는 저자의 과식(過識)과 어지간히 까다로운 문체가 독자를 적잖이 괴롭힌다. 비판에 너그럽지 못한 우리 학계 풍토에서 실명 거론이 어떤 화(?)를 부를지도 걱정스럽다. 다만 민중민주주의(PD) 투사에서 민족해방(NL) 전도사로 '전향한' 것 아니냐고 의심이 들 만큼 외세에 대한 저자의 치열한 경고와 민족의 장래에 보내는 도저한 변론은 꼭 한번 읽어둘 만하다.

•1999년 7월 13일

천려일득의 수확마저

  총선거 사흘 전에 터져 나온 남북 정상 회담 합의문을 대하려니 문득 천려일실의 고사가 떠올랐다. 천하 평정을 앞둔 한신의 거듭된 병법 청문에 조(趙)의 패장 이좌거는 이렇게 운을 뗀다. 지혜로운 사람도 천 가지 생각 중에 하나쯤 실책이 있고(智者千慮 必有一失), 어리석은 사람 역시 천 가지 생각 중에 하나쯤은 득책이 있다(愚者千慮 必有一得). 그래 천려의 수고가 담겼을 회담 발표 시점을 놓고 일실이냐 일득이냐를 따지는 일이 내 몫은 아니지만, 가히 한반도의 지축을 흔드는 메가톤급 뉴스가 때를 잘못 만나(?) 찜찜하고 쩨쩨하게 전해졌다는 느낌만은 지우기 힘들었다. 그처럼 중대한 민족의 대사를 다루는 마당에 의석 몇 개 보태려는 욕심쯤 옆으로 제쳐놓을 수는 없었는지 여전히 의문이 가시지 않기 때문이다.
  그리고 생각난 것이 주세페 마치니였다. 이탈리아는 영국이나 프랑스에 비해 민족 국가 형성이 한참 늦었는데, 마치니는 1861년 이탈리아 통일의 주춧돌을 놓은 주역의 하나였다. 투옥과 망명으로 점철된 파란만장의 생애도 영웅전 감이지만, 그의 절절한 애국심이야말로 내 기억을 되살리기에 충분했다. 볼튼 킹의 『마치니 평전』(한길사, 1980)에서 그의 편지 한 구절을 인용하겠다: "광대한 영토를 가진 이탈리아가 옥수수와 양배추를 싸게 먹는다는 따위의 문제는 내게 별로 중요하지 않다. 위대한 유럽의 지도력이 로마에서 나오지 않는다면 나는 로마에도 별 흥미가 없다. 나한테 진정으로 문제가 되는 것은 이탈리아가 위대하고……도덕적인 나라가 되는 것, 즉 세계에서 이탈리아가 그 고유의 사명을 수행하는 것이다."

나라가 통일을 이루어 국민이 옥수수와 양배추를 싸게 먹더라도, 그 따위 경제적 이익은 노혁명가에게 별로 중요한 일이 아니었다. 그의 관심은 로마의 영광(Pax Romana)에 있고, 그 영광은 이탈리아가 위대한 나라가 되는 것이었다. 그러나 140년 뒤의 한반도 상황은 크게 다르다. 한반도의 비료와 전기가 이탈리아의 옥수수와 양배추를 대신한 것은 이 시대의 생산력이 그만큼 발전했기 때문이라고 치자. 근년의 북한은 옥수수와 양배추조차 넉넉지 못해서 주민이 배를 곯는 시련을 겪은 것이 사실이다. 그렇더라도 비료와 전기 따위가 민족의 장래를 좌우하는 현실에는 썩 마음이 내키지 않는다. 다만 '한반도의 영광'이 당분간 쉽지 않은 꿈이라면 비료와 전기 지원을 통한 접촉의 필요나마 여간 반갑지 않다는 생각이 들기도 한다.

야당 일각의 의심이기는 하지만 이탈리아의 옥수수와 양배추는 한국에서 총선 승리와 노벨 평화상 수상으로 둔갑할 수도 있다. 정상 회담 소식이 투표에 어떤 영향을 미쳤는지는 그로 인해 마음을 바꾼 유권자만이 알 일이다. 그렇다면 대통령은 명분을 앞세워 반대 명분을 잠재우고 실리를 취했어야 했다. 야당으로서는 남북 카드가 적잖이 떫겠지만, 그래도 시기만 웬만했다면 총선용이니 뒷거래니 하는 힐난에 앞서 일단 덕담부터 보냈을 것이다. 우리한테 민족은 곧 설움이고, 그래서 민족이란 말 앞에서는 어떤 '반민족'의 말싸움도 가당찮기 때문이다. 노벨상이니 뭐니 하는 세간의 '의심' 역시 아무런 물증이 없다. 그래서 말인데 민족의 문제를 정도로 풀고 노벨상을 받게 된다면 그 모양이 얼마나 근사할 것인가? 그런데도 노벨상을 겨냥해서 남북 문제를 풀려고 한다는 등속의 오해가 그치지 않으니, 정권의 처신에 무언가 미숙한 점이 엿보이는 것이 사실이다.

그런 아쉬움은 남북 합의서 문맥에도 남아 있다. 말과 글이 전혀 다른 이민족과의 계약도 아니고, 척하면 삼천리인 동족간의 합의문에 서로 다른 표현과 내용을 담은 일이 벌써 정상은 아니다. 총비서든 국방위원장이든 호칭을 맘대로 고르라고 했다는 북한의 태도 자체가 이미 외교적 관례에서 벗어나고, 대통령의 평양 방문이 남쪽의 요청이냐 북쪽의 초청이냐의 실랑이 역시 두루뭉실 넘어갈 사항이 결코 아니다. 행여 회담 성과가 기대에 어긋나기라도 할 때를 대비해서, 이를테면 "하도 오겠다니 오라고 한 것뿐"이라든가 반대로 "하도 오라니까 간 것뿐"이라는 식의 발뺌 변명을 먼저 준비한 것 아니냐는 억측이 난무하기 때문이다. 사정이 그렇다면 합의 도출이 다소 늦더라도 뒷날 일절 군말이 없도록 앞뒤를 깨끗이 정리했어야 옳다. 돈을 주고 평화를 구걸하는 행위 아니냐는 시정의 야유가 부분적으로 사실일지라도, 당장은(!) 돈의 무게가 평화의 무게보다 더 나갈 것이 분명하다. 그렇다면 더욱더 다급할 이유가 없을 텐데 말이다.

그러나 사안의 본질에 비하면 이런 절차에 대한 시비는 사족에 불과하다. 민족의 화해와 한반도의 평화 정착이란 대의는 어떤 비용도 아깝지 않은 최우선의 숙제이기 때문이다. 비료가 필요해서든 '햇볕'을 신뢰해서든 북한이 정상 대좌의 자리를 마련한 것은—혹은 거기 응한 것은—실로 대단한 변화이다. 나는 그것이 워싱턴보다는 그래도 서울이 낫다는 인식 전환의 신호이기를 바란다. 여전히 고개를 저을지 모르겠으나 그것은 엄연한 사실이다. 똑같이 장사를 해도 물 건너 저들은 이문만 챙기려는 데 반해, 우리는 비료 보내고 전기 놓아줄 걱정도 함께 하기 때문이다. 비록 그 비료와 전기 속에 동포의 곤란에 대한 성의 표시를 넘어 장삿속 이해 타산이 들어 있다고 해도, 그런 걱정을 해주는 쪽은 동족 외에 달리 없는 것이 현실이다. 이런 현실의 확인이야말로 정상 회담에 기대하는 최고 소득의 하나일 것이다.

그리고 이것도 사실일 터이다. 아무리 남한과 얘기를 해도 미국의 동의가 없으면 무슨 일도 되는 것이 없기 때문에, 직접 미국과 얘기하는 편이 빠르고 편하다는 북한의 주장 말이다. 그러나 북한이 바로 보아야 할 것은 얘기를 듣는 일과 돈을 내는 일은 전혀 별개의 계산이라는 점이다. 경수로 건설부터 미사일 개발 억제까지 생색은 항상 미국이 냈지만, 실제로 그 부담이 돌아온 것은 남한이었다. 미국으로서는 동북아의 세력 균형을 위해 북한의 핵 개발 저지가 초미의 관심사일 것이다. 그럼에도 중국과 소련이 배후에 버티고 있는 한반도는 다국적 군 파견으로 일거에 뭉개버린 이라크와 다르다. 그렇다면 한발 물러서서 구슬려삶는 수밖에 없다. 클린턴 행정부의 대북 정책을 정리한 페리 보고서(Perry Process)에 나타난 소위 '포괄 협상'의 구상이 바로 그렇지 않은가?

사정이 그렇다면 햇볕 정책은 우리의 독자적인 선택만은 아닐지 모른다. 남한의 비용으로 미국이 실리를 취하는 기막힌 절충의 산물이기 쉽다. 그렇다고 그 효과가 반감되는 것은 아니며, 역설적이지만 그렇기 때문에 오히려 더 강화될 수도 있다. 남북 정상 회담에 비료와 노벨상과 외세의 냄새가 진하면 진할수록, 천려일실의 경계와 지혜로도 거둘 것이 별로 없으리라. 그래서 전하는 말이거니와 북한은 먼저 미국의 생색이 돈과 관계없다는 사실을 알아차리고 미련을 버려야 한다. 그리고 남한 역시 눈앞의 장삿속을 피해 동족이란 섧고 질긴 인연으로 비료와 전기를 보내려는 결심이 필요하다. 민족은 조건 없는 결합이며, 그것을 확인할 때 정상 회담은 옥수수와 양배추 따위의 계산을 뛰어넘어 천려일득의 수확마저 거둘 터이다.

• 2000년 5월

이 황홀한 모순의 아침에

그해 6월 산하는 전차의 굉음과 포화로 갈가리 찢겼었다. 그리고 반세기. 지뢰밭과 철조망의 벽을 넘어 금강산 유람길이 열렸다. 그것은 분단마저 우려먹는 기막힌 상술이고, 국가보안법이 눈을 감은 신나는(?) 모순이었다. 그러더니 올해 6월, 바로 오늘 김대중 대통령이 김정일 국방위원장의 초청으로 평양을 방문한다. 그것은 총칼을 녹여 쟁기를 만들라는 민족의 비원이 담긴 황홀한(!) 모순이다. 반국가단체니 뭐니 따위의 꾀죄죄한 시비는 할일없는 법률가한테나 맡겨버려라. 모순도 황홀하면 장미의 최면처럼 속세의 시비를 떠나는 법이다.

세계의 마지막 냉전 지대 한반도. 지지리 못나게도 우리는 전세기의 유물을 새 천년까지 가져왔다. 이제 그 집요한 인연을 끊어야 한다. 세계화 노도는 '주체'의 성벽을 아무리 높이 쌓고 '자주 경제'의 해자를 아무리 깊이 파도 성안으로 넘쳐들게 마련이다. 그리고 싫든 좋든 세계사는 당분간 그런 방향으로 흘러갈 모양이다. 그렇다면 요령껏 문을 열고 안내를 구하는 지혜가 필요하다. 이왕의 얽히고설킨 남북 관계로 미루어보아 북이 남의 '안내'를 별로 미덥게 여기지 않으리라는 사정은 대충 짐작하지만, 그러나 그보다 더 가까운 상대가 달리 없는 것 또한 엄연한 사실이다. 그렇다고 남한이 그 안내자의 소임을 과신하는 것도 금물이다. 세계화 유행에 앞장서 도대체 무엇을 얻었느냐는 자성과 함께, 세계화 교습으로 북을 또 하나의 남으로 '오염시키지' 않을 결심이 앞서야 하기 때문이다.

한반도 주변 정세도 크게 변했다. 북은 주변 4강 가운데 2강으로부터 여전히 '적성국' 대접을 받고, 심지어 테러를 일삼는 '불량 국가' 명단에 들어 있다. 반면 수교의 이익을 선점한 남은 그 4강 모두의 '우방'이니 말이다. 여기 역지사지(易地思之)의 지혜가 요청된다. 힘겹기는 해도 북은 외세의 압력에 비교적 의연하게 버텨왔다. 그러나 그들 내부의 정치 역학이 대남 교섭까지 그렇게 대범하게 대처하도록 용인할지는 적이 의문이다. 한마디로 남북 정상의 회동에 북이 안을 위험 부담이 한층 더 크다면, 남이 그 점을 충분히 헤아려야만 회담 성공의 길이 열릴 터이다. 조국은 뜨거운 결합이고, 민족은 서럽도록 질긴 운명 아닌가?

미국의 초조한 전망이 맞는다면 20년쯤 뒤에 중국은 국내총생산 세계 1위의 경제 대국으로 올라선다. 그래서 일본과 함께 세계 경제에 막강한 영향력을 행사할 때 동북아는 '팍스 아시아나'의 새 시대를 개막할 것이다. 한반도와 한민족의 분단 극복이 절실하고 절절한 이유가 바로 여기 있다. 협력체든 공동체든 조만간 자리잡힐 동북아 지역 경제 통합에 남북 어느 한쪽만으로는 제 소리를 내기도 어렵거니와 제 밥그릇을 챙길 수도 없기 때문이다. 온통으로도 어려운 판에 하물며 반쪽으로야……. 함께 걷는 길만이 민족의 생존과 번영을 다지는 길이라면 쌀과 비료를 보내는 것은 적선 아닌 투자이며, 공장 짓고 철도 놓아주는 일 또한 일방적 시혜 아닌 회수 가능의 약속어음일 터이다. 장차 얻으려면 먼저 주라

(將欲奪之 必姑與之)는 노자의 혜안은 크게 빌릴 만하다. 남북의 경제가 경쟁적이 아니고 보완적이라는 사실이 아직은 다행이며, 그렇다면 그토록 걱정하는 남북의 생산력 격차조차 민족 경제의 백년 설계에 그저 짐만은 아닐 수도 있다.

밝히지 못할 일을 자꾸 묻는 것은 고문이며, 고문으로는 회담을 풀어 가지 못한다. 핵이든 외세든 상대의 치부를 들먹이며 자신의 입장만 세우려는 고집이 그러하다. 이산 가족 현안 역시 자칫 그런 위험이 따른다. 혈육 상봉을 1순위로 상정하지 않는 북의 처사야말로 눈물도 없고 피도 없는 비인간적 태도라는 것이 남녘 주민 일반의 '인도주의적' 공론이다. 그러나 북측의 관점은 다를 수도 있으니, 그 잔인한 이별의 구체적 사연이 어떠하든 그들 대다수는 이산(離散) 가족 이전에 그쪽 체제를 버리고 떠난 월남(越南) 가족으로 비칠 것이기 때문이다. 따라서 남이 내세우는 인도주의가 북에도 그대로 인도주의일 수만은 없을지 모른다. 가령 이번 정상 회담에서 저들이 월북자(越北者) 가족 재회부터 다루자고 한다면 남쪽 사회의 반응은 과연 어떨 것인가? 오해가 없도록 덧붙이거니와 나 또한 이 모든 객설에도 불구하고 이산 가족 숙제가 회담의 본론으로 논의되기를 열렬히 희망한다. 상봉을 기다리는 인생은 유한하고, 혈육의 정리는 어떤 이해 타산보다 우선해야 하기 때문이다. 그래, 그 핏줄을 찾는 애타는 정이 없다면 민족이 대체 무슨 소용이랴?

피아(彼我) 공멸의 가공할 무기가 개발되면 전쟁이 사라질 것이라는 알프레드 노벨의 순진한 변명은 한참 빗나갔다. 그럼에도 "부족한 것은 돈이 아니라 뜻이다. 소망만으로는 평화가 오지 않으니……큰 목적을 위해 작은 첫걸음을 내딛는 일이 중요하다"는 그의 권고는 제법 들어둘 만하다. 두 정상의 단독 회담에 배석할 두 명의 수행원이 기록과 통역을—어허 통역이라니—맡는다는 기사에 정말 가슴이 답답하다. 반세기를 서로 반대로만 치달렸으니 그것도 무리는 아니다. 정녕 돌아올 수 없는 다리를 건너기 전에 어서 되돌아서자. 몸은 다리를 건너야 하지만, 불신마저 다리를 건너서는 안 되기 때문이다. 통일이 안개처럼 스며들지 번개처럼 내려칠지 모르기에 우리는 메시아를 기다리는 이스라엘 백성처럼 항상 깨어 있어야 한다. 성(城)을 치는 것은 하책이고 마음을 치는 것이 상책이라(攻城爲下 攻心爲上)는 『삼국지』 시대의 진리는 오늘 남북 정상의 첫걸음 만남에도 여전히 유효하리라.

• 2000년 6월 13일

사람의 화해, 돈의 화해

　당신은 새해에 희망이 있다고 보십니까? 독일의 한 여론 조사 기관이
이런 설문을 돌렸다. 1990년과 1991년 '예'라고 답한 동독 출신 주민은
50%에서 58%로 늘어난 데 비해, 서독 출신 주민은 57%에서 55%로 줄어
들었다. 통일 직후의 희망과 불안에 대한 양쪽 주민의 전망은 이렇게 엇
갈렸다. 그러나 이듬해부터는 대답의 추세가 일치했다. 즉 동부 주민의
희망이 높아지면 서부 주민의 희망도 올라가고, 그 반대도 마찬가지였
다. 출신지 성분 따위와는 무관하게 경제 사정이 생활을 주물렀기 때문
일까? 1995년의 또 다른 여론 조사는 두 지역의 생활 수준이 같아지는
시기를 물었다. 서독 주민의 41%가, 동독 주민의 48%가 그 대답을 5~10
년으로 몰아주었다. 결과야 두고 보아야겠지만 통일 비용 타령으로 지레
겁을 먹을 만큼 긴 시간은 아니었다.

　남북 최초의 정상 회담이 막을 내렸다. 북이 연출하는 고비 고비의
'깜짝 드라마'에 깜짝 깜짝 놀라는 재미(!) 속에서도 뭔가 시원한 것이
터지기를 바라는 기대가 마음 깊숙이 서려 있었다. 만찬 뒤끝 밤중에 나
온 '6·15 공동 선언'은 가히 역사의 새 장을 펼치는 약속이라고 할 만하

다. 그럼에도 왠지 불안한 느낌이다. 일례로 남북의 '자주 통일' 합의는 실로 대단한 약속이지만, 경우에 따라서는 선언적인 의미로 그칠 위험이 없지 않기 때문이다. 그 원칙은 1972년 '7·4 공동 성명'에도 있었고, 1992년의 '남북 기본 합의서'에도 나온다. 그런 성명과 합의의 정신이 지켜지지 않았다고 해서 꼬부장하게 던지는 말이 아니다.

외교와 군대는 국가 유지의 가장 강력한 '하드웨어'이다. 공동 선언에 나오는 연합제(聯合制)는 2국가 2정부가 핵심이고, 1국가 2정부는 연방제(聯邦制)의 핵심이다. 연합제는 남한의 제안이고, 연방제는 북의 오랜 지론이었다. 그런데 남북의 지역 정부에 막강한 권한을 넘겨주는 소위 '낮은 단계의 연방제'는 사실상 2국가 형태를 취함으로써 연방제나 다를 것이 없다. 문제는 이 희한한 궁리와 타협이 자신도 속는 마취제가 될지 모른다는 점이다. 남북이 서로 상대를 정부로 인정하기만 하면 현재의 상황 자체가 바로 2국가 2정부 형태이며, 그래서 현상 유지(status quo)만으로도 자주 통일의 명분에 배치되지 않기 때문이다.

하드웨어의 변화를 기대하기 어려운 형편이라면 '소프트웨어'나마 철저히 점검할 필요가 있다. 대표적으로 경제 협력이 여기 속한다. 북한에 진출하려는 기업한테는 투자 보장 약속도 급하고, 이중 과세 방지 협정도 필요하다. 또 생산과 물자 유통에 불가결한 사회 간접 자본(SOC) 확충도 절박하다. 재계에 그 비용을 부담할 여력이 있느냐가 관건이지만, 그럴 의사가 있는지도 의문이다. 돈은 벌고 싶으나, 솔직히 길 닦고 다리 놓는 수고는 피하고 싶을 것이기 때문이다. 그렇다면 그 짐은 남한 정부의 몫으로 돌아올 수밖에 없을 것이다. 이렇게 질기고 짜증나는 과정을 한참 거쳐야만 경제 통합의 다리가 놓인다. 자주든 아니든 남북은 아직 통일에 대한 논의조차 시작하지 않았다. 몇몇 기업이 모험적으로 벌이는 임가공

형태의 '민족 내부 거래' 또한 장애와 난관이 한둘이 아니다. 그럼에도 경제 협력은 자주 통일에 비해 '훼방꾼'이 한결 적을 것이 분명하다.

다시 독일 얘기로 돌아가자. 동독이 주권을 포기하고 서독에 편입되는 내용을 담은 통독 조약이 발효한 것은 1990년 10월 3일이었다. 그러나 그 이전에 벌써 화폐·경제·사회 통합에 관한 조약이 맺어져 이해 7월부터 동독 경제는 사실상 서독의 지배로 들어갔다. 이를테면 화폐 발행권을 포기하는 대가로 동독은 서독 화폐를 사용하게 되었는데, 여기 시급한 현안이 환율 책정이었다. 양국 화폐의 교환 비율이 어떻게 정해지느냐에 따라 '인생'의 장래가 바뀔 참이었다. 예컨대 서독 마르크(DM)와 동독 마르크(OM)가 1:2로 교환된다면 동독 주민은 일생 동안 부은 연금의 가치가 반으로 깎이고, 은행에 갚을 원리금은 곱으로 불어날 것이기 때문이다.

역사적으로 동서독의 환율 결정에는 경제적 요소 못지 않게 인도적(?) 요인도 크게 작용했다. 한 민족을 내세우며 동독이 떼를 쓰면, 서독은 못 이기는 척하고 받아주었기 때문이다. 아무튼 통합 직전 서독에 수출된 동독 상품은 1:4.4의 비율로 결제되었다. 물론 이 계산도 서독의 인정(人情)이 가미된 것이고, 암시장의 환율은 훨씬 더 높았다. 그런데 조약 발효와 더불어 발표된 환율은 1:1이었다. 동독이 크게 '몽니'를 부렸을 것으로 생각되지만, 그래도 1DM:1OM 교환은 세계가 '으악' 소리를 토할 만큼 놀라운 결정이었다. 가만히 앉아서 동독 주민은 실질 구매력을 4.4배나 늘린 것이니, 경제학자의 산술로는 도저히 풀 수 없는 고차 방정식이었다. 방정식과는 별도로 나도 그때 세계의 으뜸 독일(Deutschland über alles)을 외치는 게르만 민족의 배짱에 경탄을 거듭했었다.

그러나 어찌 알랴? 인생 만사가 새옹지마(塞翁之馬)인 것을! 사실은 서독 정부의 이 후한 인심이 통일 뒤에 동독 지역의 경제를 파멸로 이끈 원인의 하나가 되었다. 가령 통일 이전에 동독 주민은 자국의 구두 한 켤레를 200M에 샀으며, 서독 구두를 사려면 20DM을 치렀다고 치자. 이 가격들이 국제적 평가를 그대로 반영한다면 서독 구두는 동독 구두에 비해 품질이든, 디자인이든, 명성이든 그 무엇이 좋아도 4.4배만큼 더 좋아야한다. 그런데 화폐 통합에 의해 200M이 20DM으로 교환되면서, 동독 주민은 예전에 20DM—즉 880M—을 지불했던 서독 구두를 이제는 새 환율에 따른 20DM—즉 200M—으로 구입하게 되었다.

자, 어느 동독 주민이 20DM을 가지고 구두를 고른다고 하자. 무엇이 좋아도 4.4배가 나은 서독 구두를 사겠는가, 아니면 습관이나 애국심(!)으로 동독 구두를 집겠는가? 평소 신어보고 싶은 마음은 굴뚝 같았으나 값이 비싸서 엄두조차 못 냈던 사람들은 대부분 서독 구두를 고를 것이다. 바로 여기가 함정이었다. 실질 소득이 늘어 더 좋은 서독 구두를 신게 된 것은 더없이 신나는 일이지만, 그 결과 동독 구두는 점점 더 버림을 받았다. 쇼핑 백에서 사라지고, 진열대에서 사라지고, 마침내 구두 생산이 사라진다. 그래서 공장이 문닫으면 구두 노동자는 일터를 잃는다. 산업의 구조 조정이나 노동자 재교육 등으로 일자리를 새로 만들어내겠다는 약속이야 번지르르하지만 그게 어디 말처럼 쉬운가? 지갑을 쥔 중앙 정부는 통일 비용에 짜증 내고, 서독 납세자들은 통일 부담에 불만을 터뜨렸다. 일거리를 찾아 고향을 등진 동독—독일 동부—노동자들은 서독으로—독일 서부로—몰려들어 몇몇 도시 주변은 달동네를 이루었다. 이것은 소설이 아니라 사실 그대로의 현실이다.

이제 본론으로 들어가자. 나는 1DM:10M 교환의 너그러운 타협에 어떤 저의가 있었다고 트집잡는 것이 아니다. 경쟁력 뒤지는 동독의 구두 공장을 무조건 살리라고 고집 세우는 것도 아니다. 하물며 독일 통일은 애초에 잘못이라는 따위로 억지 부릴 마음은 더더구나 없다. 다만 사람의 화해 못지 않게 돈의 화해(?)에도 실수가 많다는 사실을 지적하고 싶을 뿐이다. 아직은 한가한 애기일지 모르나 이 부러운 교훈은 우리의 통일 노력에도 예외가 아닐 터이다.

●2000년 7월

오디세이 2000

트로이 성을 목마로 함락한 오디세우스는 귀국을 서두른다. 그러나 해신(海神) 포세이돈의 미움을 사서 온갖 역경을 다 겪는다. 폭풍과 해일, 조난과 표류, 식인종 섬에서의 유폐, 외눈박이 괴수와의 사투, 망각의 술과 사이렌 요정의 유혹, 마녀와의 사랑과 탈출 등 20년의 모험과 유랑 끝에 고국 땅을 밟는다.

그러나 그곳은 이미 그리던 고향이 아니었다. 아내 페넬로페는 그녀와의 혼인으로 왕위를 차지하려는 야심가들의 등쌀에 마음 편할 날이 없었다. 시아버지의 수의(壽衣)를 다 지으면 구혼을 받아들이겠다고 말한 뒤, 낮에는 옷을 짜고 밤에는 다시 푸는 계교로 재혼 약속을 하루하루 미루는 형편이었다. 오디세우스는 짐짓 거지로 꾸미고 궁정에 나타나지만 아무도 알아채지 못한다. 늙은 사냥개만이 옛 주인을 향해 힘겹게 꼬리를 몇 번 흔들고는 쓰러져 죽어버렸다. 그의 발을 씻기던 유모조차 허벅지의 상처 자국을 보고서야 거지의 정체를 알아차릴 정도였다. 통쾌한 복수를 끝내고 오디세우스는 제 모습을 드러내지만, 아내는 믿을 수가 없었다. 그들의 침대는 땅속 깊이 뿌리내린 생나무로 만들었기 때문에 다른 데로 옮길 수 없다는 둘만의 비밀의 밝히자, 아내는 남편의 품안으로 뛰어든다.

3000년 전의 이 서사시보다 한층 더 기구하고 처절한 '20세기 오디세우스'의 실화가 우리 주변에 허다하다. 경성고상(京城高商)—서울 상대의 전신—출신의 정순택 청년은 해방 정국의 혼돈에 좌절한 나머지 월북을 결행한다. 북에서 외빈 접대와 경리 업무를 돕던 그는 1958년 남파 밀명을 받았으나, 임신 4개월의 아내한테 차마 사실을 알릴 수 없어 모스크바 유학을 간다고 속인다. 그러나 서울 잠입 후 접선도 하기 전에 붙잡혀 31년을 형옥에서 보낸다. 이 체제에 조약돌 하나 던지지 않았지만, 그렇다고 그가 무죄이기는 어렵다. 다만 자의로 저지른 죄가 아닌데도, 그 벌을 당자가 받아야 하는지는 여전히 의문이다. 장기수 북송 희망자 명단에 그의 이름이 들어 있었다. 그 두려울 42년 만의 '홈커밍'을 끝으로 79세의 남은 반생에 더는 설움이 없기를 바랄 뿐이다.

1950년 충북 청원의 유순이 새댁은 인민군에 끌려가는 남편에게 임신 3개월이란 사실을 숨겼다. 먼 길 떠나는 지아비한테 걱정을 끼치면 안 된다고 대대로 듣고 배운 조선 아낙의 서글픈 도리 때문이었다. 요행으로 살아서 돌아온 남편 친구들은 그가 폭격으로 죽었을 것이라고 했지만, 그녀는 남편이 존재조차 모르는 아들을 기르며 가없이 세월을 기다렸다. 그 서러운 인종(忍從)의 미덕이 하늘을 움직였던지 이태 전 사망신고까지 마친 남편이 북에서 남녘의 가족을 애타게 찾는다는 것이다. 야속한 남편에 대한 원망도, 모진 풍상에 대한 원한도 모두 미친 세월에 털어 버린 채 71살의 여전한 새댁은 "남편을 다시 볼 수 있다니 이젠 죽어도 여한이 없다"고 되뇌었다. 50년 수절에 여한이 없다니……

호메로스의 『오디세이』는 고대 영웅담에 공식처럼 따르는 비극적 결말을 뒤집으며 감미롭게 끝이 난다: "20년이나 쌓인 그리움으로 그날 밤 왕과 왕비의 침실에서는 흐느낌과 속삭임이 그칠 줄 몰랐다." 그러나 우리의 숱한 오디세우스에게 이런 승리와 행복은 화려하다 못해 잔인하기까지 하다. 주인을 반겨 꼬리 흔드는 애견이나 발을 씻겨줄 유모도 바라기 어렵고, 아내의 구혼자들에 대한 복수나 생나무 침대의 비밀도 이제 덧없는 미망(迷妄)이기 쉽다.

차라리 미당(未堂)의 「신부」가 적당하다. 오줌이 급해 냉큼 일어서는 바람에 옷자락이 돌쩌귀에 걸리자, 음탕한 신부가 붙잡는 줄 알고 첫날 밤의 신랑은 그대로 내뺀다. 40년인가 50년이 흘러 그 집 앞을 지나다가 그래도 궁금해서 들여다보니 "신부는 귀밑머리만 풀린 첫날밤 모양 그대로 초록 저고리 다홍치마로 아직도 고스란히 앉아 있었습니다. 안쓰러운 생각이 들어 그 어깨를 가서 어루만지니 그때서야 매운 재가 되어 폭삭 내려앉아 버렸습니다. 초록 재와 다홍 재로 내려앉아 버렸습니다." 어허, 초록빛·다홍빛의 매운 재로 말이지. 이산 가족 상봉을 신청한 사람이 남한만도 7만7000명이다. 한 달에 100명씩 만난대도 65년이 걸린다. 그래, 매운 재로 스러지기 전에 그 매운 한을 풀어줄 지혜와 용기가 정녕 우리 대통령과 국방위원장한테 없는 것인가?

•2000년 8월 11일

옥에 티가 아니기를

다이아몬드의 품질을 평가하는 데는 흔히 4C의 기준이 적용된다. 원석의 색(color)과 무게(carat)와 투명도(clarity) 외에 연마(cut) 상태가 그것이다. 아무리 재료가 좋아도 갈고 다듬는 과정에 무슨 흠이 생기면 가치가 떨어져 제 값을 못 받는다. 옥에 티가 바로 그런 것 아니겠는가? 보석에 박힌 티도 아쉽지만, 사회 대사에 흠집을 남기는 티는 한층 더 안타깝다. 비전향 장기수 북송을 앞두고 문득 그런 불안감이 스며든다.

지난 칼럼에서 나는 정순택 선생의 기구한 사연과 북송 희망을 소개했다. 남파 공작원으로 31년의 옥고를 치른 그가 어서 돌아가서 가족들을 만나기 바란다는 내용이었다. 그런데 그 재회의 꿈이 깨질 것 같다는 보도가 뒤따랐다. 문제는 그가 전향자이고, 비전향 장기수 북송에 전향자는 보내기 어렵다는 정부 방침 때문이었다. 수형 생활 27년 만인 지난 1985년 그는 지독한 환시와 환청에 시달리던 중 환경을 바꾸는 길—요컨대 출소—밖에 없다는 교도소 의무관의 진단에 따라 전향서를 쓰고 1989년 가석방 조처로 세상에 나왔다. 청각 장애로 그는 지금도 남의 말을 잘 알아듣지 못한다.

비전향자는 북송이 가능하고, 전향자는 불가능하다는 그 논리가 내게는 매우 혼란스럽다. 행여나 비전향의 지조를 지킨 보상(!)으로 그들만 보내고, 자의든 강요든 전향서를 쓰고 이 체제를 받아들인 사람들은 잡아둔다면, 그 상벌 기준이 적어도 우리의 정서에서는 설득력을 얻기 어렵기 때문이다. 우선 '괘씸죄'만 놓고 따져도 그렇지 아니한가? 정 선생의 수기『보안 관찰자의 꿈』(한겨레신문사, 1997)에 따르면 피로 얼룩진 전향 공작반의 폭력은 살인조차 마다 않는 참상을 빚어냈다. 그리고도 그 전향자에게 오히려 벌을 내릴 요량이라면 무엇 때문에 그 잔인한 공작을 벌였는가? 장기수 현안의 핵심은 북송일 터이므로, 전향이냐 비전향이냐의 시비는 차라리 북한의 몫으로 넘겨주는 것이 편할지 모른다. 장기수 출신을 내세워 누구나 가겠다고 나설 경우 아마도 혼란이 적잖을 것이다. 그러나 그것도 북의 '수용 태세'가 문제이지, 우리가 걱정할 일은 아닐지 모른다.

애기가 여기서 끝나지 않는다. 작년 4월 정 선생은 소위「전향 의사 철회 선언」을 한 신문에 발표했다. 그 글을 읽으며 솔직히 나는 '괜한 짓'이라는 느낌과 함께 이로써 가족 재회의 길이 더 멀어지는 것 아니냐는 불길한 생각이 들었다. 이산 가족 상봉과 장기수 북송 같은 세기의 드라마가 펼쳐지리라고는 상상조차 못할 때였다. 아무튼 이 선언을 근거로 그는 정부에 비전향자로의 복권(?)을 신청했으나, 법무부의 문서에는 이 사실이 기록되지 않았다는 것이다. 개인의 의사 발표를 정부가 공식 문서에 등재해야 하는지 그 법적 시비에는 내가 용훼할 처시가 아니다. 다만 가석방 출소부터 계속된 '보안 관찰' 처분이 올해 6월 다시 연장되면서, 그 갱신을 통고하는 법무부 장관 명의의 결정서에는 이 선언이 처분 갱신 사유의 하나로 포함되어 있었다. 그러니까 보안 관찰 연장에는 전향 취소가 유효하고, 장기수 북송에는 무효가 된다면 그것도 공정한 잣대는 아니다.

간접적으로 들은 얘기이지만 정 선생의 아들이 북한 김책공업종합대학 선박공학부 부학부장으로 재직하고 있으며, 그가 지난 8월 12일 평양방송을 통해서 "이제 꿈 아닌 현실로 펼쳐지게 될 아버지와의 뜻 깊은 상봉의 날을 앞두고 하루가 천 날 맞잡이로 길어 보이는 것만 같다"고 애타는 사연을 토로했다고 한다. 한 가지 특기할 사실은 이 방송이 '남조선의 비전향 장기수 정순택'으로 보도했다는 점이다. 남한은 붙잡아둘 필요가 없고, 북한은 받아들일 용의가 있다면 굳이 그의 북행을 막을 이유가 없지 않은가?

이들 사상 관계 장기수의 국적은 한국이다. 그러니 북송이 실정법상 반국가단체 잠입이 될지 모르겠으나, 문민 정부 시절의 이인모 노인의 송환이 정부 문서에는 '방북 중'으로 처리되었다고 한다. 비전향 장기수 62명의 '방북 여행자' 명단에 전향과 전향 철회 장기수 2명을 보탠다고 우리 사회가 무슨 큰일나는 것이 아니라면, 그야말로 대승적 견지에서 함께 보내주도록 하자. 납북 어민이나 국군 포로 송환을 위한 포석으로라도 그런 인심은 반드시 필요하리라. 그것은 옥에 티를 남기지 않는 민족 화해의 용단이기도 하다.

•2000년 8월 25일

경제 미사일 방위

　로버트 졸릭, 하버드 법대를 차석으로 졸업하고 아버지 부시 정권에서 국무차관을 역임한 그는 아들 부시 정부에서 무역대표부(USTR) 대표로 임명되었다. 대표의 인품과는 무관하게 대표부의 고유 업무와 막강한 위력 때문에 그의 전임자들 대개가 우리한테 유쾌한 기억으로 간직되지 않는 것이 사실이다. 그는 『포린 어페어즈』 2000년 1~2월호에 클린턴 행정부의 외교가 실패한 5대 요인을 지적한 뒤 공화당 외교의 5대 원칙을 제시했다(『부시 행정부의 한반도 리포트』, 김영사, 2001). 일례로 그는 사담 후세인의 책략에 강력하게 대처하겠다던 클린턴의 공언과는 달리 "미온적이고 방어적인 행동이 뒤따랐기 때문에 걸프전 동맹이 해진 누더기 꼴이 된 것은 전혀 놀랄 일이 아니라"고 썼다.

　그러나 놀랄 일도 있다. 그로부터 정확하게 1년 만에 공화당 정부는 이라크를 폭격함으로써 미온적이고 방어적인 행동 대신 '열혈적이고 공격적인' 행동의 시범을 보여주었기 때문이다. 출범 한 달도 안 되어 세계에 전한 부시 외교의 첫인사가 하필이면 폭탄 세례라는 사실도 어처구니없지만, 이렇게 '준비된' 행동들이 군사 폭격 못지 않게 '경제 폭격'으로 재연되는 사태들이 크게 염려된다. 실제로 졸릭은 "미국의 기업은 미국 군대와 더불어 존경받는 집단으로 그 위엄을 자랑하고 있다"고 기염을 토했다. 기업과 군대의 유비(類比)도 거북하지만, 미국 기업에의 존경과 위엄이 때로는 다른 나라들에게 가하는 무리한 요구와 엄청난 고통의 산물이라는 점을 함께 깨달으면 좋겠다.

최근 우리 국회에서 전력 산업의 구조 개편과 굴욕 외교 논란이 제기되었다. 정부는 당초 한국전력을 민영화하더라도 국가 경제에 핵심적인 몇몇 사업에 대해서는 외국인 소유를 일정하게 제한할 방침이었다. 그러나 1998년 연말 미국 정부는 민영화 개시 단계에 정부 지분의 10%만 내국민에게 우선 배정하는 '특례' 외에는 외국인에 대한 모든 차별을 폐지하고, 나아가 이런 방식으로 민영화할 기업 명단까지 미국에 제시하라고 강력히(!) 요구했다. 국내의 전기 사업에 지대한 관심을 가진 엔론, 텍사코, 엘파소에너지 등 미국계 기업들이 어떤 식으로 그들의 관심을 표했는지 나로서는 알 수가 없다. 다만 1999년 2월 정부는 황급히 외국인 지분 제한을 없애고 공기업의 해외 매각을 자유화한 사실은 아주 잘 알고 있다. 그 결과 포항제철, 가스공사, 한국통신 등 노른자위 공기업이 왕성한 식욕의 외국 자본한테 사냥감이 되고, 그 뒤 민영화는 해외 매각과— 외자의 기업 사냥과—등식이 되어버렸다. 졸릭의 말대로 "미국의 민영 부분이 강하고 매력적인 자석"일지라도, 그것이 외국에 민영화를 강제하여 그 기업들을 걸터먹는 불가사리 같다면, 거기 무슨 '존경과 위엄'이 따르겠는가?

이런 외국인의 '내국민 대우' 이행을 조건으로 한미투자협정이 체결될 판이다. 경제력이 다른 두 나라의 투자 협정에는 항상 이런 위험이 도사리고 있다. 그런데 투자 협정에 비하면 메가톤 급의 파괴력을 지닌 자유 무역 협정이 우리에게 다가온다. 졸릭은 지역 협력의 전략적 아젠다로 남미와 아태 지역에서의 자유 무역 협정을 촉구했다. 그리고 미국 상원은 '한미자유무역협정' 체결의 경제적 효과에 대한 보고서를 올해 9월까지 마련할 예정인데, 부시 행정부가 자유 무역 시행의 본때를 보일 첫번째 상대로 한국을 지목한 사실이 심상치 않다는 것이다(『이코노미스트』, 2월 27일자). 북미자유무역협정(NAFTA)이 멕시코 경제에 횡재냐 재앙이냐는 논란이 무성하지만, 나로서는 한국이 또 하나의 멕시코가 되는 경우만은 결단코 피해야 한다는 생각이다.

미국은 북한을 위시한 '불량 국가' 때문에 국가미사일방위 체제를 구축해야 한다고 역설하고 있다. 핵무기는 물론이고 재래식 무기마저 줄이라는—짜샤, 탱크가 너무 크고 대포가 너무 많아 따위의—미국의 통첩 아래 남한의 '햇볕'이 북한에 어떻게 쬘지 참으로 걱정이다. 잘해보자는 클린턴 행정부의 페리 보고서와, 웃기지 말라는 부시 행정부의 아미티지 보고서 사이에서 웃지도 못하고 울지도 못하는 우리 신세가 정말 그렇게 처량할 수가 없다. 게다가 미국 경제의 10년 호황이 끝나간다는 초조감이 있다. 그 돌파구의 하나로 대외 통상 공세는 한층 격해질 것이고, 그래서 우리는 미국의 군사 미사일 방위 못지 않게 가공할 '경제 미사일 방위'를 걱정하게 된다. 어허 군사 미사일은 북으로, 경제 미사일은 남으로란 말이지?

• 2001년 2월 23일

합의 불가를 합의

소작인이 빚을 못 갚자 그의 딸한테 흑심을 품고 있던 지주는 기다렸다는 듯이 이런 내기를 걸었다: "이 통에는 흰 돌과 검은 돌이 하나씩 들어 있다. 네가 손을 넣어 흰 돌을 집으면 빚을 탕감하고, 검은 돌을 집으면 딸을 나에게 보내는 것이다. 응하지 않겠다면 빚 못 갚는 죄로 너를 가두는 수밖에 없다." 통 안에 검은 돌만 들었을 것은 뻔한 노릇이지만 감히 어느 안전이라고 따지고 덤비랴? 상전 능멸죄로 치도곤을 내리기 십상이지, 통을 열어 보일 양심이 있다면 그런 내기를 걸었을까.

역시 묘수는 없었고, 기껏 합의 불가를 합의했을(agree to disagree) 뿐이다. 국제통화기금 모범생에서 노벨 평화상 수상까지 김대중 외교의 후광은 내치의 불만을 누를 만큼 화려한 것이었다. 그러나 이번 부시 미국 대통령과의 회담은 진땀나는 대좌였으리라. 누가 뭐래도 남북 관계의 진전은 김 대통령의 최대 업적인데, 그 '햇볕'이 그만 역풍을 만난 것이다. 먼저 운이 나빴다. 하필이면 이때 미국 행정부가 바뀌었으니 말이다. 민주당의 국가미사일방위(NMD) 계획이 공화당의 구상보다 더 물렁물렁한 것은 아니겠지만, 그래도 클린턴 재임 중에는 한반도가 지금처럼 궁지로 몰리지는 않았다. 제네바 협정 시비, 경수로 건설 재검토, 재래식 무기 감축 등 북한에 대한 부시 행정부의 전방위 '경고 사격'은 이미 도를 넘어섰다. 북한이 홧김에(?) 저지를 실수를 기다리며, 클린턴이 잘못 들인 버릇을 바로잡겠다는 비장감마저 감돈다.

　탄도탄요격미사일(ABM) 제한 협정 파기를 선언한 미국의 뜻을 어기고, 그 유지를 확인하는 내용을 한·러 공동 성명에 담은 것은 '결과적으로' 중대한 실책이었다. 충성 서약을 거듭해도 이것저것 꼬투리가 잡히는 판에 한국이 러시아 편에 섰다느니, 미국과의 전통적인 유대를 깼다느니 하는 외신 보도는 제풀에 걸린 대어였기 때문이다. ABM 지지를 NMD 반대로 해석하는 것은 '언론의 자해 행위'라고 정부는 부랴부랴 진화에 나섰지만, 솔직히 그것은 한·미 공동 성명의 문구대로 대통령 보좌관들의 '유감 표시'나 '한국 입장 이해' 따위의 외교 사령으로 끝날 문제가 아니다. 말은 바로 하자. ABM 유지, 그거 옳은 얘기 아닌가? ABM 제한은 과거 소련과 체결한 협정이므로 현재의 러시아와 무관하다는 미국의 주장은 그야말로 망발이다. NMD 반대, 그것도 옳은 말씀이다. 세계가 반대하는데 미국만 강제한다면 그것은 그들의 억지이다.

　나라의 안전과 생존을 일시의 미봉과 편법으로 덮어서는 안 된다. 북한을 깡패 국가로 몰면서 NMD 구축에 동조하느냐, 반미 '괘씸죄'를 마다 않고 거기 반대하느냐? 어떤 돌을 집어도 희생과 보복은 피할 수 없고, 그래서 남들처럼 '노'라고 말할 수 있는 한국이 아닌 것이 안타까울 뿐이다. 그래 '반민주'도 살고 '반민족'도 살지만 '반미국'은 살지 못하는 것이 이 나라의 역사였다. 여기 화두는 단연 민족의 이익이다. 세계화 시대의 민족은 박물관이나 고문서 창고에 밀폐되었기 십상이나 우리한테 민족은 여전히 서러운 생존 조건이다. 당장 NMD 논란만 해도 남북 대립의 틈새에 외세가 매설한 덫에 걸린 것이다. 실로 민족의 이익과 배치되는 남한의 이익 따위는 달리 없으므로 눈앞의 계산으로 민족의 백년대계에 죄를 짓지 않는 지혜가 요청된다.

지주의 엉큼한 계교를 물리친 것은 소작인의 지혜로운 딸이었다. 마침내 통 속의 돌 하나를 고른 그녀는 얼른 담 밖으로 던져버렸다. 그리고는 지주에게 "온몸이 떨려서 차마 손바닥을 펴지 못했습니다. 이제 통에 남은 돌을 보면 제가 무슨 돌을 집었는지 아실 것입니다"라고 아뢰었다. 이 썰렁한 재치 문답이 오늘의 난제에 무슨 도움이 된다고 믿어서 꺼낸 것은 아니다. 다만 어떤 문제에도—그것이 문제인 한—해결책은 있다는 선인들의 교훈이 간곡하게 다가왔기 때문이다. 그간 북한의 곤경은 현재 남한의 처지보다 훨씬 더 절박했었다. 불바다 위협과 추락 반보 전의 '벼랑 끝 모험'에서도 그들은 사담 후세인과 달리 경수로 건설 지원을 평화적 협상으로 끌어냈다. 그 험한 생존의 노하우가 정녕 눈물겹지 않은가? 안보 정세 변화에 따른 한국과 미국의 '긴밀 협조' 약속이 혹시 NMD 지지를 겨냥한 암묵적 외교 수사라면, 그것은 언제라도 폭발할 뇌관이다. 그리고 그것이 김대중 정권만의 숙제가 아니고 초당적·범국민적 협력으로 돌파할 과제라면, 안으로 화합의 멍석을 먼저 펴고 그 협력을 구하는 일이야말로 집권자의 지혜며 도리리라.

•2001년 3월 9일

공산명월과 흑싸리 껍질

　1972년 2월 중국을 방문한 닉슨 미국 대통령은 '평화를 위한 새 시대' 건설을 역설했다. 국교도 없는 중국에 미국 대통령으로서는 사상 최초의 방문이 온통 세계를 놀라게 했지만 정작 내놓을 평화의 선물이 마땅찮았다. 중국한테는 미군의 대만 철수가 평화의 조건이고, 미국으로서는 대만에 대한 중국의 주권 포기가 평화였기 때문이다. 50여 번의 마오타이 건배와, 저우언라이(周恩來) 중국 총리와 15시간의 단독 회담도 이견을 좁히지 못했다. 애초에 좁혀질 이견이 아니었다.

　초조하기로 말하면 먼저 찾아간 쪽이 심할 터여서 마침내 닉슨은 "미국의 군인과 군사 시설을 대만에서 철수하는 것이 궁극적인 과제"라고 발표했다. 그러나 미국은 이 궁극적 과제를 말 그대로 '궁극적으로만' 고려할 심산이었고, 중국 역시 상대의 그런 배짱을 모를 턱이 없었다. 그래서 저우는 회담 성과를 밝혀달라는 질문에 "모든 사실이 저절로 밝혀시도록 할 것"이라고 대답했다. 전혀 지킬 마음이 없으면서도 궁극적 과제 따위로 둘러대는 수작이든, 상대의 속셈이 뻔하지만 그래도 지켜보겠다는 식의 만만디(慢慢的) 응수든 모두 외교학 교본의 기초일 터이다. 이정

빈 외교통상부 장관의 퇴임 전후에 벌어진 일련의 '해프닝'은 약한 나라가 사는 길이 무엇이냐는 질문과 함께, 도대체 우리 외교에는 이런 기본조차 없느냐는 탄식을 토하게 만들었다.

지난달 23일 이 장관은 푸틴 러시아 대통령이 한국 국회 연설에서 주한 미군 철수를 거론하려고 했고, 김대중-부시 정상 회담에서 미국이 국가미사일방위(NMD) 계획에 한국의 지지를 요청했다고 막후 비화를 공개했다. 물증은 없으나 심증은 충분한 일이었다. 한 나라 외교의 수장으로서 깊이 묻어둘 국가간의 비밀을 까발린 것이 과연 옳은 처신이었는지는 나 역시 의문이다. 그럼에도 문제가 터지고 난 뒤의 수습책이 한층 더 졸렬하게 비쳤다. 청와대는 즉시 "중대한 착각"이라면서 사태를 장관의 자질 문제로 덮으려고 했다. 그렇게 한다고 상대가—러시아와 미국이—믿지는 않겠지만 그래도 믿어주는 척이라도 하고, 장관의 착각 대신 미국과 러시아의 착각을 바란 것이었을까.

무슨 연고인지 이 장관은 한국의 완곡한 동의 거부에 "그러면 지지 요청을 하지 않은 것으로 하자"고 했다는 미국의 은밀한 요구까지 털어놓았다. 사태가 이 지경이 됐는데도 청와대는 여전히 국가미사일방위 현안과 관련해 "미국이 지지를 요청한 적이 없다"고 오리발을 내밀고 있다. 국가미사일방위 계획은 북한이 과녁의 하나라는 점에서 우방과의 협력이란 단순한 관점으로만 다룰 문제가 아니며, 더욱이 남북 화해로 노벨 평화상까지 받은 김 대통령으로서는 간단히 받아들일 사안도 아니다. 그러나 천만다행히 마오타이 없이도 모든 사실이 저절로(!) 밝혀졌는데 정부는 왜 그토록 숨기려는 것인가? 괘씸죄 보복이 두려운 것일까, 아니면 비밀리에 미국을 설득할 무슨 묘수가 있기 때문인가?

27일 미국의 『워싱턴 포스트』는 부시와의 회담에 실망한 김 대통령이

유럽연합(EU)에 한반도에서의 역할 강화를 요청했다고 보도했다. 이에 청와대 대변인은 사실과 다르다고 펄쩍 뛰면서 "김 대통령이 한·미 정상 회담 이후 유럽연합의 고위 관리를 만나거나 유럽연합에 이런 뜻을 전한 사실이 없다"고 알리바이까지 내세웠다. 딴마음(?) 혐의를 벗기 위해 정녕 이래야만 하는지, 청와대의 미주알고주알 해명이 오히려 부끄럽게 다가왔다. 때마침 미국 국무부 대변인은 북한과 세계와의 교섭에서 유럽연합이 맡으려는 역할을 환영한다고 밝혔다. 젠장, 이거 약 주는 거야, 병 주는 거야.

26일의 퇴임 회견에서 이 장관은 왜 국내 언론은 "미국 신문이 동으로 간다면 동, 서로 간다면 서로 쓰느냐"고 물었다. 신문 한구석에 칼럼이랍시고 끼적이는 나는 그 말에 그렇게 낯이 뜨거울 수 없었고, 그래서 그날 밤 '쌍시옷 문자'를 내뱉으며 연방 소주잔을 비웠다. 아니 그게 우리 죄란 말이야? 아무리 옳은 말씀을 사뢰어도 흑싸리 껍질 대하듯 귓등으로 넘긴 게 누군데? 외지는 오보를 내도 알리바이까지 주워섬기며 공산명월로 대하지 않았어? 먼저 반성할 것은 정권의 사대주의 체질이라구! 취임 이후 부시가 보인 좌충우돌 외교는 정말 한심할 정도로 준비되지 않은 대통령임을 드러냈다. 그렇다면 준비된 대통령이 준비된 지혜를 보여 줄 차례이다. 퇴임 외교관의 마지막 충정이든 경질에 대한 용렬한 반발이든, 이 장관이 강조한 '자존(自尊) 외교'만은 민족 생존의 화두로 남아야 하리라.

• 2001년 4월 6일

평화 사업의 경제적 귀결

가난한 사람을 돕는 데는 물고기보다 낚싯대가 먼저라는 유식한 설교에 꽤나 지쳤던지, 테레사 수녀가 한번은 이렇게 말했다: "그것도 낚시할 힘이나마 있는 사람에게 통하는 얘기지요." 물고기냐 낚싯대냐(fish or fishing rod)의 논쟁은 자칫 호사가들의 소일거리로 들리지만, 현실에서도 제법 유용하게 쓰일 수가 있다. 예컨대 북한이 지금 필요로 하는 것이 물고기냐 낚싯대냐는 식의 질문으로 말이다. 수녀님 대신 경제학자도 있다. 1919년 케인스는 『평화의 경제적 귀결』이라는 저서를 통해 독일에 대한 과도한 배상 요구가 오히려 유럽의 평화를 해칠 것이라고 경고했다. 승자들의 무리한 주문과 개입이 일을 망친다는 이 혜안은 2002년 한반도 '평화 사업의 경제적 귀결'에도 빌릴 만하다.

먼저 도우려는 쪽의 사정이다. 『중앙일보』는 '업그레이드 코리아' 특집의 하나로 정부 예산의 1%를 북한 지원에 쓰자는 주장을 폈었다. 과감한 제의에 박수를 보낸다는 의견에서 '빨갱이 신문'이냐는 야유까지 독자의 반응은 크게 엇갈렸다. 중앙 정부 예산의 1%라면 올해의 경우 1조 원 남짓하다. 부실 기업 하나를 지원하는 데에 간단히 수조 원이 들어가고, 부실 은행 하나를 매각하면서 간단히 수십조 원을 쏟아 붓는 마당이니 동족의 곤란을 돕는 일에 1조 원이 그리 과중한 부담은 아니다. 북한의 소득이 1000달러일 때는 우리가 보태주어야 하지만, 1만 달러로 오르면 거기서 얻을 것이 생긴다. 그때의 1조 원은 선심이 아니라 장기 투자가 된다.

그 1%에 많다 적다의 논란이 거의 없는 것을 보면 국민의 관심은 오히려 주느냐 마느냐는 한층 근본적인 문제에 있는 듯하다. 지원에 앞서 명분과 절차를 뚜렷이 하라는 뜻이리라. 이 점을 바로 읽어야 한다. 정부가 실수한 것은 지원 방침이나 규모가 아니라 국민에 대한 설득 부족이었다. 예의 '퍼주기' 시비는 여기서 터져 나왔다. 현정권이 들어선 1998년부터 작년까지 대북 지원 규모는 2200억 원 어치의 쌀과 비료를 포함해 4000억 원 불과했다. 솔직히 퍼준 것이 별로 없다. 그런데도 엄청나게 퍼준 듯이 시비가 벌어지는 광경에 북한으로서는 사뭇 황당한 기분일지 모르겠다. 행여 대통령의 방북과 노벨 평화상 수상을 앞두고 상당히 퍼줄 듯이 신호를 보내고도 아직 '퍼주지' 않는다면, 그들 나름으로 배신의 감정까지 느낄지 모를 일이다.

도움을 바라는 쪽도 문제가 있다. 금강산 관광은 북한으로서 대단한 투자가 필요하지도 않고, 자본주의 문물로 크게 오염될(?) 위험도 없는 외화 벌이 사업이다. 유람선 임대와 부두 건설까지 남한이 비용을 댔고, 내용도 자고 먹고 걷는 그야말로 수학 여행 수준이어서 관광이라기보다는 오히려 견학(見學)에 가깝다. 그런데도 여지껏 계속된 것은 분단으로 갈린 상대 체제에 대한 호기심과 그 땅이라도 한번 밟아보려는 이산 가족의 비원 때문이었다. 이제 그 약효가 다하면서 사업이 문을 닫게 생겼다. 반공 단체가 방해하거나 정부 배려가 부족해서가 아니라, 수익성이라는 경제 원리가 그렇게 만든 것이다. 그렇다면 그 매듭은 북한이 풀어야 한다. 육로 관광이든, 특구 지정이든, 다른 무엇이든 남한 관광객의 돈을 낚시질할 유인을 스스로 만들어내야 한다.

여기 주의할 일이 있다. 현대아산의 금강산 사업을 정부가 대신하려는 발상은 문제를 해결하기보다는 오히려 더 많은 문제를 야기한다. 수익성을 제치고 정치적 고려를 앞세우겠다는 말인데, 그것은 이미 실패한 사업에 대해 다시 한번 실패하겠다는 억지에 지나지 않는다. 당초 현대에 사업 독점의 특혜를 주었고, 관광공사로 하여금 현대의 대북 미납금을 대신 갚아주게도 했으나 지금까지 6000억 원의 손해가 나고 말았다. 민간의 손실을 정부가 떠맡는 선례는 장차 대북 사업에 나설 남한 기업은 물론이요 북한 당국에도 잘못된 인식을 심어줄 위험이 있다. 정부가 경비까지 대주는 '억지 춘향이 관광'은 사실상 대북 사업 아닌 대남 사업(!)이며, 또 그런 땜질로 얼마나 버티겠느냐는 회의적인 시선이 많다.

제힘으로 걸을 수 없다면 길을 바꾸는 것이 모든 사업의 경제적 귀결이다. 정부가 선전하는 '평화 사업'으로서의 금강산 관광은 훌륭히 그 역사적 임무를 끝냈다. 필요하다면 뒷날 새 계약으로 재개할 수도 있고, 금강산 아닌 다른 사업을 개발할 수도 있다. 막말로 금강산 못 가서 어디 덧나는 것도 아니고, 관광이 남북 교섭에 절대적 관문도 아니다. 식량 자급 능력을 길러주든, 발전소를 세워주든, 공단을 만들어주든 한층 실속 있는 일을 찾는다면 정부 예산의 1%가 아니라 그 이상이라도 아까울 턱이 없다. 그리고 그런 지원이야말로 민족의 화해와 협력을 낚는 낚싯대가 될 것이다.

•2002년 1월 25일

다시 종말에서 평화로

1993년 7월 내한한 클린턴 미국 대통령은 군사분계선의 '돌아오지 않는 다리'에서 북한을 향해 일갈했다: "북한이 핵을 개발해 사용하려 한다면 이는 북한의 종말이 될 것이다." 핵 개발과 사용이라는 전제가 붙기는 했으나 그래도 내게는 그 종말(the end of their country)이란 단어가 마음에 걸렸다. 아무리 세계 최강국이라지만 주권 국가에 대고 종말(終末) 따위의 무례한 언사를 써도 괜찮은지는 여전히 의문이다. 이한에 앞서 클린턴은 색소폰 연주로 미군 장병들의 사기를 북돋아주었다.

2000년 11월 클린턴은 "한반도 문제 해결의 물꼬를 트는 마지막 외교 업적으로" 북한을 방문할 예정이었다. 이에 앞서 올브라이트 국무 장관이 평양을 다녀왔다. 남북 관계와 북미 관계의 원만한 진행을 위해 평양에 이어 서울에 들릴 계획도 세워놓았었다. 자신의 임기 내에 종말 위협이 평화의 물꼬로 바뀐 셈이다. 강대국 수장의 처신으로는 다소 경망스럽다는 느낌도 들지만, 여기는 1994년 8월 제네바 회담 타결이라는 중요한 계기가 있었다. 그러나 그 뒤에도 미국은 '불량 국가' 지칭을 비롯해 계속 북한의 심사를 건드렸다. 아무튼 클린턴의 평양행은 끝내 좌절되고 말았는데, 신임 대통령 당선자 부시가 반대하고 나섰기 때문이다. 글쎄 성사됐더라면 노벨 평화상이 클린턴에게 돌아갔을까? 국가미사일방어 계획을 대선 공약으로 내건 부시 행정부로서는 말 대신 주먹으로 본때를 보여주고 싶었으리라.

그러나 북한의 태도는 별 변화가 없었다. 제네바에서 미국과 합의한 4개항에 대해서도 우리가 아는 한 약속을 위반한 것이 거의 없다. 그렇다면 미국에 물어볼 수밖에 없다. 북한은 그대로 있는데 왜 갑자기 '악의 축' 비난이 쏟아지고, 전쟁 위험이 가장 높은 곳이 한반도라는 따위의 위협이 난무하는지를? 9·11테러 희생에 우리 모두 마음 깊이 애도했고, 북한 역시 그런 식의 폭력 행사에 찬성하지 않았을 것으로 생각된다. 북한은 9·11테러는커녕 근자에 어떤 국제적 과격 행위와도 연루된 적이 없다. 테러 근절 노력의 연장선에서 북한을 벼랑으로 몬다면, 적어도 논리적으로는 그런 '작전'이 옳지 않다. 상대가 아무리 우습게 보이더라도, 불량이니 악이니 그게 그렇게 함부로 내뱉을 말인가? 그러면서도 대화의 길을 열어놓았다니 그 말이 어떻게 곧이들리겠는가?

상대를 경멸하는 것은 미국의 자유겠으나 협상은 그렇지 않다. 부시의 악의 축 발언이 외교가 일각의 관측대로 북한을 협상 테이블로 끌어내기 위한 엄포라면, 먼저 그 과정과 결과를 따져야 한다. 이런 분위기에서 북한이 협상에 응하더라도 그것은 이미 대등한 지위의 대화일 수가 없다. 악의 화신에게 행할 것은 협상이 아니라, 훈계고 엄벌일 따름이다. 그러나 북한은 아프가니스탄이 아니라 세계 5위의 지상군 보유국이며, 더욱이 맹방(盟邦) 중국과 러시아가 국경을 맞대고 있다는 사실도 그 실리 계산에 넣어야 한다. 북한이 미국에 바라는 것은 오히려 제네바 협정의 준수로서, 일단 약속한 것부터 지키고 새 현안에 대해서는 새로 논의하자는 생각일지 모르겠다. 북한의 눈에는 경수로 발전소의 조속한 건설, 상대국 수도에 외교 대표부 설치, 핵무기 위협 방지를 위한 담보 제공 등의 약속을 미국이 제대로 지키지 않는 것으로 비칠 수도 있다.

  워싱턴의 초강경 분위기가 부시 방한을 앞두고 다소 수그러지는 듯하다. 미국이 기침만 해도 독감을 앓는 한반도 체질상 그나마 다행이다. 미국의 세계 전략과 한반도 주민의 이해는 꼭 같지 않을 수도 있으며, 부시가 밀어붙이는 '평화 공세'가 때로는 평화적으로 느껴지지 않을 수도 있다. 이런 상식의 초보마저 외면한 강공이기에 그의 외교에 대내 정치용이니 무기 판매용이니 온갖 '오해'가 따르는 것이다. 아버지 부시 대통령 재임 중에 악의 축 정도가 아닌 '사탄의 제국' 소련이 무너졌지만, 미국 유권자는 부시 대신 클린턴을 대통령으로 뽑았었다. 세상에는 아무리 하고 싶어도 마음대로 안 되는 일들이 더러 있다. 이솝은 그것을 '신 포도'에 비유했고, 조조는 계륵(鷄肋)의 지혜로 궁지에서 벗어났다. 그리고 『악마의 사전』에서 암브로즈 비어스는 '경멸'에 대해 "간단히 누르기가 만만치 않은 적에게 신중한 사람이 표하는 감정"이라고 비꼬았다. 별로 신중하지 않았지만 그래도 클린턴은 그 의미를 깨달은 듯한데, 글쎄 부시는 어떨는지……

•2002년 2월 15일

■후기■

  2002년 10월 우라늄 농축 실험을 통한 북한의 핵 개발 시인은 한반도 평화 정착을 바라는 많은 사람들을 아주 곤혹스럽게 만들었다. 북한의 핵 개발이 1994년의 제네바 합의를 거스른 것은 사실이지만, 그러나 그들의 말도 들어볼 필요가 있다. 일례로 2003년까지 경수로 2기를 북한에 제공하겠다는 미국의 약속은 결과적으로 지켜지지 않았으며, 공사 지연에 따른 전력 보상 요구에 대해서도 미국은 그 책임이 북한에 있다는 이유로 거부했다. 한반도 비핵화 공동 노력은 애초에 약속대로 진전되지 않았으며, 대사급 외교 관계 수립도 당분간 기대하기 어렵다. 이런 점에서 제네바 합의 이후 8년이 지났지만 여전히 출발선에서 맴돌고 있다는 북한의 항의는 일단 옳다. 그러나 제네바 합의가 결렬될 것으로 일찌감치 예상하고 핵 개발에 착수하지 않은 이상, 북한의 약속 위반은 설득력을 결하는 것이 사실이다. 아무튼 이번 핵 개발 시인이 더 이상 개발을 않겠다는 자백이며, 그래서 그것이 '협상 유도용'이라는 관측이 적중하기를 기대한다. 일제 침략과 동족 상잔의 참화를 딛고 이나마 만들어낸 한반도 반세기의 재건과 개발이 다시 잿더미로 변하는 일은 결단코 없어야 한다.

그가 말하지 않은 것

부시 왈 "고이즈미(小泉) 총리는 무엇을 해야 할지 잘 알고 있다." 고이즈미 대답 왈 "부시 대통령으로부터 경제 개혁 추진에 뜨거운 격려를 받았다." 이렇게까지 머리를 조아리며 일본이 미국한테서 얻으려던 것이 무엇이었을까? 기자 회견에서 고이즈미는 "부시 대통령은 나에게 자신과 용기를 주었다"고 찬사를 거듭했으나, 회견 뒤 자민당 간부들에게는 "부시가 지나치게 말이 많더라. 보기에 아슬아슬했다"고 심중을 밝혔다고 한다.

부시 대통령에게 말은 힘이지 말이 아니다. 아시아 3국 순방을 앞둔 특별 회견에서 그는 북한이 국제 사회의 일원이 되려면 대량살상무기(WMD)를 확산시키지 말아야 하며 "김대중 대통령에게 아주 정중한 방법으로 이런 입장을 분명히 전달할 것"이라고 했다. 그 정중한 방법이 무엇인지 모르겠으나, 그것은 김 대통령이 무기 확산 금지 같은 국제 사회의 도덕을 모르거나 반대할 때나 꺼낼 말이다. 부시는 또 한반도의 한쪽은 "굶주림으로 죽어가고, 감옥에 갇히고, 자유롭게 마음을 털어놓지 못하는" 반면, 다른 쪽에서는 "부와 기회를 누리는 자유로운 사람들이 있는데" 그것은 바로 자유의 포용 때문이며, "한국인들에게 그 말을 전하고 싶다. 한국에 달려가고 싶어 더 이상 기다릴 수 없다"고도 했다. 그 말을 전하기 위해 달려올 필요는 없었다. 그가 말하는 자유의 소중함 정도를 모르는 한국인은 없을 것이기 때문이다. 결국 자신은 "자유를 신봉하고" 또 "강력히 옹호하는" 자유의 투사인데, 상대가 그것을 몰라서 답답하다는 말이다.

나는 부시를 '악의 화신'으로 생각하지 않는다. 오히려 자신을 '선의 화신'으로 믿는 것 같아서 걱정이다. 북한 주민에 대해 그는 "자유가 없고, 지독한 기아에 시달리는 사회에서 살고 있는 그들에게 비통함을 금치 못한다"고 말했다. 부시의 정치 이력으로 미루어 북한의 부자유와 기아의 비통함 '따위'를 언제 그렇게 생각했을지 의문이지만, 그럼에도 식량 지원은 계속하겠다는 그의 '인도주의'에는 박수를 보낼 만하다. 문제는 그 배후에 깃들인 단선적 사고이다. 예컨대 "누군가의 머리에 장전한 총을 겨누고 있다면 한반도의 평화는 불가능하다"는 그의 말은 백 번 옳다. 그러나 상대도 똑같이 "내 머리에 장전한 총을 겨누고 있다면 평화는 불가능하다"고 반박할 것은 왜 생각하지 못하는가? 열전과 냉전으로 갈가리 찢긴 지난 반세기 한반도의 역사가 바로 그런 오해와 대결의 산물이었다.

부시 외교의 비극은(?) 좋게 말해서 선의와 독선의 혼동에 있다. 내가 이렇게 좋은 일을 하려고 하니 너희는 나를 따르라는 식이다. 당신의 생각만이 옳은 것은 아니라는 주위의 생각은 아예 생각조차 않는 것이다. 일례로 그는 북한의 대량살상무기 확산에 대한 자신의 우려에 한·미 양측이 "솔직한 대화를 하는 것이 아주 중요하다"고 했다. 이 맥락에서 '솔직한'이란 말이 뜻하는 바가 무엇인가? 우리 정부가 그의 우려를 신중하게 받아들이지 않는 것 같으니 정색을 하고 물어보겠다는 말 아니겠는가? 북한을 이미 악의 축으로 밀어붙이고 나서, 혹시 이견이 있는지 '솔직한' 답변을 바란다는 것은 미국의 '솔직'을 그대로 따르라는 강요일 수밖에 없다. 부시 방한에서 우리의 관심은 무엇을 말하느냐 못지 않게 무엇을 말하지 않느냐에 있었다. 한·미 정상 회담 뒤의 회견에서 부시는 북한을 "침공할 의사가 없다"고 의중을 밝혔다. 한반도에 전쟁이 없다니 천만다행이지만, 그럼에도 '내 머리에 총구' 관념이 바뀐 것은 아니다. 군사 분계선과 인접한 도라산 역의 연설에서도 그는 "세계에서 가장 위험한 정권이 가장 위험한 무기로 우리를 위협하는 것을 결코 허용할 수 없다"고 평소 벼르던 말을 기어코 내뱉고 말았다.

반면에 악의 축, 재래식 무기 감축 등 우리가 바라지 않는 말은 하지 않았다. 불씨가 꺼진 것이 아니라 덮어두자는 뜻이리라. 그것이 김 대통령을 뜨겁게 격려하고, 자신과 용기를 주었는지 어떤지는 알 수가 없다. 김 대통령의 지적대로 사탄의 제국으로 부르면서도 대화를 계속한 레이건의 전례가 부시의 대답대로 "대단히 좋은 말씀"이었다면, 악의 축과도 대화는 바라지만 어서 무너져야 한다는 생각에는 변함이 없을 터이다. 한반도 긴장 완화에 우리도 말 좀 하자, 우리 얘기도 좀 들어보라는 요구가 햇볕 정책의 배경이었다면 이번 방한 분위기로 미루어 그 얘기를 다시 꺼내기는 당분간 어려울 듯하다.

•2002년 2월 22일

가격의 정치적 효과

여기 석탄 1톤이 있고, 발전소와 연탄 공장이 서로 사려고 한다고 치자. 50만 원을 내겠다는 발전소 대신 60만 원을 받고 연탄 공장에 팔았다면 그 주인의 결정은 매우 합리적이다. 계획 경제에는 이런 가격과 비용 개념이 없으므로 효율적 자원 배분이 불가하다는 것이 시장 경제의 비판(批判)이다. 그러나 난방보다 전기 공급이—연탄 공장보다 발전소가—사회에 더 필요할 수도 있다. 이때 계획 당국은 가격 차이를 아예 무시하거나, 혹은 발전소에의 양도 가격을 70만 원으로 올린 뒤 석탄을 그리 보낼 것이다. 때로는 계획 손실(planned loss)마저 각오한 이런 선택이 시장 가격에 의한 결정보다 한층 효과적이라는 것이 계획 경제의 반비판(反批判)이다. 거기 사회의 필요란 대체 무엇이고 그 우선 순위를 어떻게 정하느냐는 등속의 반론과 재반론 공방이 한 세기에 걸친 사회주의 '경제 계산' 논쟁이다. 소련의 칸토로비치(Leonid Kantorovich)는 '기회 비용' 개념을 원용해 계획 경제에서의 '적정 가격'을 산출했으며, 이 체제 수렴적(convergent) 업적으로 1975년 노벨 경제학상을 받았다.

최근 북한 경제의 변화가 거론되고 있다. 외신 보도에 따르면 배급제 축소, 환율 현실화, 물가와 임금 인상이 그 변화의 핵심이다. 위기 무마용 땜질인지 본격 개혁으로의 첫걸음인지 그 여부는 당장 확인하기 어렵다. 다만 가중되는 식량난에서 탈출하기 위해서 획기적인 자구(自救) 노력이 요청된다는 사실은 내외의 북한 관측자들의 공통된 인식이었다. 배급 제도는 체제의 안정을 도모하고 그 우월성을 내외에 홍보하는 사회주의 '이데올로기 장치'의 하나였다. 배급은 물량 확보가 앞서야 하는데, 잇단 공급 부족 사태가 아예 제도 수정으로 몰아간 듯하다. 파탄이든 폐지든, 단계적이든 전면적이든 배급이 사라지면 식량 수급은 시장이 맡을 수밖에 없다. 배급 대신 시장 이용은 농촌에 숨겨놓은 곡물이 있거나, 시장으로 끌어낼 암시장 거래가 있을 경우에나 가능하다. 그러나 농민이 먼저 굶주리고, 사경제 규모가 6억 달러 정도로 국내총생산의 3.6%인 형편을 감안할 때 시장 대안이 그 효과는 물론 시도 자체로도 굉장한 모험이 아닐 수 없다.

쌀 1킬로그램의 배급 가격은 8전이나 시장에서는 50원에 거래된다. 가격 개혁은 80전에 사들여 8전에 팔던 이왕의 관행을 버리고, 그 600배가 넘는 50원으로 올리려는 것이다. 이에 맞춰 월 100~200원 수준의 근로자 임금도 20배 이상 올렸단다. 이로써 정부의 배급 부담이 완화되고, 물가 상승과 임금 상승의 차이만큼 세금으로 걷어들이는 부대 이익마저 기대된다. 반면에 배급제 축소에 따른 대량 실업 위협과, 물가에 뒤지는 임금으로 주민의 격한 반발이 예상되기도 한다. 나는 전자의 이익보다 후자의 위험을 훨씬 무겁고 무섭게 생각한다. 글쎄 일하지 않는 사람이 먹지 말라는 말씀은 백 번 옳으나, 일이 없어서 먹지 못하는 사람은 어떻게 하라는 말씀인가? 시장이 가격을 당근 삼아 생산을 자극한다는 주장은 아마도 사실이겠지만 그것은 다 살아남은 뒤의 얘기이며, 당장 가격에 바라는 바는 시장 밖의 잉여(surplus)를 시장으로 끌어들이는 것이다. 그러므로 생산자가 폭리를 탐해서 조작하는 위장(僞裝) 결핍이 아닌 진짜 결핍의 경제에서 가격 유인은 별 효력이 없으며, 혹시 정부 관리가 썩었다면 8전짜리를 뒷구멍으로 빼돌려 50원에 팔아먹기 십상이리라. 북한은 지금 진짜 결핍에 처했으며, 그 출구는 가격 모험 이전의 생산력 강화임이 자명하다.

몰로토프 칵테일로—요즘 기내(機內) 같은 데서 이름만 보고 시켰다가는 경치느니—유명한 소련의 몰로토프 수상이 1938년 이런 기특한 말을 남겼다: "가격은 경제 문제가 아닌 정치 문제야." 당시 사회주의 경제의 가격 개혁이 피 튀기는 노선 투쟁을 부른 데서 그런 말이 나왔겠지만, 2000년대의 남북간에도 정치가 말썽이다. 올해 연말 남한의 쌀 재고는 190만 톤으로 그 관리비만도 6000억 원에 이른다. 가격 안정과 비용 절감을 위해 적어도 60만 톤 정도는 수확기 이전에 처리해야 하는데, 정부는 그 동안 국민 정서 때문에 피해온 쌀의 사료 전환을 확정했다. 북한은 올해도 200만 톤 이상의 식량이 부족한 형편이나 서해 교전을 비롯한 각종 남북 불화로 지원 교섭이 중단되었다. 전후 사정이야 어떻든 남한의 소·돼지를 먹일 쌀은 있어도 북한 주민한테 보낼 쌀은 없느냐는 또 하나의 '정서'가 사회 일각에 있으며, 그것이야말로 기아 해소를 통한 생산력 정비에 햇볕보다 끈끈한 원군이 될지 모른다. 가격처럼 생산력도 경제 문제만은 아닌데, 아쉽게도 그 끈끈한 정서가 자꾸 줄어들고 있다.

•2002년 7월 26일

터널 속의
사회
자화상

차라리 수치스런 사연들

과연 이것이 입에 담을 말인지 나 자신도 판단이 어지럽다. 그러나 이 글을 쓰기 위해서 어쩔 수 없다는 심정으로 입에 올린다. 총에 맞아 죽더라도 외국 군대의 총에 맞아 죽어라. 그래야 진상이라도 밝히고 원혼이나마 달랠 수 있으니 말이다. 근자에 노근리 사건을 대하며 내가 느낀 감정이 솔직히 그러하다. 1950년 7월 충북 황간의 노근리에서 미군이 비행기 폭격과 기총 소사로 양민 121명을 무차별 학살한 것이 사건의 개요이다. 공식 집계 이외에 신고되지 않은 사망자까지 합치면 400명이 넘을 것이라는 증언도 있다. 노근리양민학살대책위원장은 그 살상극을 '인간사냥'이라고 표현했다.

학살 자체도 용서하기 어려운 만행이지만, 사건이 뉴스의 '각광'을 받게 된 사연은 차라리 국가의 수치였다. 대책위는 지난 49년 동안 9차례나 한국과 미국 정부를 상대로 진상 규명과 배상을 호소했다. 그러나 한국 정부는 시효가 지났다는 법원의 해석과 대책위가 사상범으로 몰릴 수도 있다는 경찰의 협박으로 대답을 대신했으며, 주한 미군 사령부는 적군과 교전 중의 사건이므로 배상이 불가능하다는 회답을 보내왔다. 그 뒤에도 소설 · 논문 · 기사 · 방송 등을 통해 여러 차례 문제를 제기했지만 사건 규명의 열쇠를 가진 역대 정부는 침묵과 외면으로 일관했다. 언론 역시 예외가 아니어서, 외국 신문들이 이를 보도하고 나서자 겨우 뒤따르기 시작했다. 『문화일보』 10월 9일자에 게재된 데이비드 스타인버그(David Steinberg)의 특별 기고를 읽으면서 이 땅에서 글을 쓰는—이 땅에서 사는—나 자신이 그렇게 부끄러울 수 없었다. 정말 부끄럽지만 그의 글을 옮기겠다. "미국의 AP통신이 노근리 사건을 보도하지 않고, 이를 『뉴욕 타임스』가 1면으로 받지 않았더라면 한국 언론에서 노근리 사건이 그렇게 대서 특필되지 않았을 것 같다"는 그의 지적을 대하는 나의 기분은 참담함 그 자체였다.

이후의 사태가 어떻게 전개될지 알 수는 없으나, 적어도 노근리 사건이 보도된 뒤 미국은 신속하고 적극적으로 대응했다. 국무부 · 국방부 · 주한 대사관 등이 나서서 선선히 조사 공조를 약속했기 때문이다. 반면 대통령이 진상 조사를 지시하기까지 우리 정부는 마지못해 이를 공론화한 느낌마저 든다. 그런 태도를 이해하기는 어렵지 않다. 스타인버그의 관찰대로 "한국 정부는 국가 안보와 동맹국을 보호하려는 관점에서 미국과 껄끄러운 문제가 발생하는 것을 피하려 했고, 그래서 그 같은 사건을 경시하거나 아예 무시한 것일까. 이와 같은 한국 정부의 태도는 비단 노근리 사건에만 국한되지 않을 것이다." 그러나 그의 충고는 단호하다. "설령 이 사건이 한국 사회 일각의 반미 감정을 부추기면서 한 · 미 관계를 더욱 어렵게 만드는 측면이 있다는 데 의문의 여지가 없더라도" 옛일을 끄집어내서 그 진상을 밝혀야 한다는 것이다. 비록 그것이 한 · 미 관계와 관련하여 "처음에는 비참한 효과를 가져올 것"이라도 말이다.

대학 교수의 자유로운 신분이지만 스타인버그는 가해국의 국민이다.

그러면 피해국 사회의 기분은 어떤가? 그의 우려에도 불구하고 이 사건이 반미 감정에 불을 지필 여지는 거의 없다. 분하고 억울한 것은 사실이지만, 미국에 돌을 던져서 해결할 문제는 아니기 때문이다. 반미 감정을 부추기는(?) 것은 오히려 스타인버그의 글이다. "우리는 이런 일이 2차 세계 대전 중의 독일이나 이탈리아에서 발생할 수 있었을 것인지 반문해야 한다"면서 미국 정부를 난감하게 만드는 '인종 차별' 발언을 서슴없이 쏟아놓기 때문이다. 그러나 국내의 언론과 식자층 일각에서는 미국인보다 더 반미 감정을 걱정하고, 진상 규명에 앞서 미국과의 혈맹 관계 손상을 염려하고 있다. 지난 반세기 동안 한 점 변함없이 되풀이된 민족 비하의 발로이고, 사대 이데올로기의 산물이다.

노근리 사건이 수면 위로 떠오르자 봇물 터지듯이 전국 10여 곳에서 양민 학살의 사례가 접수되고 있다. 이 땅에서 반미는—반미 누명은—3족을 멸할 대죄이기에, 지난 50년 동안 숨기고 살아왔던 얘기들을 이제야 끄집어내는 것이리라. 외국 군대의 학살이야 그렇다고 치더라도 동족 살상의 엄청난 비극들도 그대로 묻혀 있다. 3만여 민간인이 살해된 제주 4·3사태는 반세기가 지난 지금도 정부 차원의 해결 노력이 없고, 거창 양민 학살에 대한 위령비를 세우려는 예산 요청이 국회에서 '불요불급' 지출이란 이유로 깎이는 판이다. 그래 총에 맞아 죽더라도 외국인의 총에 맞아야 저승에서의 근심이 덜할 터인가? 어쩌다가 나라꼴이 이 모양이 되어가는가?

•1999년 10월 21일

숨길 것과 드러낼 것

만들 때는 같이 만들면서도, 낳을 때는 여자만 진통을 겪는 일은 아무래도 공평하지 못하다. 그래서 이 억울한 사정을 고쳐주십사고 하느님께 아뢰었다. 거기 일리가 있다고 생각하셨는지 하느님께서는 분만의 고통을 남자도 함께 나누도록 하셨다. 그런데 그만 문제가 터지기 시작했다. 이 서방 댁이 애를 낳는데 뒷집 김 생원이 배를 쥐고 악을 쓰는가 하면, 멀쩡하던 남편이 죽겠다고 발버둥을 치는데 이웃 마을 처자가 애를 낳았다는 따위의 생각지도 못한 일들이 벌어졌기 때문이다. 그러니 어쩌겠는가? 사회의 질서 유지(?)를 위해서 옛날 방식으로 되돌려줍시사고 다시 아뢰는 수밖에! 내용은 미풍 양속에 반하지만, 출처는 어느 고명한 이슬람 법사의 설교라고 들었다. 그래 창조의 질서는 함부로 어기는 것이 아니다.

자고로 성(性)이란 뭔가 좀 수줍고 부끄러운 것이어서, 되도록 감추고 숨기는 것이 미덕으로 여겨졌다. 그러나 이것이 사실로 굳어진 때는 인류의 오랜 역사에서 그리 오래되지 않았다. 서구 문명의 주도권을 놓고 헬레니즘과 헤브라이즘이 치열한 싸움을 벌였고, 여기서 기독교 신앙의 모태인 헤브라이즘이 승리를 거두었다. 그 결과 성 풍속에서도 올림포스의 신들이 인간의 세계로 내려와 바람을 피우고 사랑을 나누는 따위의 자유 분방한 헬레니즘 사조가 자취를 감추게 된다. 그 대신 일부일처의 엄격한 가족 제도를 바탕으로 하는 헤브라이즘 윤리가 자리잡는다. 아내와 남편은 하느님 앞에서 행한 성의 배타적 소유 계약에 의해 각기 상대의 '사유 재산'이 되는 것이다.

가족 형성의 경제적 토대는 각기 능력만큼 노동하고 필요에 따라 소비하는 공산주의(!) 원리이다. 그러나 성 윤리는 신성 불가침의 사유 재산만큼이나 철저히 자본주의적이다. 그렇다면 자본주의 발전과 함께 이 천부의 재산권에 대한 신뢰와 안전도는 한층 굳어져야 정상일 터이다. 그러나 현실은 정반대로서 그 신뢰와 안전에 점점 금이 가고 있다. 성과 윤리의 이런 배반은 자본주의 제도와 문명에 도사린 심각한 역설이 아닐 수 없다. 에로스 해방이라는 신판 헬레니즘의 복수는 프로이트의 정신분석학에서 마르쿠제의 문명 전복 설교까지 다양한 메뉴로 활용되었다. 근엄한 학자들의 말씀을 시정의 막말로 줄이면 대강 이렇다. 자꾸 감추고 숨기면서 뒤로 '호박씨' 까지 말고 아예 밖으로 드러내라, 그러면 속으로 곪지도 않고 추하게 보이지도 않을 것이다. 그 정도 얘기라면 해박한 지식 없이도 쉽게 알아듣는다.

그러나 세상에는 알아듣기 힘든 말도 많다. 예컨대 요즘 장안의 뜨거운 화제가 되고 있는 어느 연기자의 『나도 때론 포르노그라피의 주인공이고 싶다』 따위의 성 체험 고백서나, 어떤 작가의 소설을 대본으로 만든 영화 「거짓말」의 외설 논란이 그러하다. 책이 어렵고 영화의 수준이 높아서가 아니다. 그것들을 둘러싼 시비가 굉장하기 때문이다. 사실은 그저 그런 얘기인데, 언론의 자체 검열과 검찰 조사가 거기다가 표현의 자유니 금기의 파괴니 하며 터무니없이 화장을 시키고 말았다. 저자나 감독 역시 무슨 고상한 의미를 캐지 말고 그저 '야하게' 재미있는 책과 영화로 보아주기를 바랄지 모른다. 작품보다 작품 외적 시비가 더 유명한 경우가 없지 않으나, 적어도 그것은 작품 자체가 시비의 대상이 될 만한 수준에 들었을 때에나 가능한 일이다.

표현의 자유는 성 보호 못지 않은 천부의 인권이다. 그러나 표현의 자유를 거론할 가치조차 없는 대상에 표현의 자유를 주장한다면, 그것은 표현의 자유를 빙자한 방종이고 탈선일 뿐이다. 문제는 그 가치 여부를 누가 판단하고 어떻게 결정하느냐는 데에 있다. 따라서 진짜로 중요한 것은 표현의 자유냐 억압이냐 따위의 추상적 논쟁이 아니라, 그 판단과 결정이 검열(檢閱)의 도구로 전락하지 않도록 조심하는 일이다. 그리고 이를 위해 규제 당국이 확보해야 할 기술적 측면에서의 설득력일 터이다. 다만 한 가지 유감은 여기서 성공해도 별로 화제가 되지 않는다는 점이다. 반면에 실패하면 언론 자유의 억압이라는 엄청난 역공을 각오해야 한다. 한마디로 규제는 잘해야 본전이고, 잘못하면 본전도 못 뽑는다. 그래서 어려운 것이다.

이와 관련해서 "음란성 여부는 판사가 보통인의 정서를 기준으로 판단하는 것만으로 충분하다"는 대법원의 판결이 있었다. 극단적으로 말해서 판사가 음란하다면 음란물이라는 말인데, 참 이렇게 황당할 수가 없다. 그러나 그 이상의 어떤 뾰족한 기준이 있을 것 같지도 않다. 물론 시장에 맡기라는 고상한 주문이 있다. 품질이 조악하면 소비자가 외면할 터이므로 자연 도태의 운명에 직면할 것이란 말씀이다. 여기 일말의 진리가 없지 않다. 그러나 거기 따르는 위험에 대한 경계가 없다면, 그 부작용이 방임의 이익보다 훨씬 더 크다는 것이 나의 생각이다. 근자의 예로 수십 명의 어린 목숨을 앗아간 시랜드 참사에 이어 수십 명의 젊은이를 숯덩이로 만든 인천 호프집 참변만 해도 시장의 자유에 대한 단속 기피가 주범이었다. 공급자의 양식이나 소비자의 의식이 성숙하지 못했을 경우, 자유 방임 설교는 이렇게 방종과 탈선만 선동할 뿐이다.

의뭉스럽게 뒤로 까는 호박씨의 해독이 화근을 부른다는 주장은 부분적으로 옳다. 그러나 밖으로 까발리자는 주장에는 더 큰 문제가 따른다. 까발리는 것까지는 좋다. 그러나 그래서 무엇이 달라지고, 무엇이 나아지는가? 비아그라는 발기 부전 환자를 위한 치료제이고, 그래서 의사의 처방이 필요하다. 그러나 그 시판 논란은 환자들의 관심사를 넘어 전국민의 호기심을 자극했다. 다시 한번 대법원 판례를 빌리면 음란물은 "그 시대의 건전한 사회 통념에 비춰 공연히 성욕을 흥분 또는 자극시키는 것"인데, 이 기준에 따르자면 비아그라 논쟁 자체가 음란성 기준에 저촉된다. 말만 듣고도 공연히 흥분하고 자극 받은 사람이 적지 않을 테니 말이다. 소설과 영화의 영향은 비아그라 약효와는 비할 수조차 없을 만큼 오래갈 것이 분명하다.

숨길 일을 드러내는 것은 별로 유쾌하지 않다. 반면 드러낼 일을 숨기는 것은 더욱더 고약하다. 최근의 사례로는 기자와 정치인이 벌인 '권언 유착' 탱고가 있다. 포르노는 몸살나는 재미나 선사하지만, 탱고 스텝처럼 어디로 뛸지 모르는 이 사건은 조바심만 부추길 따름이다. 언론 길들이기―대책이든 공작이든―문건을 기자 혼자 만들었네 누구와 짜고 만들었네, 사신과 함께 보낸 문건을 정치인이 읽었네 보기도 전에 도둑맞았네, 문건이 저장된 하드 디스크를 바꾸었네 다시 찾았네 따위의 지루한 변명과 회피에는 조바심을 넘어 짜증이 치솟는다. 문건을 만든 사람이 따로 있네 아니네, 대통령에게 보고되었네 아니네 등속의 지루한 공방에도 눈살이 찌푸려진다. 비싼 구독료 내며 신문 봐주고 천금 같은 세금 쪼개 세비를 주었더니, 국민을 졸로 보고 저희끼리 짜고 고스톱을 쳐? 억장이 무너질 일이다.

포르노 수기는 검찰이 긁어 부스럼을 만들었다. 언론 공작 문건의 경우는 자칫 악성 종양으로 만들 위험이 있다. 허깨비 디스크를 해독할 때는 해당 신문사의 관계자를 부르고, 진짜 디스크를 복원할 때는 내쫓는 따위의 검찰 처사가 그렇지 않은가? 디스크는 신문사 소유지만 디스크의 문건은 기자 개인의 소유라는 검찰의 철저한 사유 재산 보호 정신에 감탄을 거듭하면서도 뭔가 크게 찜찜한 것이 사실이다. 한 점 의혹 없는 디스크 해독이 난마 정국을 푸는 열쇠로 등장한 이 판국에 거기 담긴—무엇이 담겼는지도 모르는—개인의 비밀이 그렇게도 중요한지도 의문이려니와, 또 관계자 입회 아래서도 그 비밀을 보호하는 기술적인 대비들이 얼마든지 가능하기 때문이다. 아암, 작은 의혹은 큰 의혹으로 변하고, 마침내 수술로도 고칠 수 없는 환부를 만든다. 특별 검사 얘기가 나오기 전에 보통 검사들의 양식을 기대한다. 혹시나 했지만 역시나로 끝나는 듯하다.

해산의 고통을 여자만 겪는 것은 공평하지 못하다. 그러나 숨길 것은 숨기라는 이슬람 현자의 권고는 들어둘 가치가 있다. 권언 추태가 폭로되어 당자들은 무척 당황하고 억울하리라. 그러나 드러난 것은 드러내 가차없이 도려내야 옳다. 검찰의 기술은 물론 현자의 지혜로도 드러난 일을 다시 덮을 수는 없기 때문이다.

•1999년 12월

■**후기**■

1999년 6월 중국 베이징에서 『중앙일보』 문일현 기자가 조선·중앙·동아 중의 하나를 친여지로 만들어야 한다는 내용의 소위 '언론 장악' 문건을 국민회의 이종찬 부총재한테 팩스로 보냈다. 이것을 이 부총재 방에서 슬쩍 입수한 『평화방송』 이도준 기자는 9월 한나라당 정형근 의원에게 전달했다. 10월 국회의 대정부 질문에서 정 의원은 이 문건의 작성자가 이강래 청와대 정무 수석이며 이를 대통령한테 보고했다고 폭로했으며, 이 수석은 사실 무근이라면서 정 의원을 명예 훼손 혐의로 검찰에 고소했다. 정 의원은 이 기자한테서 이 수석의 이름을 들었다고 했으나, 이 기자는 그런 말을 한 적이 없다고 펄쩍 뛰었다. 그 북새통에 정 의원이 이 기자에게 1000만 원을 건넨 사실이 밝혀지고, 이 기자는 문서 절도 혐의로 구속되었다.

객고에도 차별이

부디 나를 '천하 잡놈'의 무리로 생각지 마시기를 간절히 바라면서 이 글을 쓴다. "창녀인 조나(zonah)와 성전을 위해 일하는 거룩한 창녀인 게데샤(quedesha)를 갈라놓는 차이는 엄청나다. 둘 다 순례객과 여행자의 기쁨을 위해 헌신하지만 거룩한 창녀는 우상의 여사제인 반면, 창녀는 남자들의 본능을 만족시킬 뿐이다. 이러한 매춘 행위에 대한 무서운 징벌에도 불구하고 히브리인들에게서 창녀가 확실히 사라진 적이 없다는 것은 확실하다." 구약 시대의 생활과 풍속을 묘사한 안드레 슈라키의 『성서 시대 사람들』(부키, 1999)에 나오는 대목이다. 성적 금기가 엄격해서 이를 어기면 돌로 쳐죽이거나 겨레로부터 추방당하는 무서운 벌을 받았던 구약 시대에 벌써 창녀가 있었다니, 성은 인류의 역사에서 가장 질기고 오래된 상품의 하나임이 분명하다.

우리 경찰 유이(唯二)의 여성 서장이 최근 맹렬하게 십대 매춘 단속에 나섰다. 뒤따라 각종 언론 매체들이 오히려 단속의 본지를 흐릴 만큼 '선정적인' 보도 경쟁을 벌이고 있다. 매춘은 악이고—때로는 필요악일지도—특히 십대 매춘은 음습한 치부에서 자라는 사회의 독버섯이라는 점에서 매춘과의 전쟁은 필승을 거두어야 한다. 경찰의 선전 포고, 검찰의 포주 재산 조사, 국회의 고객 명단 공개 입법 등 전방위 공세가 펼쳐지고 있다. 선거를 앞두고는 온갖 시비가 다 벌어지는 법이지만, 매춘을 뿌리뽑는 일로 표 떨어질 걱정은 없을 테니 때도 좋고 시도 좋다.

이 성전(性戰)에 승리를 바라면서도 왠지 찜찜하게 느껴지는 구석이 있다. 먼저 단속의 형평 문제로서, 거리의 창녀와 성전의 창녀를 나누는 차별이 그러하다. 사회의 탈선과 방탕을 도려내는 수술이 이번 단속의 취지라면, 3만 원짜리 텍사스 촌에 앞서 300만 원짜리 룸 살롱 매춘부터 치도곤을 안겨야 사리에 맞는다. 그러나 현실은 그 반대이다. 돈과 권력이 낭자하게 흐르는 현대의 성전(性殿)을 손대는 일이 결코 쉽지 않고, 또 이리저리 얽히고설킨 사연들 때문에 내심 켕기는 데가 있으리라는 사정은 대충 짐작한다. 그렇다고 만만한 거리의 풍속만 다스린다면 이는 법 앞의 평등 조항에 어긋난다. 십대든 '영계'든 물 좋기로 말하면 미아리 텍사스는 강남 룸 살롱의 발치에도 못 가는데 말이다.

오해 마시라. 룸 살롱을 피해갔으니 텍사스도 그냥 놔두라는 말이 절대로 아니다. 이왕 손볼 요량이라면 그 손을 보는 순서가 틀렸다는 뜻이다. 글쎄 성 욕구를 푸는 일이 민생의 범위에 드는지는 모르겠으나, 꽃값 3만 원으로 꽃 이상의 즐거움을 찾으려는 서민의 애환에는 돈 냄새보다 사람 냄새가—민생의 냄새가—훨씬 진한 것이 사실이다. 당국도 십대 매춘을 막으려는 것이지 인류의—인류만의—유구한 영업을 금하려는 것은 아니다. 그러나 아무리 객고에 주렸기로 제복들의 삼엄한 눈초리 아래 그 바닥을 어슬렁거릴 강심장이 어디 있겠는가? 물론 나는 포주의 민생(?)을 걱정해줄 만큼 자상한 경제 평론가가 아니다.

그리고 처벌의 형평이다. 고객과 포주는 엄한 벌을 받지만 문제의 십대는 '선도'의 보살핌을 받는다. 적어도 경찰의 발표로는 그렇다. 그러나 어리고 철모른다는 '특권'도 한번쯤 재고할 필요가 있다. 그 십대는 아버지는 병 들어 누워 있고, 어머니는 집을 나가 소식이 없고, 동생의 학비를 댈 수 없어 몸을 파는 왕년의 신파극 주인공이 아니다. 한층 세련된 서양의 신파조 스토리 「애수」는 전쟁이 배경이지만, 오늘의 주인공은 전쟁의 참화와도 무관한 세대들이다. 오히려 어른 뺨치는 허영과 사치의 포로이기 쉽다. 김중배의 다이아 반지에 눈이 먼 심순애의 행실보다 더하면 더했지 결코 덜하지 않다.

수요가 있으니 공급이 뒤따르느냐, 그 반대이냐는 논쟁은 언제 끝날지 모르는 경제학자들의 소일거리이다. 암시장의 지하 상품이기는 하나 매춘이란 상품도 예외가 아니어서, 수요가 없으면 공급도 없겠지만 공급이 없어도 수요는 없어진다. 따라서 소비자의 죄만 족쳐서는 안 되고 생산자의 탈선도 함께 다스려야 옳다. 십대 매춘은 가정과 사회의 탓만은 아닌 본인의 비행이기도 하다. 거기다가 자꾸 '누가 돌을 던지랴' 따위의 설교를 늘어놓는 것은 문제의 핵심을 한참 잘못짚은 것이다. 애들이라고 해서 모든 잘못을 어른에게 돌린다면, 어른의 잘못은 아담과 이브한테 돌려야 하느냐는 억설이 나오기 때문이다. 이 시대의 부패한 문명이 원죄이지만, 그 원죄만 따질 만큼 사회가 한가하지는 않지 않은가?

앞서의 책은 "왕들은 이러한 관습을 분쇄하려고 노력했으나 성공하지 못했다. 유다와 타마르의 역사와 예루살렘 성전에서 운영되던 매춘의 집에는 이러한 행위가 없어지기까지 천년이 넘도록 예언자의 선도와 법적 억압이 있었다"라고 쓰고 있다. 십대 매춘 근절이라는 반가운 노력을 대하면서 위의 천년, 선도, 억제의 의미를 새삼스레 되씹는다.

• 2000년 1월 20일

뭉치면 죽고, 헤쳐야 산다

　연전에 수안보 온천에서 이런 일을 당했습니다. 다른 볼일 때문에 일행보다 늦게 도착한 저는 숙소를 찾기 어려웠습니다. 주위에 길을 물을 행인도 없고 해서 택시를 탔는데, 불과 200여 미터쯤 가다가 슬며시 서는 것이었습니다. 왜 그러느냐고 기사에게 물었더니 다 왔다는 대답이었습니다. 기가 막혔지만 돈을 내려는데 요금 계산기가 꺼져 있었습니다. 그래서 얼마냐고 했더니 1500원이란 것이었습니다. 서울에서는 1200원인데 관광지여서 그런가보다 하고 차에서 내렸습니다. 그러나 씁쓸한 기분은 지울 수 없어서 호텔 종업원에게 택시 기본 요금이 얼마냐고 물었더니 1200원이란 대답이었습니다.

　어떻게 들으실지 모르겠습니다만 저도 관광지에서 거스름돈 300원을 챙길 만큼 각박한 사람은 아닙니다. 그러나 이 일은 경우가 좀 다릅니다. 울컥 치미는 화를 누르지 못하고 그만 인근 파출소를 찾아갔습니다. 담당 경관이 신고자의 신분을 물었을 때 비로소 저는 아차 하는 생각이 들었습니다. 본심은 그게 아니었지만 아무튼 관광지 세미나에 와서 쩨쩨하게 돈 300원을 따지는 제 몰골이 더없이 부끄러웠고, 더욱이 택시 회사에다 해당 기사의 '즉각 출두'를 명하는 경관의 전화 통화를 들으면서 그 기사의 처지가 걱정되었기 때문입니다.

그런데 일이 생각처럼 간단히 끝나지 않았습니다. 돈을 돌려 받겠느냐 기사의 처벌을 원하느냐는 등속의 문답으로 경관의 '공무 집행'에 지루하게 협조한 뒤, 저는 장난기 어린 그 기사의 행동에 회사와 경찰이 주의나 한번 주면 그만이지, 생업에 지장이 가는 어떤 처분도 피해 달라고 신신당부를 하고 파출소를 나섰습니다. 젠장 신고하러 갔다가 선처를 부탁하고 나오다니……. 그러면서도 행여 그 기사가 잡아뗄 경우에 대비해 그가 거슬러준 500원짜리 동전을 내놓고, 거기 묻었을 그의 지문이 증거가 될 것이라는 말을 덧붙였습니다. 숙소로 연락이 없었던 점으로 미루어 그에게 별일은 없었을 것으로 생각됩니다.

수안보 인심과 온양의 인심을 견주어 고향에—그렇게 부를 자격이 제게 있는지 모르겠습니다만—무슨 희떠운 조언이나 권고의 말씀을 드리려는 것이 아닙니다. 돈 300원의 장난이 관광지의 인상을 흐렸듯이, 장관 감투 하나 혹은 의원 자리 하나를 더 차지하려는 지역의 인심이 자칫 돌이키지 못할 실수가 될지도 모른다는 노파심에서 위의 얘기를 꺼냈을 뿐입니다. 얘기를 바로 하지요. 영남과 호남의 신물 나는 지역 다툼 불길이 어느덧 충청권으로 옮겨 붙었습니다. 시민 단체가 공천 반대자 명단을 발표한 뒤 충청도는—특히 충남은—가마솥에 콩 튀듯이 민심이 들끓고 있습니다. 낙천 운동이 충청도가 자랑하는 3김 족보의 어느 인사를 정치적으로 죽이려는 음모(陰謀)의 소산이라는 반발 때문입니다. 반면 충청 도민의 분기와 동정심을 부추겨 선거 국면을 유리하게 이끌려는 그분 정당의 역음모(逆陰謀)가 아니냐는 의심도 일고 있습니다. 정말 가관입니다.

정치는 수시로 음모론 따위를 퍼뜨리며 유권자를 홀립니다. 설사 누구의 음모일지라도 그 음모에 속지 않는 일이 중요합니다. 박정희 집권 초기에 부산 시민은 특별히 그 정권을 반길 이유가 없었습니다. 그런데 투표를 며칠 앞둔 어느 날 대문 앞에 떨어진 '삐라' 한 장이, 그러니까 거기 적힌 "전라 도민이여 단결하라"는 선동 한마디가 편안한 시민의 마음을 마구 들쑤셔 놓았습니다. 전라 도민의 단결을 외치는 괴문서를 부산 시민의 집에 누가 어떤 의도로 뿌렸을지는 직접 보지 않고도 능히 짐작할 만합니다. 정보 기관의 사주로 이 일을 벌인 작자는 그 공작 대가로 좌익 사범 전력을 벗고 일본으로 피했답니다. 이토록 추악하게 조종되는 지역 정치의 망국적 폐해에 대해서는 더 말씀드릴 필요가 없습니다.

영남과 호남이 뭉치는데 충청도라고 못 뭉칠 이유는 없습니다. 그리고 충청도 출신이 총리가 되고 장관이 됐을 때 느끼는 기분과 이런저런 떡고물 이익을 어찌 지역 이기주의라고만 탓하겠습니까? 그러나 300원짜리 장난기 욕심이 관광지 명성에 오점을 남기듯이, 도민 일부의 원색적인 흥분과 반발도 나라의 장래를 해칠 수 있습니다. 영남과 호남에 이어 충청도가 다시 나라를 찢어 무림(武林)을 만들고, 정치가 그 방주(幫主)들의 장풍에 놀아난다면 우리는 정말 구제 불능의 나락으로 떨어집니다. 충청도마저 뭉치면(?) 나라는 죽고, 충청도라도 헤쳐야(!) 나라가 삽니다.

•2000년 2월 14일

고관의 소질

고관(高官) 그거 아무나 하는 것이 아니다. 아무나? 아무나라니! 턱도 없는 소리를……. 의원 배지 한번 달자면 얼마나 많은 악수를 하고, 얼마나 많이 허리를 굽혀야 하는지 아는가? 다행히 당선의 영광을 차지해도 무효 소송 따위의 시비에 걸리지 않을까 좌불안석이기 십상이다. 장관 역시 다르지 않다. 그 감투를 따기까지 얼마나 열심히 웃어른의 심기를 헤아려야 하고, 또 아랫것들을 다독거려야 하는지 상상이나 하는가? 누구는 개각 소문만 돌면 변비 증세를 보인다는데, 장관 그거 결코 쉬운 자리가 아니다. 고관이 되려면 참 여러 덕목을 고루 갖추어야 한다.

그런데 최근 그 고관의 덕목에서 새로운 재주 하나를 발견했다. 문학 청년, 즉 문청(文靑) 소질이 그것이다. 대강 짐작하겠지만 어느 전직 의원이 김씨 집안의 린다 수저에게 보낸 연서의 몇 구절만 보아도 그것은 분명한 사실이다. 이를테면 "언젠가 너의 붉은색이 감도는 눈망울과 그 가장자리를 적셔 내리는 눈물을 보고 너는 나를 아끼고 사랑하고 있는 사이임이 틀림없다고 믿게 되었다"는 표현은 가히 시적이라고 할 만하다. 자신의 지위와 명예조차 아랑곳없이 "산타 바버라 바닷가에서 아침을 함께 한 그 추억을 음미하며……안아보고 싶다"라고 고백하는 용기는 또 얼마나 정직하고 간절한 것인가? 누가 무어래도 부럽고 아름다운 장면이다. 아암! 초로의 사나이가 왕년의 세도조차 잊은 채 이 절절한 편지를 쓰는 장면을 생각해 보라. 처자가 있고, 가정이 있고, 주위의 눈이 있다고 이런 마음 한번 전하지 못한대서야 우리 인생이 너무 삭막하지 않은가? 그래서 하는 말인데 솔직히 나는 이 편지의 수신인에게 유감이 더 많다. 무덤까지 간직은 몰라도 감출 때는 감춰주고 지킬 때는 지켜줘야지, 이런 은밀한 사연을 세인의 입에 오르내리게 하다니 무슨 심보가 그런가? 사나이 순정이 이토록 무참하게 짓밟혀서야 앞으로 누가 끈적끈적한 마음의 얘기를 글로 남기겠는가?

그런데 이것 또한 착각이다. 세계 교역에서 1등을 차지하는 상품이 무엇 같은가? 석유도 아니요, 반도체도 아니요, 자동차도 아니다. 무기 거래가 정답이다. 이어 마약이 2위를 달린다. 그런데 마약 밀수는 어떤 변명도 통하지 않는 사회적 지탄의 대상이지만, 무기 구입은 전혀 얘기가 다르다. 적으로부터 국가를 지킨다는 신성 불가침의 명분이 따르기 때문이다. 바로 여기가 허점이다. 그 '신성한' 무기 거래에 '불가침'의 로비스트가 끼여드는 일은 하나도 이상할 것이 없기 때문이다. 그래서 특히 경계할 상황이었다. 위의 의원이 정부의 무기 구매와 관련하여 만리 타향의 연인에게 무슨 비밀을 알려주거나 어떤 편의를 보아주었는지 나로서는 아는 바 없다. 다만 상대가 신성할 만큼 위험한 무기 거래에 관심을 보이며 다가왔다면, 붉은빛 눈망울을 적시는 눈물의 사랑 타령이나, 산타 바버라 해변의 아침 추억 따위의 고백은 절대로 삼갔어야 했다는 생각이다.

또 다른 전직 장관의 러브 레터 역시 문청 기질이 역력하다. 일례로

"린다의 수정처럼 투명한 솔직함은 린다의 현재를 의심할 만큼 믿기 어려운 것이오. 린다의 어린애처럼 정을 보채는 것은 린다의 미를 부정하리 만치 순수한 것이오"라는 구절에서 우리는 투명과 의심, 정과 미의 변증법적 대비를 읽게 된다. 오오, 이렇게 현란한 언어로 상대의 심금을 울릴 실력이라면, 수정처럼 투명한 솔직함에 가린 추한 계산 따위는 진작에 꿰뚫어봤어야 하는데……. 이어서 그는 "혹시 저녁 오늘이 질 때 잠깐의 우수 속에 잠길 경우가 있다면 나도 머릿속에 떠올려줬으면 좋겠소"라는 당부와 함께 "정부에서 장관을 지냈다는 것이 한국에서는 제2의 인생을 사는 데 여러 가지 제약이 많소"라고 썼다.

장관을 지낸 것이 제2의 인생에 오히려 부담이 된다는 그의 탄식은 진정 세속의 명리를 떠난 해탈의 경지에 속한다. 문제는 상대가 세속의 명리에 푹 젖은 무기 로비스트라는 점에 있다. 로비스트를 쉬운 말로 바꾸면 거간(居間)이고, 거간꾼 유일의 목표는 돈일 터이다. 돈과 사랑을 둘 다 갖고 싶더라도, 그것은 사랑이 돈에 도움이 될 때만 있을 수 있는 일이다. 그러니 사랑이 아무리 달착지근하게 다가오더라도 거기 쳐놓은 그물은 비릿할 수밖에 없다. 그렇지 않다면 로비스트 임무를 스스로 반납해야 마땅하다. 전직 장관의 제2의 인생 따위는 전혀 관심이 없는데도, 저녁 노을의 우수 속에 떠올려달라니 참 미칠 노릇 아닌가?

그리고 그녀가 알선한 장비는 성능이나 가격에서 최악의 선택이었다. 실전에 한번이라도 사용해본 실제 무기가 아니라, 앞으로 연구하고 개발해서 납품하겠다는 가공의 무기였다. 그러니까 완제품 개발까지 얼마나 돈이 들어갈지조차 모르는 계약서 상의 '유령' 무기였을 뿐이다. 그런데도 그것을 샀다. 그녀는 로비를 실토했는데, 군 당국은 완강히 부인하고 있다. 과연 누구 말을 믿어야 하는가? 예의 그 '부적절한 관계'에서도 말이 다르다. 당시의 주무 장관은 그런 일이 있었다는데, 그녀는 시치미를 뗐다. 여기서는 내가 헷갈린다. 자고로 그런 일을 놓고는 여자가 당했다고(?) 울고불고해도(!) 사내가 잡아떼는 법인데, 어쩐 셈인지 이 판에서는 얘기가 거꾸로 돌아가기 때문이다. 허허 참! 장관도 아무나 하는 것이 아니지만, 로비스트도 아무나 하는 것이 아닌 모양이다.

•2000년 5월 18일

우리를 두렵게 하는 것들

스스로 의(醫)와도 약(藥)과도 무관하다는 '우국지사' 한 분을 최근 지리산 노고단에서 만났다. 수인사를 끝낸 뒤 그는 이렇게 말문을 텄다.

"언론에서는 의약 분업 소란을 의사와 약사가 벌이는 밥그릇 싸움으로 보지요?"

의사든 약사든 밖으로야 국민 건강을 위해서라고 목청을 높이지만, 다수 국민의 눈에는 그렇게 비치는 것이 사실이어서 나는 쓴웃음 섞어 고개를 끄덕였다. 얼핏 실망스럽다는 기색이 스치기에 그러면 그게 아니냐고 되물었더니, 대답을 대신한 그의 반문이 삼천포로 빠지는 것 아닌가.

"약사의 대체 조제 금지를 어떻게 생각하시오?"

약 포장을 뜯어라 붙여라, 낱알 판매를 해라 말아라 따위의 요구는 솔직히 의사들의 지나친 간섭이란 생각이 든다. 반면에 약효가 같다는 이유로 처방과 다른 약을 쓴다면 이는 약사들의 월권 아니냐고 했더니, 이 양반 인상이 완전히 구겨졌다. 죽도를 처음 잡은 애송이가 9단 검객을 대하는 심정으로 그러면 대체 무엇이 문제냐고 대들었는데, 그는 제자를 가르치는 사부의 어조로 다시 이런 질문을 던지는 것이었다.

"그 금지로 누가 가장 손해를 본다고 믿으시오?"

그야 물론 조제 권한이 줄어드는 약사일 터이다. 다시 일그러지는 그의 표정으로 보아 내 대답이 또 빗나간 모양이다. 병원의 조제 제한으로 약에서 챙기던 '부수입' 관행이 사라지면―처방전 담합(談合)의 가능성은 여전하지만―의료계도 타격이 적잖을 것이란다. 약사 역시 처방만 따르면 되므로 환자의 지갑을 살펴가며 싼 약과 비싼 약을 고르는 수고가 없어진다. 요컨대 의사는 조제 금지로, 약사는 대체 조제 금지로 당장은 둘 다 손해라는 설명이었다.

"그러면 가장 득을 보는 이는 누구일 것 같소?"

터무니없는 약값 마진에서 '거품'만 빠져도 환자의 이익이 그만큼 늘어날 테니 그야 당연히 소비자인 국민이라고 모범 답안을 제출했다. 그러자 그 '당근'이 바로 함정이라면서 그는 얘기를 계속했다. 일례로 유나신이라는 항생제는 미국계 다국적 기업 화이저가 생산하는 이른바 대조(對照/original) 약품이다. 이것과 약효 동등성이 인정된 국내 제약사의 복제(複製/copy) 약품이 8가지나 된다. 그런데 유나신을 월 6000만 원 어치나 사용하던 어느 대학 병원이 국내 H제약의 U제품으로 바꾸었더니, 의사들의 처방 기피로 이 복제약 소비가 1200만 원대로 곤두박질하더라는 것이었다. 10% 정도의 가격 차이가 나지만 양자의 사용 비율은 10:2나 된다. 나머지 8은 대체 가능한 '다른 외제 대조약'을 썼다는 것이다. 앞으로는 의사의 처방전이 공개되므로 약효가 동등해도 인지도 위주의 이런 처방 추세가 날로 강화되리라는 말씀이었다. 한 여론 조사에 따르면 의사들의 77.8%가 약품의 성분명 대신 상표명으로 처방하고, 또 60.4%가 대조약을 선호했다.

그러면 의약 분업을 말자는 뜻이냐고 회심의 일합을 날렸더니, 그는 생각이 고작 그 정도냐는 표정으로 실소를 터뜨렸다. 4조5000억 원 규모로 세계 9위의 국내 의약품 시장에 다국적 제약 회사들이 벌써 19%를 점유하고 있다. 매출액 1위인 동아제약의 지난해 판매 실적이 3400억 원 정도인데, 20위 안팎의 한국화이저가 벌써 870억 원을 기록했다. 그 뒤에는 물론 150억 달러의 매출을 자랑하는—동아제약 매출액의 50배가 넘는—세계 3위의 화이저 본사가 버티고 있다. 국내 생산조차 약재 대부분을 수입하는 실정이므로 국민의 건강이 온통 다국적 기업에 볼모로 잡혔다고 해도 과언이 아니다. 사정이 그렇다고 한들 침과 뜸의 시절로 되돌아갈 수는 없기에 무턱대고 '애국' 잣대만 들이대기는 어렵다.

이제 사부의 말씀이 분명해졌다. 의사와 약사가 힘을 합쳐 다국적 기업의 '생명 흥정'에 맞서도 힘겨운 판인데, 정녕 이 싸움이야말로 우리가 두려워할 것들인데, 너나없이—언론마저—의약의 밥 자루 찢는 '재미'나 좇고 있으니 대체 어쩌려는 것이냐는 한탄이었다. 다국적 제약 공룡들이 우리 의약 분업에 어떤 형태로 그들의 이해를 표시하는지 나로서는 아는 바가 없다. 다만 그 분쟁을 바라보면서 안면 가득히 득의의 미소를 날릴 것은 의심의 여지가 없으렷다. 모처럼 받은 지리산 정기가 싹 가시는 기분이었다.

•2000년 7월 28일

■ 후기 ■

의약 분쟁이 정권 안정은 물론 사회의 안위를 뒤흔드는 사태로까지 치달았다. 그리고 다국적 제약 회사들의 이해 표시도 점점 분명해졌다. 복제약과 약효가 동등하지만 약값이 2배 이상 비싼 대조약은 107개 성분에

487종에 이르렀다. 10배 정도의 가격 차이는 아주 흔하고 무려 22배나 차이가 나는 것도 있었다. 그 결과 환자와 건강보험이 3:7로 부담한 2001년도의 약값 4조5000억 원 가운데 20% 정도를 다국적 제약 회사들이 챙겨갔다. 건강보험공단이 정한 수준 이상의 고가 약을 원할 경우 약값 차액을 환자한테 추가로 부담하도록 하는 '참조가격제'는 미국 상무부와 무역대표부의 집요한 항의와 통상 마찰 위협으로 일단 유보하기로 했다. 2002년 7월 이태복 사회복지부 장관은 외국 제약 회사들의 로비와 본국 정부의 압력으로 물러난다고 사임 내막을 밝혔다. 우국지사의 지리산 설교가 있는 지 2년 만이었다.

애덤 스미스의 오해

내용을 따지기 전에 레토릭이 근사해서 밑줄부터 긋는 경우가 종종 있다. 이를테면 『국부론』의 다음과 같은 구절이 그러하다: "우리가 저녁 식사를 하는 것은 푸줏간이나 양조장이나 빵집 주인의 자비심 덕분이 아니라, 그들 자신의 이익에 대한 관심 때문이다. 따라서 우리는 그들의 휴머니티가 아닌 이기심을 생각하고, 결코 우리의 필요가 아닌 그들의 이익을 말해주어야 한다." 이런 현상 인식은 애덤 스미스 경제학의 핵심을 이룬다. 시시껄렁한 이타심(利他心) 설교 따위로는 어림도 없고, 차돌멩이처럼 단단한 이기심(利己心)으로의 무장이야말로 경제를 움직이는 힘이라는 말씀이다. 예의 그 엉뚱한 선동 '보이지 않는 손'의 조화도 실은 이런 이기심 투쟁의 산물이렷다. 그러나 첫눈에 홀딱 반했다가 점차 매력이 사라지는 일이 인생에 아주 흔하다. 최근 우리 주변의 몇몇 현상만 보아도 위대한 석학의 소신은 여지없이 빗나가고 있다.

먼저 배럴당 37달러까지 치솟은 원유 가격이 있다. 연일 최고치를 경신하는 유가 급등의 원인은 무엇보다 소비에 비해 생산이 부족하기 때문이다. 수급 균형 방정식은 경제학자들이 만들어낸 소일거리일 뿐이고,

현실에서는 불균형이야말로 정상이다. 문제는 그 불균형이 더 생산할 능력이 없어서가 아니라 더 생산할 의사가 없어서 야기됐다는 점이다. 많이 퍼내서 싼값을 받기보다 적게 퍼내서 비싼 값을 받는 것이 이문이라면, 중동의 독재자든 아라비아의 왕족이든 그 이기 계산을 마달 이유가 없다. 올해만 해도 석유수출국회의(OPEC) 회원국들은 2500억 달러를 벌어들여 판매 수입을 2년 사이에 2배로 불렸다. 반면에 수입국들은 그만큼 무역 적자를 보고, 또 그만큼 물가가 올랐을 터이다. 물론 그 고통의 책임을 몽땅 산유국에게만 돌릴 수는 없다. 세계 원유 시장을 쥐락펴락하는 '메이저'들의 농간도 있고, 소비자 가격의 3/4을 세금으로 훑어가는 수입국 정부의 욕심도 있기 때문이다.

그런데 스미스의 관찰로는 그런 이기심이야말로 공장을 돌리고 차를 움직이고 방을 데우는 동력인 것이다. 과연 그런가? 천만의 말씀이다. 근래의 유가 폭등으로 우리 경제는 성장률이 1% 가량 떨어질 것이라는데 이로써 간단히 5조 원의 소득이 날아간다. 그 별난 이기심 강의와는 달리 공장이 문을 닫고, 자동차가 멈추고, 방이 추워지는 것이 현실이다. 알라신이 그렇게 가르쳤을 리는 만무하다. 그렇다고 산유국 추장들에게 눈 한번 흘기지 못하고, 석유 메이저들한테 팔매 하나 던지지 못하는 것이 우리의 형편이다.

생명을 담보로 '도박하는' 의료계 폐업도 예외가 아니다. 환자의 병을 고치는 일이 정녕 의사의 이기심 때문이라면 누가 감히 돌을 던지랴. 그러나 현실은 반대로서 그 이기심 때문에 환자를 버려 두고 있지 않는가? 늙어 죽는 의사는 많아도 굶어 죽은 의사는 없는데 왜들 이 야단이냐는 술자리의 익살이 아니더라도, 우리는 우리의 필요 못지 않게 그들의 이익을 존중한다. 몇 푼의 수가(酬價) 인상이 투쟁 목표가 아니라는 의젓한 말씀에도 불구하고 당장 의사를 찾는 환자는 물론이고 정부와 국민 역시 의사를 굶기지 않을 결심과 준비를 갖추고 있다. 문제는 오히려 점입가경으로 늘어나는 그들의 요구 사항이며, 그 요구들이 떳떳하게 비치지 않는다는 데 있다. 예컨대 구속자 석방과 수배 해제 같은 '전제 조건'이 충족되어야 협상에 임하겠다는 투쟁 지도부의 태도에 국민은 그저 아연할 뿐이다. 얼마나 정부가 물렁하게 보였으면 저러랴 하고 혀를 차면서도, 환자의 생명을 볼모로 나라의 법질서마저 뭉개려드는 그 불손한 이기주의에 사회의 시선이 곱지 않은 것이 사실이다.

이제야 밝히지만 스미스가 이기심만 강조한 것은 아니다. 다른 저서 『도덕감정론』에서 그는 열렬히 이타심을 설파했기 때문이다. 나아가 경제적 이기심과 윤리적 이타심이 대치할 때, 그 해결사로 법적 정의심(正義心)을 동원했다. 때로는 다국적 군대와 미사일 포격이 법적 정의를 대신하기도 하지만, 그것은 석유를 놓고 도박하는 사담 후세인에게나 가능했었다. 그렇다면 의사들의 경제와 의사들의 윤리가 충돌할 때, 우리가 의지할 정의는 과연 무엇일까? 그들의 이기심을 승인해준 국민한테 휴머니티로—인술(仁術)로—보답하는 것만이 애덤 스미스를 실망시키지 않는 길일 터이다.

• 2000년 9월 22일

그 나른한 환각의 유혹

염라국을 넘나드는 중한 수술 뒤 통증으로 뒤척이는 모습이 꽤나 딱했던지 간호사가 주사 한 대를 놔주었다. 아침이 상쾌할 만큼 편안하게 잤고, 사흘째는 아예 주사 기다리는 재미로(!) 하루를 보냈다. 그런데 이 무슨 청천 벽력의 말씀인가? 중독 위험 때문에 더는 안 된다니. 엄살과 엄포에 이번이 마지막이라는 약속으로 기어코 한 대를 맞았는데, 웬일인지 약효가 전만 못했다. 나중에 퇴원하면서 진상을 추궁했더니 그녀는 배시시 웃고 말았다. 그것이 맹물 주사였든 '대체 주사'였든, 막무가내로 보채는 환자를 달래면서 마약 중독(?)에서 구해준 그 간호사의 기지를 나는 여전히 고맙게 기억한다.

무역 수지에도 잡히지 않는 세계 최대의 교역 상품은 무기이고, 그 다음을 마약이 차지한다. 1995년 유엔사회개발연구소(UNRISD)의 한 보고서는 마약 거래가 연간 5000억 달러 규모의 '지하 경제'를 형성하여 원유 시장을 압도한다고 추산했다. 미국의 마약 소비액은 80개 개도국의 국내 총생산 합계를 넘는다니, 그 나른한 환각의 폐해는 세인의 상상을 초월한다. 사람을 즉석에서 죽이는 무기와 서서히 죽이는 마약이 세계 교역의 수위를 차지하는 이 문명의 역설을 대체 어떻게 풀 것인가?

마약 중독은 본인의 패가 망신은 말할 것도 없고, 기형아 출산이나 가정 파탄으로 자손한테도 두고두고 후환을 남긴다. 범죄와 부패 등 사회에 끼치는 악영향은 이에 비길 바가 아니다. 마약 흡입은 청소년 비행과 범죄 충동을 부추기는 자극제가 되므로 장래를 생각해서 마약만은 손대지 말자던 마피아 대부 돈 코를레오네는 웃기지 말라는 다른 분파의 항명으로 총격 보복을 당한다. 피살 위협을 무릅쓴 '왕따' 경찰의 헌신적 노력으로 밀매 조직과 부패 관리의 배후를 밝혀내는 것은 브루스 윌리스의 영화 스토리일 뿐, 마약 달러(narco-dollar)를 둘러싼 독재 정권과 범죄 조직의 공생은 몇몇 마약 수출국의 경우 정범(政犯) 유착의 온상이 되고 있다.

사안이 심각한 만큼 처방도 다양하다. 공급 차단이냐 소비 단속이냐의 논쟁이 있는가 하면, 아주 허용하자는 주장마저 나온다. 생산 근절에는 군사적 소탕이 가장 효과적일 것으로 생각되지만, 그게 그렇지 않단다. 코카인 밀조로 국민총생산의 20% 정도를 벌어들이는 볼리비아 정부에 1990년 미국은 '마약과의 전쟁'을 조건으로 대규모 군사 원조를 했으나, 유감스럽게도 숱한 인권 침해 시비와 정권의 독재 강화로 끝나고 말았다. 더구나 볼리비아에서 마약 생산이 줄어든 만큼 이웃 페루에서의 생산이 늘어나는 소위 '풍선 효과' 때문에 공급 차단 노력이 번번이 실패로 돌아갔다. 몽둥이 대신 당근을 내민 대체 경작 지원도 한가지였다. 코카 재배는 이문이 일반 작물의 10~50배나 되고, 또 4모작이 가능하기 때문에 보조금 따위에는 눈도 꿈적 않기 때문이다.

단속·치료·재활 교육 등 소비 억제 대책 역시 벽에 부딪히고 있다. 엄청난 비용도 부담스럽지만, 더 잃을 것도 없고 더 얻을 것도 없는 '따라지 인생'이란 환자의 자조와 반발이 치료 효과를 반감시키기 때문이다. 엄두조차 내지 못할 만큼 약값을 올리는 것도 하나의 방법이겠으나, 그 가격 조절은 불행히도 약방이나 정부의 통제 밖에 있다. 더구나 현지의 코카 생산비는 소비지의 코카인 소매가의 1%도 안 되기 때문에 생산비를 올린다고 해서 수요가 줄어들 형편도 아니다. 오히려 더 비싼 약값 마련을 위한 더 흉악한 범죄 양산의 반작용마저 예상된다.

마땅한 대책이 없으니 아예 풀어버리자는 의견은 어떤가? 마약 흡입은 소위 피해자 없는 범죄(victimless crime)로서 규제를 풀어도 절도나 폭행 같은 피해가 없고, 마약 소비자도 환자인 이상 의사 처방에 따르도록 하자는 것이다. 마약의 의약품 지정과 마약 사용의 합법화로 세수가 늘고 단속 비용이 줄어든다니……. 억지인지 탁견인지 나로서는 분간이 안 된다. 마리화나 정도는 괜찮다는 최초의 방심이 점차 독성 강한 코카인과 헤로인으로 이어져 결국 폐인을 만들고 만다. 도둑을 막는 수고와 비용이 도둑질 피해보다 크다고 해서 도둑을 가만둘 수 없다면, 방임이 현안 해결의 길은 결코 아닌 것 같다. 최근 급속도로 번지는 마약 공포 속에 우리는 위의 유엔 보고서 권고대로 "가장 나쁜 영향을 최대한 줄이는" 차선의 대책이나마 힘써 마련하고 있는가?

●2000년 10월 6일

95등도 과분하거늘

경제학은 대상을 계량화하는 이점 때문에 다른 사회과학에 대해 비교 우위를 주장해왔다. 일례로 정치가 몇 퍼센트 발전했는지는 측정하기 어려우나, 경제가 얼마나 성장했는지는 쉽게 계산한다. 국내총생산(GDP)은 국경 내에서 생산된 상품과 서비스의 합계이고, 이 '국경 내'를 국경 내외의 국민으로 바꾸면 국민총생산(GNP)이 된다. 이런 지표들이 없으면 국가 경제의 거시 분석이 사실상 불가능한데, 여기 자꾸 시비가 일어 경제학자의 밥줄을 불안하게 한다.

먼저 시장(市場) 교환의 문제가 있다. 예컨대 식당에서 먹는 밥은 국내총생산 집계에 포함되나 가정에서 먹는 밥은 제외되며, 아기를 유치원에 맡기는 비용은 포함되지만 집에서 엄마가 기를 때의 비용은 제외된다는 식이다. 그래서 영국의 후생 경제학자 아서 피구(Arthur Pigou)는 "누가 자신의 가정부나 요리사와 결혼한다면 국민소득은 감소한다"고 근엄하게 지적한 바 있다. 그러니 아내와 남편이(!) 함께 밥짓고 빨래하는 서비스 만점의 '홈 스위트 홈'이야말로 국내총생산 증대의 적인 셈이다. 다음으로 비용(費用) 계산의 문제가 따른다. 환경 오염으로 병이 잦아져 감기약

'생산'이 늘어나면, 이는 국내총생산에 들어가지만 건강 악화라는 '비용'은 계산에서 빠진다. 범죄 증가로 교도소 신축이 늘어나도, 그것은 국내총생산 계정에 건설 투자로 잡히지만 거기 따르는 사회 불안 따위는 관심의 대상이 아니다. 감기약과 교도소가 국내총생산 증대에 유공자라! 이러니 경제학자들이 터질 수밖에. 동물성 사료 생산과 그에 따른 광우병 피해도 이런 계산 방식에서 예외가 아니어서, 총생산 수난은 사람을 넘어 무고한 가축에까지 이어지고 있다.

석유 생산이 늘었다는 말은 원유 매장량이 줄었다는 뜻이다. 석유 소비가 늘어나면 대기 오염도 그만큼 심해지기 십상이다. 그렇다면 생산과 소비의 직접 이익뿐만 아니라 거기서 발생하는 손실과 부작용까지 함께 따져야 계산이 정확해진다. 이런 부담과 필요에서 1993년 국제연합은 기존 국내총생산 계정의 보조 형태로 자원 고갈과 환경 훼손을 감안한 '환경경제통합계정'을 제안했고, 이어서 '환경 조정적' 국내순생산(EDP) 추계를 시도했다. 우리가 흔히 '녹색 국내총생산'이라고 부르는 지표는 이왕의 국내총생산에서 환경 관련 비용을 제한 나머지를 가리킨다. 녹색 GDP＝GDP－환경비용.

『빵만으로는 살 수 없다』는 소련 작가 두진체프의 소설에 이어, 미국의 경제학자 폴 새뮤얼슨(Paul Samuelson)은 "사람은 GNP만으로 살 수 없다"라고 썼다. 비용 계산처럼 여가(餘暇) 계산도 필요하다는 발상인데, 일례로 극장 관람료는 국민총생산 집계에 들어가지만 관객의 만족은 거기서 빠지므로, 국민총생산이 복지의 실질적 척도가 되려면 이 여가의 가치를 합해야 한다는 것이다. 이런 맥락에서 새뮤얼슨이 제안한 순경제복지(Net Economic Welfare)는 녹색GDP보다도 한층 더 세련되고 유익한 지표이다. NEW＝녹색GDP＋가내서비스＋여가서비스. 녹색GDP든, 순

경제복지든 각기 '환경 없이 경제 없다'는 자각과 경계의 소산인 것은 틀림이 없다.

환경부는 녹색GDP 지표를 단계적으로 도입하고, 환경과 경제를 같이 살리는 '에코-2 프로젝트'를 추진할 방침이다. 비무장지대를 세계적 생태 공원으로 조성하라는 대통령의 지시에 따라 '에코 브리지'를 건설하기로 했다. 나아가 북한의 환경 보호 약속을 경제 협력의 조건으로 내세울 수도 있다는 얘기도 슬쩍 흘렸다. 정말 근사하고 화려한 말씀들이다. 그러나 우리 주제가 지금 남의 환경을 탓할 만큼 느긋하지 못하다. 단적으로 세계경제포럼(WEF) 조사에서 한국의 환경지수가 조사 대상 122개국 가운데 95등 아니었던가?

이럴 때 쓰라고 생긴 말이 유구무언이렷다. 환경부 장관은 95등 성적이 낡은 자료 때문이라고 보고했고, 대통령은 국민이 오해하지 않도록 설명하라고 지시했다. 글쎄 그게 단순히 통계 자료와 오해의 문제일까? 시화 호수에서 새만금 방조제까지 우리는 여지껏 숱한 실수를 저질렀고, 유해 식품에서 불량 수입 농축산물까지 숱한 위험에 떨고 있다. 그럼에도 이번이 끝이고, 앞으로 절대 되풀이되지 않는다는 보장이 없다. 동강에 댐 건설은 막았으나 그 대신 쓰레기가 댐을 이룬다. 이런 실수 불감, 위험 불감의 '공해 공화국'에 솔직히 95등도 과분한 느낌이다. 정치 공해와 경제 공해 점수가 빠진 것이 그나마 천만다행이다.

•2001년 2월 9일

나의 소원 따위가

어느 열성 독자가 마크 트웨인한테 자신이 그와 꼭 닮았다는 서신과 함께 사진을 보냈다. 이에 작가가 회답을 했다: "정말 똑같습니다. 오늘 아침에는 당신의 사진을 보고 면도를 했으니까요." 문호의 익살이야 한 번 씩 웃어버리면 그만이지만, 현실에서는 도무지 그렇지 못할 때가 많다. 역대 정권의 '말기(末期) 증후군'을 보노라면 정말 똑같다는 느낌이 든다. 무슨 '레임 덕'이니 누수 현상이니 하는 고상한 얘기를 하려는 것이 아니다.

3공과 5공 정권 아래서는 비리의 자행과 은폐도 '군사적'이었다. 그래서 그 진상이 부분적으로나마 밝혀지는 데는 오랜 시간이 걸렸다. 그러나 6공을 거쳐 소위 문민 정부와 국민의 정부에 들어와서는 숱한 비리들이 정권 당대에 곪아 터졌다. 민주화 투쟁의 여세든 권력 내부의 단속 소홀이든 화근의 잠복기가 짧아졌다는 점에서 일단 환영할(?) 일이다. 그리고 막무가내의 폭력이 줄어드는 반면 죄질은 한층 교활하고 지능적으로 변했다. 깡패마저 술집 마담이나 도박장 지배인을 상대하는 대신 정계와 권부의 실세들과 형님·아우 하며 지내는 판이니 말이다. 특히 대통령 친인척의 비리 연루 소문이나 측근들의 부패 행위는 과거의 사건을 복사하거나, 과거의 사진을 놓고 면도해도 좋을 만큼 꼭 같다.

지난 24일 『중앙일보』가 고른 2001년 국내 10대 뉴스를 죽 훑어봤다. 인천공항 건설과 저금리 현상을 빼고는 한결같이 혈압 오르는 내용이었다. 교육과 건강 보험은 '준비된 대통령' 공약이 무색하게 죽을 쑤고 말았다. 언론사 세무 조사의 진짜 과녁이 무엇인지 여전히 의문이며, 새파란 친구들이 권력을 끼고—아니면 권력이 이들을 앞세워—증시와 금융을 흔들었던 무슨 놈의 게이트 시리즈에는 구토가 치밀어 오른다. 다수 국민의 박수를 모을 수도 있었던 남북 문제마저 정권의 초조와 과공(過恭)으로 애초의 기대를 저버리고 있다.

국외 10대 뉴스의 톱은 단연 9·11테러와 그 후속 전쟁이었다. 모두들 혁명은 전세기의 유물로서 새 세기의 초대장에는 빠질 것으로 생각했다. 그러나 오해였다. 21세기 벽두를 강타한 테러 광기와 반테러 응징이 인류의 장래에 어떤 영향을 미칠는지 아무도 자신하지 못한다. 필리핀과 인도네시아에서는 부패 정권이 퇴진했고, 아르헨티나에서는 외세의 꼭두각시 정부가 경제 폭동으로 퇴출당했다. 혁명은 아직 유효하고, 그 효과는 이렇게 부패 근절과 외세 청산으로 나타나고 있다. 세계 경제의 불황과 세계화 반대 시위는 그 상관 관계가 인정되지만, 염색체 구조를 밝히려는 게놈(genome) 지도를 완성한 인간이 돼지 구제역과 광우병 공포에 떠는 현실은 그야말로 한 편의 개그가 아닐 수 없다. 정작 떨 일은 문명이 충돌로 파괴되는 것이 아니라, 그 문명을 만든 지혜 때문에 와해된다는 참담한 역설인데 말이다.

국외 뉴스를 좌우할 만큼 우리의 국력이 실하지 못하다면 국내 뉴스라도 낭보를 전해야 한다. 신문의 관행으로 보아 내년에도 이런 특집을 마련할 것이며, 현정권으로서는 이제 마지막 기회가 된다. 우리의 눈이 못 미쳐서 그렇지 정부는 온갖 '조커 카드'를 쥐고 있다. 정부 의도대로 경기를 살릴 수는 없겠지만, 확고한 의지로 공명 선거를 치를 수는 있다. 정부가 모든 부정을 막을 수는 없겠지만, 성역 없는 수사로 비리를 캐낼 수는 있다. 정부 마음대로 축구 시합에서 이길 수는 없겠지만, 거기 화합의 멍석을 깔아줄 수는 있다. 그 막강한 카드를 어떻게 쓰느냐에 따라 내년 10대 뉴스의 내용과 편집이 크게 달라질 것이다.

무시로 폭탄이 터지는 아일랜드의 벨파스트에서 목사와 신부와 랍비가 토론을 벌였다. 아무리 다투어도 결론이 나지 않자 천사가 나섰다. 어떻게 해야 평화가 오느냐는 질문에 개신교 목사는 모든 가톨릭 신자들이 없어지는 것이라고 했다. 가톨릭 신부는 무엇보다도 개신교 투사들이 사라져야 한다고 말했다. 이에 절망한 천사가 유대교 랍비에게 방법을 묻자 그는 "목사님과 신부님의 소원만 들어주신다면 저는 더 바랄 것이 없습니다"라고 아뢰었다. 상대방의 독선만 없다면 합리적 정치를 펴리라는 여야의 싸움이나, 규제와 자율을 놓고 실랑이하는 정부와 기업의 다툼도 예외가 아니다. 그들의 소원에 따라 정치가 안정되고 경제가 발전한다면 나의 소원 따위가 무엇에 필요하랴?

•2001년 12월 28일

때로는 '보수'도 괜찮다

이렇게 사내의 기밀을 발설해도 괜찮을지 모르겠다. 교육인적자원부의 '공교육 내실화 대책'이 발표된 그날 논설위원실의 아침 회의는 냉열이 교차된 아나키 상태였다. 분위기는 냉소적이었으나 토론은 치열했기 때문이다. "보충 수업 없애면서 교육부가 뭐라고 그랬는지 찾아보라"는 주문에서 "하도 헷갈려서 사설을 쓸 수 없으니 '사설 집필 불가' 사설을 내보내자"는 자탄까지 그야말로 백화제방(百話齊放)이고 백가쟁명(百歌爭鳴)이었다!

교육 문제는 전국민이 이해 당사자로서 누구나 한마디쯤 거든다. 도입 전투기 기종에 대해서는 개구도 못하지만, 입시 제도 변화에는 벌떼같이 들고일어난다. 그 백화제방(百花齊放)과 백가쟁명(百家爭鳴)의 열의와 주장을 수렴해서 정책으로 수립하는 것이 교육 당국의 과제일 터이다. 이해 관계자가 많고 관심이 크다는 점이 교육부로서는 오히려 부담스러울지 모르겠으나, 그럴수록 중심을 잡고 정한 목표를 향해 나아가는 노력이 필요하다. 나는 교육부 관리들이 우리 교육 현실을 정확히 보고 있으리라고 믿는다. 또 웬만한 교육 이론이나 정책 제의쯤은 훤히 꿰고 있을 것이다. 그렇게 하라고 세금으로 봉급 주는 것 아닌가?

　문제는 몰라서 못하는 것이 아니라 알면서도 하는 데에 있다. 이를테면 보충 수업 폐지를 결정할 때 교육부는 그 효과와 역효과를 충분히 계산했을 것이다. 마찬가지로 보충 수업 재개를 허용할 때도 그 결과를 충분히 검토했을 것이다. 그렇지 않다면 직무 유기 조항에 걸린다. 교육부로서는 과거에는 보충 수업의 역효과가 효과보다 더 커서 폐지했으나, 지금은 그 효과가 역효과보다 더 크므로 다시 허용한다는 모범 답안을 준비했을지 모르겠다. 그러나 국민한테는 그것이 쉽게 납득되지 않는다. 보충 수업 역효과에서 효과로의—혹은 큰 역효과에서 작은 역효과로의—상황 변화가 눈에 띄지 않기 때문이다. 혹시 우리는 못 보지만 그들은 보는 것이 있다면, 재개 결정 이전에 그 사정을 알리고 설득했어야 한다. 전혀 예상치 못한 사태 진전으로 폐지 결정을 번복하는 것이라면, 당초 정책을 입안하거나 재가하거나 집행한 사람들한테 최소한 그 도덕적 해이에 대한 책임을 물어야 한다. 결과적으로 국민 교육을 담보로 '도박한' 셈이기 때문이다.

　시행 착오(trial and error)는 그 말뜻만큼이나 의젓한 느낌을 전한다. 내가 공부한 경제학에도 실습을 통한 학습(learning by doing)이라는 근사한 얘기가 나온다. 그러나 그것들은 우리 교육 당국이 범하는 잘못과는 커다란 차이가 있다. 예컨대 A가 막히면 B로 가고, B로도 안 되면 A'나 C로 뚫으려는 것이 시행 착오의 논리이다. 반면 A가 막히면 B로 가고, B로 안 되면 다시 A로 가려는 '다람쥐 쳇바퀴'의 헛수고가 교육부의 정책이었다. 내신 반영 비율, 수능 난이도 조절, 체벌 부활 등 그것은 모두 왔다 갔다 식의 혼선이고 엎치락뒤치락 혼란이지 결코 시행 착오를 통한 모색이 아니었다. 나는 교육 당국이 무지하거나 무능해서 그렇다고는 생각지 않는다. 천만의 말씀을! 알면서도 저지르는 것이다!!

현정권 들어서만도 재임 4년 동안 교육부 장관이 7명이나 바뀌었다. 하루살이 장관은 물론 그 장관 아래서 과연 누가 소신 있게 A'나 C를 건의하고, 만약의 경우 그 실패의 책임을 자청하겠는가? 교육부 수장의 말처럼 문민 정부 이래 교육 개혁의 방향은 옳았는데 과정에 무리가 있었다는 따위의 전천후 변명으로는 어떤 개혁도 바라기 어렵다. 그래서 묻거니와 보충 수업의 방향이 옳았다면 폐지하지 말았어야 하고, 방향이 틀렸다면 결코 재개해서는 안 되는 것 아닌가? 그런데도 현재 국민의 정부에서는 과정의 무리만 고치면 그만이라는 말씀인가? 이를테면 학교를 교실 아닌 공사판으로 만든 증축 소동이 학급 정원 35명을 맞추기 위한 것인지, 그 '위업'을 대통령 임기 내에 마치기 위한 것인지 누구보다 교육부 관리들이 잘 알 터이다. 그것을 어찌 과정의 무리쯤으로 얼버무릴 셈인가?

유감스럽게도 교육은 역대 정권이 즐겨 내놓은 '깜짝 상품'이었다. 김영삼 정부는 대통령 직속으로 교육개혁위원회를 설치했고, 김대중 정부는 교육부 장관을 교육인적자원부 부총리로 격상시켰다. 그러나 그것으로 무엇이 달라졌는가? 바꾸지 말아야 할 이유가 없을 때 바꾸는 것이 개혁이고, 바꿔야 할 이유가 있어야만 바꾸는 것이 보수라는 우스개가 있다. 나는 전교조의 개혁(改革)에 상당한 희망을 걸고 있지만, 교육부의 하도 잦은 변덕에는 보수(保守)도 괜찮다는 생각이 든다.

•2002년 3월 22일

악도 아니고 악마도 아닌

한국인의 심리에는 악(evil)이 없다. 프레드 앨퍼드는 『한국인의 심리에 관한 보고서』(그린비, 2000)라는 굉장한 제목의 저서에서 이렇게 단정했다. 서구적 의미의 악은 나와 너를 분명히 가르는 대립에서 나오는데, 우리라는 두루뭉수리 지칭을 좋아하는 한국 사회에는 그것이 발붙일 틈이 없다. 그래서 나라 팔아먹은 자들에게조차 죄는 미워하되 사람을 미워하지 말라는 따위의 희떠운 '관용'을 베풀었다는 것이다.

악이 없는데 어찌 악마(devil)가 있으랴. 그럼에도 불구하고 수십만 악마들이 온통 나라를 붉게 물들이는—물들이도록 놓아두는—것은 국가 안보에 구멍이 뚫렸기 때문이라고 펄펄 뛰는 사람이 있을지 모르겠다. 월드컵 축구 경기를 취재하는 기자들이나 방송으로 관전하는 각국의 시청자들에게 붉은 파도의 함성은 세상 처음 보는 명물이고, 흥중의 소감이야 어떠하든 열광과 질서가 어우러진 응원 모습은 자못 신기한 광경이었으리라. 표가 없어 애를 태우다가 입장권을 양보 받은 어느 외국 기자는 그 가격의 수만 배나 되는 기사로 한국인의 친절을 세계에 알리기도 했다. 나 역시 인터넷 통신과 셔츠 한 장으로 무장한 이 붉은 악동들의 재치 만발 퍼포먼스를 흥미롭게 바라본다. 그러나 르봉(Gustave Le Bon)이나 프로이트 같은 사회심리학 연구자들은 집단적(集團的)인 것은 모두 무의식적(無意識的)이고, 무의식적인 것은 모두 집단적이란 결론에 도달했다. 바로 그 집단적 무의식 상태가 포퓰리즘의 온상임은 두말할 필요가 없다.

위의 앨퍼드는 또 이렇게 썼다: "한국인들이……자기 규정을 하는 데는 연속극의 영향도 있을 것이다. 모든 텔레비전 방송국에서는 매일 밤, 일주일에 수십 차례씩 웃음과 눈물, 그중에도 주로 눈물의 카타르시스가 담긴 연속극을 방송한다. 매일 밤 카메라는 마치 조그만 감정의 흔적도 놓치지 않으려는 듯이 주인공들의 얼굴을 사랑스럽게 훑는다." 글쎄 이런 국민성의 '연속극 체질' 지적이 칭찬인지 조롱인지 아직 따져보지 못했다. 이번 월드컵 중계에서도 방송 카메라들은 빗속에 줄을 서고, 뒷사람을 위해 우산을 접고, 경기 뒤에 쓰레기 치우는 장면들을 자랑스럽게 누볐다. 신문들도 예외가 아니어서 한국-미국 시합 전에는 감정적 응원의 자제를 당부하고, 경기가 끝나고는 반미 시위 등의 불상사가 없어서 다행이라는 기사를 내보냈다. 과공(過恭)이 비례(非禮)였나? 정작 미국축구협회 대변인은 "반미 감정 문제는 한국 언론이 실제 이상으로 과장한 것처럼 보인다"고 슬며시 꼬집었는데, 이럴 때는 하도 부끄러워 낯을 들 수가 없다. 젠장 반미 시위를 포함해 악마의 본성을 백분 발휘하라고 선동할 것을 우리가 잘못한 셈인가? 미국 국방부의 한 장교는 "양국이 1:1로 비김으로써 한미 동맹 관계를 재확인했다"는 말로 관전평을 했다니 참말로 이런 코미디가 없다. 그래 운동장에서조차 미국은 '우방'이어야 하고, 시합에서조차 비겨야만 동맹 관계를 확인하는 것인가.

앨퍼드는 '카메라 앞에서의 이중성'도 야유했다: "한국의 어느 텔레비전 방송사는 1997년 일본에 가서 한밤중의 도쿄 횡단 보도를 촬영한 적이 있다. 신호가 적색으로 바뀌자 모든 자동차들이 그 신호에 맞춰 정지선에 멈추었다. 그러나 서울의 횡단 도로에서는 한 대도 그렇게 서지 않았다. 서울에서는 한낮에도 마찬가지다! 내가 인터뷰한 한국인들은……그 프로그램을 아주 좋아했다." 내 걱정은 카메라가 비추지 않는 부분의 현실이다. 그중에는 로마에서 열린 세계식량정상회의(WFS)도 있고, 국내 현안으로는 지방 선거도 있었다. 입장권을 구하려고 며칠씩 밤샘을 하는 월드컵 광기에 왠지 쓸쓸한 기분이다가, 불과 십여 명의 청중이 모인 선거 유세장에서 강아지가 뛰노는 사진을 대하려니 참담함을 넘어 왈칵 분노가 치밀었다. 그런 현상이 유권자의 책임인지 카메라의 책임인지 나는 여전히 헷갈린다. 카메라가 무슨 잘못이겠는가, 그렇게 뉴스를 제작하는 사람들의 잘못이지. 축구처럼 몸살나는 재미를 던져주지 않는 우리 정치의 원죄는 잠시 덮어두자. 그러나 월드컵 열기보다 절실한 것이 훌륭한 정부이기에 나는 성숙한 축구 관중 못지 않게 성숙한 유권자를 기대했었다.

한국-미국 전에서 한국의 패널티킥 실축에 히딩크 감독은 "그것 역시 경기의 일부분"이라고 평했다. 그 말을 나는 올해의 명언으로 기억할 작정이다. 그런 여유가 부럽기 때문만은 아니다. 부분들이 모여 전체를 이룬다면, 아무리 누추한 일부분일지라도 악이나 악마이어서는 안 되기 때문이다.

• 2002년 6월 14일

부릴 때와 대들 때

'글로벌 스탠더드'란 말만 들으면 속이 메슥메슥해진다는 친구가 있다. 최근 그 증세가 도졌는데 재계가 근로 조건의 글로벌 스탠더드를 들고 나온 것이 화근이었다. 그 친구 왈 "국가보안법이 근로기준법을 대신하던 군사 독재 치하는 그만두자고. 1980년대만 해도 세계 최장의 근로 시간과 세계 최고의 산업 재해를 '자랑한' 것이 우리 경제 아니야? 그때 글로벌은 고사하고 스탠더드 자체가 없었어. 그런데 이제 와서 한다는 소리가 기껏 휴일 축소를 막기 위해 글로벌 스탠더드를 지키라는 거야." 부려먹을 때는 기준이고 나발이고 말짱 제쳐놓았다가 나중에 좀 대드니까(?) 그 잘난 기준을 끌어대느냐는 흥분과 탄식인데, 얼핏 듣고 보니 그렇다는 생각이 들기도 했다.

그러나 기분이야 그렇더라도 국내의 질서와 제도를 세계 기준에 맞게 고치자는 주장을 무턱대고 반대할 수는 없지 않는가? 그랬더니 그 친구는 다시 "글로벌 스탠더드는커녕 석기 시대 관행조차 쌓이고 쌓인 판에 누가 세계 기준을 마다겠나? 갑자기 글로벌 스탠더드를 앞세워 노동계가 마치 글로벌 스탠더드 이상의—무슨 포스트 글로벌(!)—특혜나 바란다는 듯이 떠들고 다니는 소행이 얄미운 거지"라며 속내를 드러냈다. 근자에 경제 단체의 수장들이 장관에게 공개 편지를 보내거나 언론에 재계 입장을 밝힌 경우가 있기는 하지만, 글쎄 그것도 그들의 일인데 뭐 밉상스러울 것까지야 하며 나는 대범하게 넘겼다.

이 유식한 글로벌 스탠더드 공방의 계기는 아무래도 주 5일 근무제 협상의 결렬로 보인다. 노사정위원회의 근로시간단축특위가 마련한 주 40시간 근로 시안이 지난 7월 노사정 본회의에서 부결되었다. 나처럼 노사 자격권 밖의 '무심한' 관찰자의 눈에는 2년여의 협의와 토론을 무산시킬 만큼 입장 차이가 대단하지 않았다. 대충 몇 개만 꼽자면 노동계는 연차 휴가를 최장 25일, 생리 휴가는 무급, 초과 수당 할증은 50%, 탄력적 근로는 3개월 단위를 내세웠다. 이에 경영계는 최장 휴가 22일, 생리 휴가 폐지, 초과 수당 25~50%, 탄력 근로 6개월로 맞서는 정도이다. 가장 시비가 분분했던 현안으로 근로 시간 단축에 따른 임금 보전에도 양측은 "생활 수준 저하를 가져오지 않는" 조건을 준수하기로 합의했다. 이것은 1935년 국제노동기구(ILO)가 주 40시간 노동 규약을 채택하면서 제1조에 명시한 그야말로 글로벌 스탠더드이다. 다만 생활 수준을 저하시키지 않는 임금 보전 내용을 기본급과 상여금으로 한정하느냐, 연월차 및 생리 휴가 수당까지 포함하느냐에 의견 차이를 보일 뿐이다.

토요일에 쉬지 못할 중소기업에는 주 5일 노동이 특히 가혹한 시련일 터이다. 4시간의 할증 임금 부담도 문제지만, 종업원이 임금 대신 여가를 택할 경우 4시간짜리 근로자를 따로 구해야 하기 때문이다. 잔인하게 들리겠으나 중소기업 역시 '세계 대세'를 피하기 어려우며, 그 대세보다 더한 글로벌 스탠더드가 어디 있으랴. 주 5일 노동은 언제 져도 져야 할 짐이며, 그 짐이 가뿐할 '언제'는 결코 오지 않는다. 그러면 합의 결렬에 노동계 책임은 없는가? 즉답을 피하면서 그 친구는 "이를테면 7조여 원의 공자금을 들여 살려놓은 기업에서 임금 인상 파업이나 벌이고, 취업난과 저임금에 죽을 지경이라면서도 34만 외국인 노동자에 궂은 일을 맡기는 그들도 잘하는 짓이 아니지" 하고 말을 얼버무렸다. 주 5일 근무 대가로 공휴일 며칠 줄이자는 제의에 쌍지팡이를 짚고 나서서는 국민 설득이 어렵다는 고언이었다.

명분은 말할 것도 없고 실리의 간격조차 협상을 깨뜨릴 만큼 굉장한 것이 아니라면 대체 무엇이 문제란 말인가? 이런 나의 짜증에 그 친구는 "정부 신뢰가 문제야. 노사의 이해가 엇갈리면 마땅히 정부가 나서야지. 그러나 합의 결렬 이후 정부의 독자적 입법 추진에 재계는 정권의 포퓰리즘 성향을 걱정하고, 노동계는 대선을 앞둔 정치권의 친경영적 속성을 경계하는 판이야"라며 쓰게 웃었다. 경총이 재계의 소리를 조율하지 못하고 한국노총 역시 노동계의 팔매를 피하려던 속사정이 협상 결렬의 주요 이유라면, 그런 내막을 뻔히 보면서도 노사정을 밀고 나간 정부의 '개혁' 강박증이 잘못이다. 노사 모두 밖으로는 글로벌 스탠더드를 외치면서도 안의 셈속은 전혀 딴판이고, 정권 말의 정치 역학상 국회 통과조차 난망인 형편에 정부가 일방적으로 밀어붙이는 것도 글로벌 스탠더드 방식은 아니다.

•2002년 8월 9일

출전

제1부 ▪ 문화라는 이름의 전차 정류장

「가을의 미망」,『말』1999. 10 /「차라리 팔매 맞는 정부를」,『월간중앙』1999. 11 /「최후 심판도, 유토피아도」,『월간중앙』2000. 01 /「봄의 비밀, 봄의 소리」,『MBC 가이드』2000. 03 /「나는 제사가 좋다」,『중앙일보』2000. 09. 08 /「이단의 투사 캘리니코스」,『중앙일보』2001. 01. 11 /「반세기 전의 우화」,『중앙일보』2001. 04. 20 /「그의 '심증' 인터뷰」,『중앙일보』2001. 06. 01 /「애국 독본에 취해서」,『중앙일보』2001. 09. 21 /「사제와 농부」,『중앙일보』2001. 11. 30 /「말띠 장땡 끗발로 새해를」,『이코노미스트』2002. 01. 01 /「나무의 고집」,『중앙일보』2002. 04. 05 /「축구는 축구로」,『중앙일보』2002. 05. 31

제2부 ▪ 개혁 구호로 지샌 국민 경제

「힘도 꾀도 없이 카메라에만」,『월간중앙』1999. 09 /「고래들이여 허영심을 간직하라」,『월간중앙』2000. 02 /「벤처 대신 굴뚝을」, 신디케이트 칼럼 2000. 03. 16 /「개혁은 개혁답게」,『중앙일보』2000. 10. 09 /「누가 에비를 두려워하랴」,『중앙일보』2000. 11. 03 /「꼭대기도 밑바닥도」,『중앙일보』2000. 11. 17 /「하나라도 확실하게」,『중앙일보』2000. 12. 15 /「새해 선물」,『중앙일보』2000. 12. 29 /「'수출만이 살길' 언제까지」,『중앙일보』2001. 05. 04 /「정부의 착시 교정을」,『중앙일보』2001. 07. 27 /「맬서스의 유령」,『중앙일보』2001. 11. 16 /「상식과 몰상식」,『중앙일보』2002. 03. 08 /「뒤집힌 비윗장을」,『Economy 21』2002. 07. 16

제3부 ▪ 이 불결한 정치 기록들

「후흑 변주곡」,『월간중앙』1999. 10 /「검들의 전쟁」, 신디케이트 칼럼 1999. 12. 16 /
「순수한 분노를」, 신디케이트 칼럼 2000. 02. 17 /「사하라의 모래처럼」,『월간중앙』
2000. 03 /「착한 후보, 악한 후보, 추한 후보」,『월간중앙』2000. 04 /「낙엽은 춘풍에
도 진다」, 신디케이트 칼럼 2000. 04. 20 /「장관의 기를 살려주자」,『중앙일보』2000.
07. 14 /「장기판의 졸도 아니고」,『중앙일보』2001. 01. 12 /「이 썰렁한 코미디」,『중
앙일보』2001. 08. 10 /「국민 퀴즈 경시 대회」,『중앙일보』2001. 10. 05 /「이렇게 '쉬
운' 개혁인데」,『중앙일보』2002. 01. 15 /「자유롭게 사는 길」,『제민일보』2002. 02.
19 /「딱한 사연」,『중앙일보』2002. 07. 12

제4부 ▪ 고래의 세계, 새우의 세계

「유식도 우환인가」, 신디케이트 칼럼 1999. 05. 02 /「제3이 아닌 것을」, 신디케이트
칼럼 1999. 06. 17 /「아셈의 두 행사」,『중앙일보』2000. 10. 20 /「아시아여 단결하
라」,『중앙일보』2000. 12. 01 /「화약 냄새 유감」,『중앙일보』2001. 01. 26 /「거품에
서 현실로」,『중앙일보』2001. 03. 23 /「부시-블레어 탱고만은」,『중앙일보』2001.
06. 15 /「정말 자신 있는가」,『중앙일보』2001. 07. 13 /「15년 소원은 풀었으나」,『중
앙일보』2001. 12. 14 /「연횡보다 합종이」,『중앙일보』2001. 11. 02 /「그들이 던지는
숙제」,『중앙일보』2002. 04. 19 /「악연에서 선연으로」,『중앙일보』2002. 05. 17 /「달
러와 주먹」,『중앙일보』2002. 06. 28

제5부 ▪ 시장 원리 빠진 시장 경제

「너무 비싼 수업료」, 신디케이트 칼럼 1999. 07. 15 /「미친 듯이, 더욱더 미친 듯이」,
『월간중앙』1999. 08 /「세계는 좁고 돈줄은 적다」, 신디케이트 칼럼 1999. 08. 19 /
「바로만 걷는다면」, 신디케이트 칼럼 1999. 09. 16 /「참 이를 어쩌야 쓸꼬」, 신디케이
트 칼럼 1999. 11. 18 /「그렇게 혼이 나고도」,『월간중앙』2000. 06 /「굴뚝과 수출」,

『중앙일보』 2001. 05. 18 / 「자본의 유전자 확인」, 『중앙일보』 2001. 06. 29 / 「머리와 가슴 사이에」, 『중앙일보』 2001. 08. 24 / 「돈보다 물건이 앞서야」, 『중앙일보』 2001. 09. 07 / 「원생한국 일투주식」, 『중앙일보』 2001. 10. 19 / 「해외 매각 랩소디」, 『중앙일보』 2002. 05. 03 / 「천당과 이자 사이에」, 『중앙일보』 2002. 08. 23

제6부 ▪ 눈물과 계산의 민족 변증법

「복제에서 변이로」, 『한겨레』 1999. 07. 13 / 「천려일득의 수확마저」, 『월간중앙』 2000. 05 / 「이 황홀한 모순의 아침에」, 『중앙일보』 2000. 06. 13 / 「사람의 화해, 돈의 화해」, 『월간중앙』 2000. 07 / 「오디세이 2000」, 『중앙일보』 2000. 08. 11 / 「옥에 티가 아니기를」, 『중앙일보』 2000. 08. 25 / 「경제 미사일 방위」, 『중앙일보』 2001. 02. 23 / 「합의 불가를 합의」, 『중앙일보』 2001. 03. 09 / 「공산명월과 흑싸리 껍질」, 『중앙일보』 2001. 04. 06 / 「평화 사업의 경제적 귀결」, 『중앙일보』 2002. 01. 25 / 「다시 종말에서 평화로」, 『중앙일보』 2002. 02. 15 / 「그가 말하지 않은 것」, 『중앙일보』 2002. 02. 22 / 「가격의 정치적 효과」, 『중앙일보』 2002. 07. 26

제7부 ▪ 터널 속의 사회 자화상

「차라리 수치스런 사연들」, 신디케이트 칼럼 1999. 10. 21 / 「숨길 것과 드러낼 것」, 『월간중앙』 1999. 12 / 「객고에도 차별이」, 신디케이트 칼럼 2000. 01. 20 / 「뭉치면 죽고, 헤쳐야 산다」, 『온양신문』 2000. 02. 14 / 「고관의 소질」, 신디케이트 칼럼 2000. 05. 18 / 「우리를 두렵게 하는 것들」, 『중앙일보』 2000. 07. 28 / 「애덤 스미스의 오해」, 『중앙일보』 2000. 09. 22 / 「그 나른한 환각의 유혹」, 『중앙일보』 2000. 10. 06 / 「95등도 과분하거늘」, 『중앙일보』 2001. 02. 09 / 「나의 소원 따위가」, 『중앙일보』 2001. 12. 28 / 「때로는 '보수'도 괜찮다」, 『중앙일보』 2002. 03. 22 / 「악도 아니고 악마도 아닌」, 『중앙일보』 2002. 06. 14 / 「부릴 때와 대들 때」, 『중앙일보』 2002. 08. 09

신세기 랩소디

지은이 정운영
펴낸이 윤양미
펴낸곳 도서출판 산처럼

등 록 2002년 1월 10일 제1-2979호
주 소 서울시 종로구 내자동 164-1 우신빌딩 301호
전 화 725-7414
팩 스 725-7404
E-mail xian23@korea.com

제1판 제1쇄 2002년 11월 25일

값 13,000원

ISBN 89-90062-03-9-03300
* 잘못된 책은 서점에서 바꾸어 드립니다.